관상학의 인재경영

내일을여는지식 철학 7

성공을 향한 CEO들의 인재경영 핵심

관상학의 인재경영

김연희 지음

KSI 한국학술정보㈜

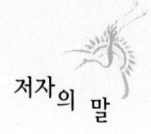

저자의 말

　이 책은 인물을 알고 인재를 식별하여 '적재적소에 맞는 인재등용'을 위한 상학 관련 연구서로, '유소『인물지』의 인재론에 관한 상학적 연구'에 관한 박사 논문을 일반인들을 위하여 일부 수정한 책이다. 인물품평과 인재등용은 고대로부터 현재에 이르기까지 매우 중요한 문제 중의 하나로 이 책은 그러한 관점에 대응하는 효용성을 지닌다.

　연대기의 기록에서 인물의 품평에 따른 인재등용은 일반인들의 행복과 불행은 물론 국가의 흥망이 결정되기도 하는 중요한 부분으로 나타났다. 역사를 살펴볼 때 성공한 사건 뒤에는 반드시 그것을 이루어 낼 만한 걸출한 인물이 적재적소에 있었으며, 일이 실패했을 때는 변변치 못한 인물들이 분수에 맞지 않는 자리에 있었다는 것을 우리는 연대기의 기록에서 충분히 확인할 수 있다.

　'사람을 알아보는 일'(知人)의 문제는 동서고금을 막론하고 인재등용과 인사관리에서 매우 중요한 화두다. '인물의 좋은 점과 나쁜 점을 어떻게 알아낼 수 있는가?', '인재의 능력을 어떻게 변별할 수 있는가?'라는 물음에 대한 결과는 시대를 좌우하고 지탱하는 변수가 될 수 있다. 그래서 인재등용은 동시대를 살아가는 모든 사람들에게 중요하고도 소중한 공통분모가 되는 것이며, 그런 이유에서 이 책은 지침서로서의 역할을 할 수 있다.

각 시대에서는 나름대로 인물품평의 기준을 마련했고 그것을 인물에 적용한 결과에 따라서 인재의 등용을 결정했다. 하지만 그 품평은 역사 흐름에 따라 변해 갔으며 관찰자의 한쪽으로 치우친 판단 때문에 인물품평의 본질을 흐려 놓기도 하면서 인물품평의 빛과 그림자를 만들어 갔다.

이상적 인재에 대한 일반적인 관념은 덕성과 재능을 고루 갖추고 행위가 바르고 학문이 뛰어나야 된다고 여긴다. 그러나 현실 생활에서 위와 같이 모든 면을 고루 갖춘 경우는 그리 흔치 않고, 도리어 재능과 덕행이 서로 모순되는 경우를 종종 볼 수 있다. 덕행은 뛰어나 재능이 부족하고, 재능은 있으나 덕행이 모자라는 등 재덕(才德)을 겸비한 사람을 찾기란 그리 쉬운 일이 아니다. 사람마다 각기 다른 재덕을 겸비하고 있으니 이것을 분석하고 이해하여 인품의 고하를 논하고 좀 더 나은 인격형성을 위한 모색과 논의가 '인문'(人文)을 중시하는 중국문화의 특성상 항상 끊이질 않았다.

중국 위(魏)나라 사람인 유소(劉劭)의 『인물지』(人物志)는 중국 고대 인재론의 체계를 완성하고, 위진 시대의 국가 경영을 위한 행정학 및 인사관리가 함의된 철학서이다. 상학은 고대 중국에서 군왕과 신하와의 제휴관계, 즉 인재선발의 중요한 참작원칙으로 활용되어 왔고, 왕가의 길흉과 군왕을 위한 제왕지학으로 선인들 사이에서 비전되어 왔으며, 시대의 흐름에 따라 귀족 사대부에서 일반인들에게까지 영향을 주었다.

유소는 『인물지』에서 '사람을 알아보는 일'(知人)을 통하여 '인재 선별 및 등용은 사람들이 가지고 있는 고유한 특징과 재질에 따라 배치해야 한다'고 주장한다. 그는, 사람의 내면세계는 외형으로 드러나게 되는데, 안색으로 때로는 음성으로 때로는 감정으로 이를 발산하게 된다. 따라서 사람에게서 나타나는 외재적 표징, 즉 九徵(구징)은 마음의 바탕에서부터 나오며 그것을 관찰하면 그 사람의 재질을 분별할 수 있음을 밝혔다.

이러한 측면은, '인간의 내면적인 기운은 어떤 형태로든 반드시 체외로 발현된다'는 상학의 기본원리와 상통한다. 겉으로 드러난 '몸'을 읽는 상학에서는 외형을 관찰함으로써 사람의 재질·성격·체질·심리상태·재능과 의지를 읽어낼 수 있다고 보았으며, 나아가 부귀(富貴)·빈천(貧賤)·수요(壽夭)·길흉(吉兇) 등을 추론하는 것까지도 가능하다고 생각한다.

『인물지』에서는 다양한 인물들의 개성과 재능에 대하여 상세히 고찰하고, 개개인의 차별화된 특수성을 중심으로 인재를 분류하였으며, 치우친 인재의 장·단점까지도 체계적으로 논술한다. 그러나 인물들의 품평에 대하여 다소 심리적이며 관념적인 관점으로 논하여 실생활에 적용하기가 곤란한 부분이 적지 않다. 인물 파악의 기본적 요소는 우선적으로 겉으로 드러나는 면을 관찰해야 하는데 그런 부분에서 『인물지』는 미흡한 부분이 보인다.

이에 필자는 사람을 관찰하는 데 보다 실제적이며 구체적인 방법으로 서술된 상학이론과 『인물지』에 나타난 인물 관찰법·인재 식별·인재등용에 대하여 상학이론과 대별하여 연구 분석함으로써 『인물지』의 인재론과 상학의 인재론이 서로 연계성이 있음을 밝히고, 나아가 양자의 '지인법'(知人法)을 접목시켜 인재식별과 인재등용이 현대적으로 활용될 수 있는지 그 가능성을 검토하여 보다 효과적으로 인재를 선별할 수 있는 방법론을 모색하였다.

유소는 『인물지』에서 사람의 재성(才性)이란 천부적으로 결정되기 때문에 인간이 품부받은 氣에 따라 한 인간의 선악·賢愚(현우) 등 성품과 재능이 각각 다르게 나타난다고 보았다. 상학에서는 천도(天道)·천명(天命)·인성(人性)·인사(人事) 등 인간의 문제들을 원기(元氣)·음양(陰陽)·삼재(三才)·오행(五行) 등의 상징들을 통하여 이해하려고 한다.

다시 말해서 상학은 모든 만물의 형상을 관찰하여 그 실체를 궁구하고자 하는 것이며, 인간관계에 있어서는 '사람을 안다는 것', 즉 '지인'(知人)하는 것에 목적을 가지고 있다. 상학에서 형상을 관찰하는 까닭은 외부에 나타난 형상을 통해 그 안에 함의되어 있는 내면을 파악함으로써 내면의 세계와 그에 따른 변화를 인지하려고 하기 때문이다. 외부의 형상이란 그냥 나타나는 것이 아니라, 그 안에 있는 내면의 기운이 외부로 표출되어 외형을 형성시켰다는 원리 아래 만물과 사람을 관찰하고 그에 따라 다양한 판단을 할 수 있다고 간주한 것이다.

그런 한편 『인물지』와 상학의 공통적 관점은 인간의 외면적 특징을 통해 내면적인 덕성 및 타고난 능력 등을 파악하는 것이다. 양자는 인간의 형체와 정신이 서로 유기적인 관계에 있으므로 '지인'하려면 인간의 내외양면에 대한 정확한 인식이 절대적으로 필요하다고 본다. 『인물지』와 상학에서 '지인'하는 목적과 그 쓰임이 서로 부합되어 있으며, '인간의 외재적인 형상을 탐구하여 내재적 본질을 파악할 수 있다'는 방법론도 서로 상통한다.

『인물지』의 인재론에 나타난 상학적 요인을 분석해 보면 상학의 유·무형의 상에서 나타나는 이론들을 통하여 상학은 인재선발에 중요한 역할을 하였다는 것을 가늠할 수 있고, 상학 역시 상고시 대부터 인재선발의 중요한 참작원칙으로 삼았다는 것을 입증할 수 있다. 따라서 한대에 성행했던 상학이 『인물지』에 논술된 인물품 평과 자연스럽게 연결되었음을 알 수 있다.

물론 『인물지』에서는 관상에 대한 직접적인 언급을 한마디도 하지 않았다 하더라도, 실질적인 내용면에 있어서는 한대에서부터 극 성했던 상학과 음양오행설을 원용하여 인물품평 및 인재의 식별을 이론적으로 체계화시킨 것이 아닌가 하는 가능성을 배제할 수 없다.

『인물지』와 상학이 공통적인 이론에 근거한 것이기는 해도 양자 간에는 중요한 차이점이 발견된다. 『인물지』에서 인물품평과 인재 식별에 대하여 구체적이고 체계적으로 논의한 점은 실천성이 강하 지만, 실제 사람을 파악하는 데 있어서는 추상적이고 모호하여 미 흡한 부분이 있다. 하지만 각 인재가 지닌 심리상태와 등용된 인 재가 일을 처리할 때의 장단점을 논술하여 인재를 적재적소에 배 치할 수 있는 방법이 제시되어 있다.

반면, 상학에서는 '지인법'(知人法)을 통하여 실제적인 인재를 좀 더 구체적으로 식별하고, 각 인재에 나타난 심리적인 장단점을 실 생활에 활용할 수 있다. 하지만 인재의 등용과 등용된 후의 인재의 행동방식과 일 처리할 때의 장단점 등에 대한 이해가 부족하다.

따라서 이 책에서는 상학이론과 『인물지』의 인물품평과 인재식 별에 대한 장점들을 접목시켜 실생활에 활용할 수 있는 방안을 연 구하고, 또한 상학과 『인물지』의 인재론을 융합하여 현대적 관점에서도 인재를 식별하고 인재를 등용하는 데 응용이 가능하도록 하였다. 상학과 『인물지』의 '지인법'을 융합하여 보다 효율적으로 인재를 선별하여 '적재적소에 맞는 인물배치를 구현'한다면 인재경영의 궁극적 지향점으로 한발 다가갈 수 있다고 생각한다.

이 책은 상학을 학문적으로 접근하여 고전 상학문헌에 나타난 이론을 분석하여 인물품평 및 인재식별에 활용할 수 있는 가능성을 지닌 최초의 책이라고 생각한다. 학계에서는 동양학, 의학, 심리학, 철학 및 경영분야·각 조직의 인사관리·인사행정 분야 등이며, 대중적으로는 상학 연구가, 인물품평에 관심이 있는 일반인들에게도 실생활에서 활용할 수 있기를 기대한다.

2009년 3월
김연희

차
례

서 론

인간을 탐구한다는 것은 동서양을 불문하고 고대로부터 끊임없이 숙지되고 있는 중요한 화두이다. 고대 중국인들은 인재를 얻느냐 잃느냐의 여부에 따라 천하를 얻기도 하고 천하를 잃기도 했다. 현명하고 능력 있는 인재를 어떻게 선출해서 일을 맡길 것인가? 어떻게 하면 그들에게 최대의 재능을 발휘하게 할 수 있을까? 하는 것들은 군주의 의무이기도 하였다.

이 책은 유소(劉劭)의 『인물지』(人物志)와 상학문헌에 나타난 인재사상을 상호 비교함으로써 『인물지』와 상학의 인재사상이 서로 연계성이 있음을 밝히고, 나아가 양자의 '지인법'(知人法)을 접목시켜 인재식별과 인재등용이 현대적으로 활용될 수 있는지 그 가능성을 검토하였다.

『인물지』가 성립된 후한 말~위진 시대는 정치적 격변기로 유가의 권위가 사라지면서 새로운 인재, 즉 덕행에 비해 재능을 더욱 중시하는 실질적인 인재를 요구하기 시작한 시기이다. 유소는 다양한 인재들의 개성과 재능에 대하여 상세히 고찰하고, 개개인의 차별화된 특수성을 중심으로 인재를 분류하였으며, 인재를 식별할 때 유의해야 하는 인재의 장·단점까지도 상세히 논술한다. 인간의 성격형성의 과정과 성격을 파악하는 방법 등에 대하여 체계적으로 서술할 뿐만 아니라, 인간의 내면에 깊숙이 숨어 있는 성정과 심리를 탐구하며, 그것을 바탕으로 인물을 관찰하고 다양하게 분석하여 인간에 대한 본질적인 모습을 추구한다.

『인물지』는 위진 시대의 국가 경영을 위한 행정학 및 인사관리가 함축된 철학서이며, 상학서 역시 인사의 기본 척도로 활용되어 왔으며, 인재선발의 지침서였다.

유소는 인간이 원기를 받아 음양으로 성(性)을 세우고 오행을 체득하여 형체를 형성하는데, 그 형체는 신(神)과 정(精)을 함유하고 있으므로 정신과 밀접한 관계를 이루면서 인간의 성(性)과 정(情)을 결정한다고 보고, 이를 중심으로 『인물지』의 이론적 기반이 되는 재성론(才性論)을 수립한다. 그는 재성이란 인간이 품부받은 기에 따라 한 인간의 선악·현우(賢愚) 등 성품과 재능이 각각 다르게 나타나며 천부적인 본질로 이미 결정되는 것이라고 주장한다.

상학에서는 인간이 자연의 기인 태원(胎元)을 바탕으로 음양이기의 청탁에 따라 오행의 기운이 품부되어 인간의 형상을 이룬다고 본다. 품부받은 음양오행의 기가 치우친 정도에 따라 인간의 성정·현우·인품·재능 등이 각각 다르게 나타나므로 성정은 선천적으로 결정되며, 형상과 정신은 서로 불가분의 관계라고 논술한다.

한편 『인물지』에서는 '지인'(知人)하는 방법으로 인간의 외재적인 형상을 통해 내재적인 본질을 파악할 수 있는 방법이 제시되어 있다. 즉 외적인 형체·골상·성음·행동거지 등을 통하여 내적인 정성·정신·심리·기질·재능 등을 파악함으로써 인간의 종합적인 이해를 추구한다. 인간의 내면과 외형은 단순히 정신과 육체의 문제가 아니라 한 인간을 이해하기 위한 총체적인 모습이라는 것이다.

상학에서는 천도(天道)·천명(天命)·인성(人性)·인사(人事) 등 인간의 문제들을 원기(元氣)·음양(陰陽)·삼재(三才)·오행(五行)

등의 상징들을 통하여 이해하려고 한다. 상학은 모든 만물의 형상을 관찰하여 그 실체를 궁구하고자 하는 것이며, 인간관계에 있어서는 '사람을 안다는 것', 즉 '지인'(知人)하는 것에 목적을 두고 있다. 이는 외부에 나타난 형상을 통해 그 안에 함의되어 있는 내면을 파악함으로써 내면의 세계와 그에 따른 변화를 인지하려고 하기 때문이다. 외부의 형상이란 그냥 나타나는 것이 아니라, 그 안에 있는 내면의 기운이 외부로 표출되어 외형을 형성시킨다는 원리 아래 만물과 사람의 외면을 관찰함으로써 다양한 내면의 성정을 판단을 할 수 있다고 간주한다.

이처럼 『인물지』와 상학의 공통적 관점은 인간의 외형적 특징을 통해 내면적인 덕성 및 타고난 능력 등을 파악하는 것이다. 그래서 양자는 인간의 형체와 정신이 서로 유기적인 관계에 있으므로 '지인'하려면 인간의 내·외 양면에 대한 정확한 인식이 절대적으로 필요하다고 본다. 따라서 『인물지』와 상학에서 '지인'하는 목적과 그 쓰임이 서로 부합되어 있으며, 그 방법으로 인간의 외재적인 형상을 탐구하여 내재적 본질을 파악한다. 또한 '지인'하기 위해 『인물지』에서 제시하는 구징(九徵)은 상학에서 음인·양인의 상, 오행형상법, 정태(情態)의 상, 성음의 상 등 동일한 양태를 보이는 점을 미루어 보면 '지인'하는 방법론도 서로 상통함을 입증할 수 있다. 이러한 측면은 인물을 관찰하는 시대적 상황과 인물을 보는 시각의 차이, 관찰자와 피관찰자가 지향하는 시각의 차이 등에서 나타나는 차이점이 있었지만 그 뿌리가 하나임을 확인할 수 있다.

『인물지』에 대한 연구는 이론적인 연구가 주류를 이루고 있을 뿐, 인재등용에 관한 실용적인 연구는 거의 없었으며, 상학과 관련된 연구도 아직은 보이지 않는다. 지금까지 『인물지』 연구와 관련하여 국내에서는 '인물을 식별하는 방법' 중의 하나로 『인물지』에 나타난 인물품평, 문학, 미학적 고찰, 번역, 인재관 등에 관한 연구가 대부분이다. 중국에서는 『인물지』를 통한 위진 현담(玄談)에 관한 연구, 『인물지』와 청담(淸談)·청의(淸議)에 관한 연구, 인물 감상에 대한 심미적 연구, 인재사상 분야로 인재학설, 인재사상, 편재지성(偏材之性)의 불가전이(不可轉移)에 관한 연구 등 재성론에 관한 탐구가 주를 이루며, 심리학·교육 분야까지 다양하게 활발한 연구가 진행되고 있다. 일본은 인물의 감상에 관한 연구, 인물의 내외관계 연구 등 아직은 『인물지』 자체에 대한 연구가 주를 이룬다.

그런데 기존연구에 의하면 『인물지』의 인물품평과 인재식별이 상학과는 무관하다고 논의되고 있다. 왕인상의 「인륜감식기원적학술사고찰」(人倫鑑識起源的學術史考察)[1]에서는 중국 고대의 인물을 감식하는 방법 가운데 『인물지』와 상학에서 인물을 품평하는 방법도 논술하였지만, 『인물지』의 인물품평과 상학의 인물품평을 연결시키지는 않는다.

상학은 한대 이후 정·기·신(精氣神)을 중심으로 인물을 품평하고 인재를 평가하는 등 인물품평에 관한 이론이 상당수 있는데, 이러한 것들은 당시 음양오행설의 성향이 강한 유가·도가를 비롯하여 제 사상들에 의해 자연스럽게 사회 각 계층에 침투되어 실생활에 활용된 것처럼, 표면에 드러나지는 않았지만 상학 이론이 제 사

---

1) 王仁祥, 「人倫鑑識起源的學術史考察(魏晉以前)」, 國立臺灣大學歷史學研究所 博士論文, 2005.

상 속에 흡수되어 있다는 것을 보여 준다. 『고금도서집성』(古今圖書集成)에 수록된 진희이(陳希夷; 871~989)의 『신상전편』(神相全編)에는 유소보다 앞선 시대에 활동한 곽태(郭泰)의 「상오덕배오행」(相五德配五行), 당거(唐擧)의 「상신기」(相神氣), 허부(許負)의 「상덕기」(相德器) 등 상론(相論)이 기재되어 있는데, 인물의 인품과 덕성·기량·정신 등을 논한 것이다. 태학(太學)에서 곽태를 중심으로 인물품평에 관한 청담이 이루어진 점을 미루어 보면 곽태의 인물품평을 수용했을 가능성이 있다. 이러한 사실은 『인물지』의 인재론과 상학의 인재론이 서로 연계되어 있다는 것을 보여 주는 단적인 예이다.

『인물지』의 인재론에 나타난 상학적 요인을 분석해 보면 상학의 유·무형의 상에서 나타나는 이론들을 통하여 상학은 인재선발에 중요한 역할을 하였다는 것을 가늠할 수 있고, 상학 역시 상고시대부터 인재선발의 중요한 참작원칙으로 삼았다는 것을 입증할 수 있을 것이다. 따라서 한말~위진 시대에 찬술된 『인물지』의 인물품평, 인재식별의 실제적인 내용은 중국 고대로부터 전승되어 오던 상학이론과 결코 무관하지 않다.

물론 『인물지』에서는 관상에 대한 직접적인 언급을 한마디도 하지 않았다 하더라도 실질적인 내용 면에 있어서는 한대에서부터 극성했던 상학과 음양오행설을 원용하여 인물품평 및 인재의 식별을 이론적으로 체계화시켰을 가능성이 있다. 따라서 『인물지』의 인재론과 상학의 인재론은 서로 흡수되고 융합되면서 발전되었을 가능성을 전혀 배제할 수 없다.

그런데 『인물지』와 상학이 공통적인 측면과는 달리 양자 간에는 중요한 차이점이 발견된다. 『인물지』에서는 인물품평과 인재식별의 논의는 구체적이고 체계적으로 실천성이 강하지만, 실제 사람을 파악하는 데 있어서는 추상적이고 모호하여 미흡한 부분이 있는 반면, 상학에서는 '지인법'(知人法)을 통하여 실제적인 인재를 좀 더 구체적으로 식별하고, 각 인재에 나타난 심리적인 장단점을 실생활에 활용할 수 있다는 것이다.

또한, 『인물지』에서는 각 인재가 지닌 심리상태와 등용된 인재가 일을 처리할 때의 장단점 및 인재를 적재적소에 배치할 수 있는 방법이 구체적으로 제시되어 있지만, 상학에서는 인재의 등용과 등용된 후의 인재의 행동방식과 일 처리할 때의 장단점 등에 대한 이해가 부족하다.

오늘날 경영분야·사회조직의 관리차원·기업조직의 문화관리·인사행정 분야 등에서 내적 핵심역량의 조건으로 인재상에 대한 중요성이 부각되고 있다. 과거에는 성실성과 근면성이 최고의 덕목으로 인간 됨됨이를 인적 자원 선발기준으로 삼았던 것이 이제는 도전성과 창의성을 강조하는 방향으로 흐르고 있다. 인재의 전문성만 생각하여 그들의 치우친 성품을 구별하지 않고 인재를 등용한다면 인재를 매몰시키거나 혹은 인재를 낭비하는 일이 있을 수 있다. 이러한 인재선발은 적재적소의 인재배치가 이루어지는 데 커다란 장애가 되어 기업의 성장 및 발전에 저해요인으로 작용한다. 따라서 상학과 『인물지』의 '지인법'의 장점들을 서로 접목시킬 수 있다면 효율적인 인재등용을 할 수 있을 것이다. 『인물지』에 나타난 인재의 인사관리를 현대적 관점에서도 긍정적 의미로 받아들여 인재식별과 인재등용에서 응용할 가치가 있다고 생각된다. 상학과 『인물지』의 '지인법'을 융합하여 보다 효율적으로 인재를 선별하여

'적재적소에 맞는 인물배치를 구현'한다면 오늘날에도 인재경영에 적용될 수 있을 것이다.

위와 같은 연구를 위하여 본서에서 사용할 주 연구 자료는 『인물지』와 상학의 문헌들이다. 『인물지』는 융경(隆慶) 6년(1572) 정민(鄭旻)이 중각한 구판을 수정한 고본으로 『사고전서』(四庫全書) 「자부・잡가」(子部・雜家)에 수록된 것을 저본으로 삼았다. 『사고전서』에 수록된 『인물지』는 「자서」(自序)와 상・중・하 3권 12편[2]으로 구성되어 있고, 여기에는 진(晉)나라 의희(義熙) 10년(414년)에 지은 유병(劉昞)의 주가 붙어 있으며, 서미에 후서 왕상성(王三省)의 '지'(識), 문관부(文寬夫)의 '제'(題)가 수록되어 있다.

상학은 『빙감』(氷鑑)을 주 텍스트로 삼고 기타 상학 문헌을 참고하려고 한다. 상학 관련 문헌으로는 『고금도서집성』(古今圖書集成)[3]에 수록되어 있는 『신상전편』(神相全編), 왕충의 『논형・골상』(論衡・骨相), 왕부의 『잠부론・상열』(潛夫論・相列), 『조담경』(照膽經)과 『사고전서 술수류전편』 「자부」 21 <술수류>에 기재되어 있는 『태청신감』(太淸神鑑),[4] 『월파동중기』(月波洞中記),[5] 『인륜

---

2) 卷上; 九徵第一・體別第二・流業第三・材理第四, 卷中; 材能第五・利害第六・接識第七・英雄第八・八觀第九, 卷下; 七繆第十・效難第十一・釋爭第十二.

3) 『古今圖書集成』의 「博物彙編 藝術典 相術部」 彙考十五에는 陳希夷의 『神相全編』, 王充의 『論衡』 「骨相」, 王符의 『潛夫論』 「相列」, 『荀子』 「非相篇」이 수록되어 있으며, 이 외에도 『照膽經』(上・下), 『名流列傳』(1・2), 『相術部 紀事』(1・2・3), 『相術部 藝文』(1・2), 『相術部 雜錄』이 있다.

4) 『四庫全書術數類全編』 「子部」에 수록된 『太淸神鑑』은 모두 6권으로 이루어져 있으며, 舊本은 後周의 王朴이 撰하였다. 「宋・遼・金」 時代의 相法에 관한 문헌으로 『永樂大典』에 산재되어 있다.

5) 『四庫全書術數類全編』 「子部」에 수록된 『月波洞中記』는 唐의 佚名이 撰한 것으로 모두 9장으로 되어 있으며 上・下로 되어 있다. 『宋史』에 『月波洞中龜鑑』 또는 『月

대통부』(人倫大統賦),[6] 『옥관조신국』(玉管照神局)[7]과 역사서에는 수록되지는 않았지만, 현재 상학의 텍스트로 사용하고 있는 『마의 상법』(麻衣相法),[8] 『상리형진』(相理衡眞),[9] 『면상비급』(面相秘笈) 등이다. 『면상비급』의 경우 다른 상학서와는 달리 인체의 음양 관계, 즉 음양의 조화인 양화(陽和)와 음덕(陰德), 음양의 편차인 항양(亢陽)과 고음(孤陰) 등 구양(九陽)에 대하여 상세히 다루었기 때문에 『신상전편』, 『상리형진』 등과 함께 主 연구 자료로 택하였다.

『빙감』(氷鑑)은 청대 증국번(曾國藩)[10]의 상학서로 중국 고대 상학의 갈래[11] 가운데 '서방파'의 대표작이다. 『빙감』이란 '얼음을

波洞中記』上으로 1권이 수록되어 있으며, 『永樂大典』에 기재되어 있다. 南北朝時代 이후의 術士들의 작품으로 후세에 위탁되었다는 說이 있다.

6) 『四庫全書術數類全編』「子部」에 수록된 『人倫大統賦』는 金의 張行簡 等이 撰한 것으로 上·下로 되어 있다. 『永樂大典』에도 기재되어 있으며, 骨法의 형태를 중요시한 문헌으로 사람의 貴賤은 骨의 形態에서 결정된다는 것을 강조한다.

7) 『四庫全書術數類全編』「子部」에 수록된 『玉管照神局』은 南唐의 宋齋邱가 輯한 것으로 上·中·下로 이루어져 있다. 上에는 「呂洞賓賦」, 「陣摶風鑑」 등 仙人들의 相法要訣이, 中에 十貴壽相과 掌法이, 下에는 사람의 身體와 面貌를 25종류의 동물에 비유한 物形들이 기록되어 있다. 『宋史』 「經籍志」, 『永樂大典』에도 수록되었다.

8) 宋의 麻衣道者의 저서, 『麻衣相法』 『麻衣道者正易心法』이 있으며 麻衣道者는 陳希夷의 스승이다. 『麻衣相法』은 각론과 총론으로 나뉘어져 있으며, 마의선생 石室神異賦의 銀是歌와 金鎖賦, 達磨相法 등의 내용이 실려 있다.

9) 『相理衡眞』은 陣淡埜의 저서로 오행형으로 형상을 구분하였으나 『相理衡眞』에서부터는 글자형상에 구분하기 시작하였고, 「陳希夷心相編」과 「抱朴子行品章」을 참조하여 사람을 파악할 때는 사람의 저울대와 거울이 되는 보이지 않는 형상 밖의 형상까지 그 진면목을 '知人'하기를 권한다.

10) 曾國藩(1811~1872)은 후난 성, 湘鄕출생, 자는 伯涵, 호는 滌生. 중국 청대의 행정가이며 유학자이다. 그의 『曾國藩家書』는 修身篇, 勸學篇, 治家篇, 理財篇, 交友篇, 爲政篇, 用人篇 등으로 구성되어 있으며, 用人 편에는 사람을 선발할 때에는 觀相을 참고해야 한다는 말이 있다. ; "蔣緯國在擔任三軍大學校長期間, 『氷鑑』一書曾被指定爲學生重要參考書籍."(蔣緯國이 3군 대학교장을 담임한 기간에 『氷鑑』 한 책이 학생들의 중요한 참고 서적으로 지정된 적이 있었다. 『蔣氏 王朝 興衰史』)

11) 書房派(또는 文士派)와 江湖派로 구분할 수 있으며, 江湖派의 관상술이 相을 논할 때 形을 중시하고 神을 경시하며, 奇를 중시하고 常을 경시하며, 術을 중시하고 理를 경시하는 것과 같지 않다.(曾國藩, 歐陽相如 解譯, 『氷鑑』, 台北: 捷勁出版社, 2003) p.7.

거울삼아 가을 짐승의 털끝도 살필 수 있다는 뜻'으로 외부의 형상뿐 아니라 내면의 상태까지 거울에 비추듯이 자세히 살핀다는 것을 의미한다. 고대의 상학 문헌들에는 외형과 내면의 상, 양자가 모두 세밀하게 논술되었다. 이에 비하여 『빙감』은 인재의 상을 중심으로 외형보다는 내면을 파악하는 데 중점을 둔다. 인재의 상을 논할 때 인간의 내면을 파악할 수 있는 신(神)과 그 신에 의하여 나타나는 동태와 정태에 대한 특성이 잘 나타나 있다. 『빙감』(氷鑑)은 신골(神骨)·강유(剛柔)·용모(容貌)·정태(情態)·수미(鬚眉)·성음(聲音)·기색(氣色) 등 7장으로 구성되어 있는데, 특히 「신골」「강유」「정태」「성음」 부분은 외부의 형상으로부터 내면의 정신세계를 파악하는 데 중점이 있다. 본서에서는 이 부분을 중심으로 기타 상학문헌을 참조하여 상학의 인재론을 고찰할 예정이다.

본서의 구성은 다음과 같다.

I장의 서론에 이어, II장에서는 먼저 고대 중국의 인재론에 대하여 개괄한 후, 유소의 생애와 『인물지』의 판본에 대하여 정리하였다. 또한 『인물지』가 성립된 시대적 배경을 통하여 인재를 선발하고 등용하는 관점이 덕성 중심에서 재성 중심의 인재로 이동되어 가는 과정을 알아보고, 문화적 현상으로 나타난 청담 및 인물평론의 정황과 함께 사상의 흐름을 살펴본다.

III장에서는 유소의 사상적 근원이 되는 배경과 함께 『인물지』에서 사용되는 철학적 개념이 당시의 사상들로부터 어떠한 영향을 받고, 그 사상들을 어떻게 융합 절충하고 있는가를 살필 것이다. 인물의 근본, 인물의 형성과정, 인간의 내면과 외면의 관계에 대하여 인성론, 우주기화론, 형신론적인 측면에서 접근하려고 한다. 『인물지』에서 지향하는 이상적인 인간상은 무엇일까. 선진 시대에서 생각하는 이상적인 인간상과 공통점과 차이점이 무엇인지를 살펴보고, 유소는 『인물지』에서 재성론을 수립하였는데, 그는 과연 재성만을 중요하게 생각했는가에 대해 논의할 것이다. 또한 『인물지』의 인재식별의 이론적 기초를 정리하고 인재분류, 인재식별에 따른 인재등용에 대한 문제를 중점적으로 검토하여 긍정적이 측면과 부정적인 측면에서 논의하려고 한다.

Ⅳ장에서는 상학에서의 실천적인 인재론에 대하여 논의하기 위해 상학의 연원을 살펴 『인물지』와 상학의 연계성을 알아본 후, 상학의 인물관찰법인 '지인지감법'(知人之鑑法)을 정리할 것이다. 이를 근거로 상학 문헌들에 나타난 인재관을 분석하여 인재의 상을 정립하려고 한다.

Ⅴ장에서는 『인물지』에 관한 상학적 요인을 분석하는 데 『인물지』와 상학의 인재론을 대조하면서 공통점과 차이점을 논의하고 그 연계성을 알아볼 것이다. 『인물지』가 고대로부터 전해 오던 상학과 밀접한 연계 선상에서 인물을 품평하고 인재를 식별하였음을 『인물지』가 성립되기 이전의 상학 자료를 통하여 밝히려고 한다. 아울러 상학과 『인물지』의 '지인법'을 서로 접목시켜 인재식별과 인재등용에 대해서 현대적으로 활용될 수 있는지 그 가능성을 검토하려고 한다.

결론 부분인 Ⅵ장에서는 지금까지의 논의들을 토대로 『인물지』와 상학에 나타난 인재론의 현대적 의의를 살펴보고, 인물품평과 인재등용이 지니는 가치와 한계에 대하여 요약하기로 한다.

【 II 】

『인물지』(人物志) 성립의 시대적 배경

【01】

중국 고대에서의 인재론

1) 선진 시대의 인재사상

선진 시대의 성현들은 국정을 보필하기 위하여 인의와 덕망을 지닌 능력 있는 인재들을 선발하고 등용하였다. 『인물지』(人物志) 「자서」(自序)에 "성현이 뛰어난 것 중에는 총명함보다 더 뛰어난 것이 없고, 총명하고 귀한 것 중에는 인물을 식별하는 것보다 더 귀한 것이 없다"[12]라고 한다. 즉 인재를 식별하고 등용하는 것을 군주의 중요한 임무로 삼았다는 뜻이다. 「자서」에서,

> 요임금은 큰 덕을 밝힌 것을 명예로 삼고, 순임금은 이인 우와 고요를 등용한 것을 공으로 삼고, 탕임금은 유신국의 현자인 이윤을 발탁한 것을 명예로 삼고, 문왕은 위수가의 노인 여상을 등용한 것으로 귀함으로 삼는 것이다. 이것을 통하여 논한다면 성인이 덕업을 일으키는 데 누군들 인재를 구하는 일에 총명함을 애쓰지 않고서 맡기고 부리는 일에 편안함을 얻었겠는가?[13]

---

12) "夫聖賢之所美, 莫美乎聰明 ; 聰明之所貴, 莫貴乎知人." 『人物志』「自序」.

라고 한 것은 성인들이 위대한 업적을 달성하기 위해서는 반드시 현명한 인재의 도움에 의지하였음을 말한다. 『우서』(虞書)「고요모」(皐陶謨)에서는 "고요(皐陶)는 (천자의 중요한 임무가) 인재를 아는 데 있고, 백성을 안정시키는 데 있다. ……인재를 명철하게 알아볼 수 있으면 인재를 관리로 삼을 수 있으며, 백성을 편안하게 하면 은혜로운 것이니 모든 백성들이 왕을 감싸줄 것이다"[14]라고 한다. 이는 고요가 천자의 중요한 임무를 지인(知人)과 안민(安民)으로 생각하고 순을 보필하는데 정치의 원칙으로 삼았다는 것이다.

『주서』(周書)「군석」(君奭)에서 "오직 문왕(文王)만이 오히려 우리의 주나라에 화목한 교화를 닦을 수 있다. 또한, 괵숙(虢叔)과 같은 이가 있었고, 굉요(宏夭) 같은 이가 있었으며, 산의생(散宜生) 같은 이가 있었고, 태전(泰顚) 같은 이가 있었으며, 남궁괄(南宮括) 같은 이가 있었다"[15]고 한 것은 문왕이 일어나 성공하게 된 점 역시 인재의 보필이 있었기 때문이라는 것을 보여 준다. 이처럼 초기의 사회는 대부분 영웅숭배를 위주로 하였지만, 군주는 반드시 현명하고 능력 있는 인재의 보조를 받아야 성공할 수 있다고 생각하였다. 이러한 사실들은 후에 어진 이를 존중하는 존현(尊賢)관념을 발생시켰다.[16]

서주로부터 춘추전국시대는 전쟁이 끊임없이 발생하여 정치·사회적으로 불안이 가속화된 시기이다.[17] 각국의 제후들은 스스로

---

13) "堯以克明俊德爲稱, 舜以登庸二八爲功, 湯以拔有莘之賢爲名, 文王以擧渭濱之叟爲貴. 由此論之, 聖人興德, 孰不勞聰明於求人, 獲安逸於任使者哉!" 위의 책.

14) "在知人, 在姜民…… 知人則哲, 能官人, 安民則惠, 黎民懷之." 『虞書』「皐陶謨」.

15) "惟文王尙克修和我有夏. 亦惟有若虢叔, 有若宏夭, 有若散宜生, 有若泰顚, 有若南宮括." 『周書』「君奭」.

16) 勞思光, 鄭仁在 譯, 『中國哲學史』, 서울: 探究堂, 1987, p.39.

왕을 자칭하고, 광대한 영역을 통치할 관료기구를 정비하였으며, 부국강병을 위해서는 현명한 인재와 훌륭한 장수를 얻어야만 했다. 때문에 군주는 인재들을 초빙하기 시작하였으며, 사상가들은 역사상의 경험과 가르침들을 집약하여 인재사상을 제시한다. 이러한 시대적 상황에서 유가·묵가·도가·법가 등 학파의 인재사상은 각각 특징을 가지고 형성된다.

첫째, 유가는 인격과 덕망을 갖춘 인재로 군자를 중요하게 생각하였다. 자로(子路)의 군자에 대한 질문에 공자는 "자기를 닦아서 남을 편안하게 하는 것이며, 자기를 닦아서 백성을 편안하게 하는 것이다"[18]라고 한다. 이상적인 인재는 도덕적 수양을 갖추고 인정을 베풀어 백성들의 이익을 도모할 줄 알아야 한다.

둘째, 묵가는 평민 출신의 인재를 중요하게 생각하였다. "군주는 형벌과 정사의 여부가 백성의 이익에 들어맞는가를 살피는 것이다."[19] 공적인 이익을 추구하고 실행하는 태도를 관찰하여 관직을 주고, 실제적인 효과에 따라 인재의 능력을 평가하는 인재사상이다.

셋째, 도가는 겸양을 미덕으로 삼을 줄 아는 인재를 중요하게 생각하였다. "부드러움을 지키는 것이 강한 것이다."[20] "자비롭기

---

17) "及周室衰, 禮法墮, 諸侯刻桷丹楹, 大夫山節藻梲, 八佾舞於庭, 雍徹於堂. 其流至乎士庶人…… 陵夷至乎桓, 文之後, 禮誼大壞, 上下相冒, 國異政, 家殊俗, 奢欲不制, 僭差亡極, 於是商通難得之貨, 工作亡用之器, 士設反道之行, 以追時好而取世資.(周室이 쇠하고 예법이 무너지면서부터 제후들은 사치방자해지고, 서민들은 본분을 지키지 아니하니…… 齊桓公 晉文公 이후로는 禮誼가 크게 무너져서 상하가 서로 침범하며, 나라마다 정치가 다르고 집집마다 풍속이 다르며, 기호와 욕망은 제한이 없고 분수에 넘치는 일들이 그칠 줄 모른다.)"『漢書』卷91,「貨殖傳」第61.
18) "修己以敬…… 曰修己以安人…… 曰修己以安百姓"『論語』「憲問」.
19) "廢以爲刑政, 觀其中國家百姓人民之利."『墨子』「非命上」.
20) "守柔曰强."『老子』52장.

때문에 용감할 수 있고, 검약하기 때문에 널리 베풀 수 있으며, 감히 천하보다 앞서 행하지 않기 때문에 훌륭한 그릇을 만드는 우두머리가 될 수 있다."[21] 귀한 것은 낮은 것으로 본을 삼고, 높은 것은 낮은 것을 터로 잡는다고 간주하였기 때문에 겸양을 중요하게 생각하였다.

넷째, 법가는 군신관계를 중심으로 인재로서 신하보다는 인군을 중요하게 생각하였다. 『한비자』(韓非子)에서는 "(군주의) 술(術)이란 사람의 재능에 따라서 관직을 주고, 말한 것에 따라 실적을 책임지며, 죽이고 살리는 권력의 자루를 쥐고 여러 신하를 평가하는 것이다"[22]고 한다. 군주는 관리를 다스리고 관리는 백성을 다스리는 체제이다. 군주가 신하의 말에 근거하여 정사를 맡기고 신하가 정치에 종사하여 실제로 드러난 것을 살펴서 군주는 상벌을 결정한다는 것이다.

2) 한·위진 시대의 인재사상

덕행을 중요하게 생각하던 전한 시대의 인재사상은 후한 말~위진 시대에 이르러 점차 덕성에서 재성 중심으로 변화해 간다. 개인의 재성에 대한 근원을 둘러싸고 논쟁하는 것이 이 시기 인재사상의 특징이라고 할 수 있다.

---

21) "慈故能勇, 儉故能廣, 不敢爲天下先, 故能成器長." 위의 책, 67장.
22) "術者, 因任而授官, 循名而責實, 操殺生之柄, 課群臣之能者也, 此人主之所執也." 『韓非子』「定法」.

전한 시대에는 성인을 중시하였다. 동중서(董仲舒)는 "(성인의) 총명함과 성스러운 신령함은 마음의 안을 보고 자신을 돌이켜서 듣는다. ……오로지 밝고 성스러운 자만이 그 본심을 안다."[23] "성인은 비범한 지혜를 가지고 있어서 일반인들이 인식하지 못하는 사물을 인식할 수 있으므로, 사람들은 성인의 말을 공경하고 두려워해야 한다"[24]라고 한다. 그는 성인만이 초월적인 지적 능력을 구비하고 있기 때문에 만물의 근원과 본질을 알 수 있으므로 성인의 영역을 침범할 수 없다는 종교적 관점을 가지고 있었다.

그러나 왕충(王充)은 당시 성행하던 천인감응설과 성인을 신성화하는 종교적 관점을 비판하고 경험적 지식 능력에 의한 인재관을 수립하였다. 그는 『논형』(論衡)에서,

> 신(神)이라는 것은 배우지 않아도 알 수 있는 것이고, 성(聖)이라는 것은 배움으로써 이룰 수 있는 것이다.[25] ; 하나를 알고 둘을 통하게 하며 왼쪽에 이르러 오른쪽을 볼 수 있게 하는 것이다.[26] ; 성인의 가르침을 받아 학문적 재질을 갈고 닦음으로 지혜와 재능이 남보다 열 배나 뛰어났으니 가르침의 효과이며 점진적이니 변화의 힘이다.[27]

지식과 재능은 노력이나 학습을 통해 어느 정도 변화를 가져올 수 있기 때문에 반드시 실천적인 경험을 통하여 그 효과를 보고 사람의 재능의 고저를 평가해야만 한다는 것이다. 왕충은 재능의 여하에 따라 인재의 단계를 "경서(經書)를 강설할 줄 아는 사람은

---

23) "聰明聖神, 內視反聽, ……故獨明聖者知其本心." 『春秋繁露』 「同類相動」.
24) "聖人者, 見人之所不見者也, 故聖人之言亦可畏也." 위의 책, 「郊語」.
25) "所謂‘神’者, 不學而知, 所謂‘聖’者, 須學以聖." 王充, 『論衡』 「實知」.
26) "知一通二, 達左見右." 위의 책.
27) "被服聖教, 文才雕琢, 知能十倍, 敎訓之功而漸漬之力也." 위의 책, 「率性」.

유생(儒生)이고, 고금의 서적을 널리 섭렵한 사람은 통인(通人)이며, 전해 오는 책을 모아서 글을 올리고 기록을 아뢰는 자는 문인(文人)이고, 생각을 정밀하게 하여 글을 지어서 계통 있는 문장을 완결해 낼 수 있는 사람은 홍유(鴻儒)이다"[28]라고 분류하였다.

후한 말 삼국시대에 들어서면서 조조는 인재선발의 기준을 재성에 두고 인재를 등용하였다. 『삼국지·위서』(三國志·魏書)에 다음과 같은 기록이 있다.

> 극히 비속한 하급관리라 할지라도 뛰어난 재능과 특이한 재질이 있거나 장수의 역할을 감당할 수 있다면, 오명과 수치스러운 행동이 있거나, 어질지 못하거나 불효를 하더라도 치국용병의 능력이 있으면 각자 알고 있는 모든 사람을 천거하여 버려지는 자가 없도록 하라.[29]

한대의 인재등용과 인간수양의 기준이 되었던 '명경중덕'(明經重德) 사상의 위력이 빠르게 상실되고 '명물중재'(明物重才) 사상이 급속도로 신장되어 갔다. 기존의 정치질서 가치규범이 혼란되면서 사상의 자유와 해방, 그리고 예술의 창조와 향유문제가 가장 큰 이슈로 대두되었다. 이런 상황의 과정 속에서 전통적으로 '경'(經)과 '덕'(德)은 사회의 보편행위 및 도덕규범과 밀접한 관계를 가져왔고, '물'(物)과 '재'(才)는 개체의 개성 및 재능과 밀접한 관계를 가져왔다.[30] 재성에 관한 문제는 위진 시대 후기 인성을 탐구하는 중요한 논점이 되었다. 사람의 재능이 타고난 것인가 아니면 환경

---

28) "故夫能說一經者爲儒生, 博覽古今者爲通人, 采掇傳書以上書奏記者爲文人, 能精思著文連結篇章者爲鴻儒." 위의 책, 「超奇」.

29) "文俗之吏, 高才異質, 或堪爲將守 ; 負汙辱之名, 見笑之行, 或不仁不孝而有治國用兵之術: 其各擧所知, 勿有所遺." 『三國志·魏書』卷1, <武帝紀> 第1.

30) 宋河璟, 「劉劭 ≪人物志≫의 美學的 考察」(『중국학보』, 한국중국학회, 1990) p.112.

에 의해 만들어지는 것인가 하는 인식론의 문제로 대두되어 인간의 재와 성에 대한 토론을 이끌어 내는 데 크게 기여하였다.

중국 고대의 인재사상은 정치와 사상, 그리고 시대적 상황에 따라 생성 발전되어 왔음을 알 수 있다. 인재사상에는 덕성과 재성, 초월적 인식능력과 경험적 지식능력, 종교적 관점과 현실적 관점, 형이상학적인 논쟁이 함께 존재하고 있었으며, 이상 정치를 실현하기 위하여서는 현명하고 능력이 있는 인재를 절대적으로 선호하였던 것이다.

3) 고대의 인재선발제도

비교적 완전한 인재선발제도가 이루어진 것은 춘추전국시대의 양사제(養士制), 양한 시대의 찰거제(察擧制), 위진남북조 시대의 구품중정제(九品中正制) 및 수·당·명·청의 과거제(科擧制)인데, 인재선발제도를 개략적으로 살펴보면 다음과 같다.

① 춘추전국의 양사제(養士制)

춘추전국 시기에는 큰 나라가 패권을 잡으려고 다투었고 제후들은 영웅을 다투었으며, 사회는 대변혁기에 처해 있었다. 군주와 사대부는 모두 경쟁적으로 현명한 인재를 초빙하고 선비를 받아들였으며, 그중 선비를 더욱 우대하였다. 선비의 출신이 귀하고 천하고,

용모가 아름답고 추한 것을 불문하고 모두 일정한 지위를 주었는데, 이것이 춘추전국 시기의 양사제도이다.

② 양한 시대의 찰거제(察擧制)

한 무제는 동중서의 건의를 받아들여서 '찰거'(察擧)와 '징벽(徵辟)'[31]제도로 관리를 등용한다. '찰거'는 추천에 의한 관리 등용 방식으로 주로 지방에서 명망이 높은 인재에 근거하였으므로 향성리선(鄕聲里選)이라고도 불렀다. 추천하는 기준은 효렴·수재·현량·문학 등으로 인재선발의 표준에 있어서 덕과 경을 중시하였다. 후한 말 정국이 부패해짐에 따라서 찰거제의 폐단[32]이 극심하였다.

③ 위진남북조의 구품중정제(九品中正制)

구품중정제는 후한 말 위왕의 상서였던 진군(進軍; ?~236)의 건의에 따라 제정·실시한 인재등용 방법이다. 위진남북조 시대를 거쳐 수·당 시대의 과거제가 등장하기 전까지 300여 년간 시행되었다. 구품중정제를 통해 새로운 지배계층인 문벌귀족이 등장하였으며, 위진남북조 시대 사회와 정치는 구품중정제를 중심으로 형성되고 유지되었다. 구품중정제는 중앙집권의 형태로 각 주와 군에

---

31) 徵辟은 황제가 지명하는 徵召와 지방정부에서 천거하는 辟擧가 있다.

32) 孝廉은 좋은 인재를 많이 얻을 수 있다는 평가를 받기도 하였다. 그러나 지방관이 인재를 선발할 때 지방의 유력자와 합의하여 결정하는 것이 관례가 되자, 엄정한 기준 없이 자의적인 추천을 행하면서 효렴은 거의 호족 자제가 독점하게 되었다. 이에 따라 '秀才에 천거되었어도 책을 알지 못하고, 孝廉에 추천되었어도 부모와 별거한다'는 병폐를 야기하였다. 後漢末 정국이 부패해짐에 따라 찰거제는 선비의 기풍을 나쁘게 변형시키고 관리 타락의 부식제가 되었다.

중정관(中正官)을 설치하여 인재를 품평하는 규정에 따라 9등급[33]
으로 나누어 인재를 추천하고 선발하여 등용하는 제도이다. 조비
(曹丕)는 위나라를 건국한 후에 한대의 찰거제를 대신하여 구품중
정제를 설치하였다. 구품중정제의 목적은 개인의 재와 덕에 의하여
인재를 등용하는 것이었으며, 조위(曹魏) 시대에는 공정성을 가지
고 시행되었다. 그러나 위진남북조에 이르러 문벌사족에 의한 정치
로 중정의 권리는 문벌사족들이 독점하게 되었다. 따라서 인재의
등용이 재능에 의한 것이 아닌 문벌의 높고 낮음으로 결정되면서
찰거제와 같은 폐단이 발생하였다. 결국 구품중정제는 귀족의 관리
등용에 대한 특권을 인정해 주는 제도적인 장치가 되었다.

수대(隋代)에 시작한 과거제(科擧制)는 당대(唐代)에 정기적으로
과거가 시행되었고, 송대(宋代)에 이르러서는 과거에 의해 관리를
선발하는 것이 보편화되어, 청대(清代)에 이르기까지 지속되었다.
과거로 인재를 선발하는 것은 덕행을 중요하게 생각하였지만, 지식
과 재능에 대한 객관적인 기준이 있었다. 때문에 신분보다는 실력
을 중요하게 생각하였고, 서민층에게도 그 기회가 열려 문벌이 낮
은 사람도 학문을 바탕으로 정치에 참여할 수 있게 되었다. 과거
제도는 그 평등성 때문에 오랫동안 긍정적인 평가를 받아왔지만,
부정적인 측면[34] 역시 적지 않았다.

---

33) 인물을 품평하는 기준은 家勢, 德行, 才能으로 이에 근거하여 上上, 上中, 上下, 中
  上, 中中, 中下, 下上, 下中, 下下 등 9등급으로 구분했다. 그러나 등급을 정하는 데
  가세의 재력이 가장 중요하게 적용되었기 때문에 결국 지주 계급의 사회적 지위의
  고저가 등급을 정하였다고 할 수 있다. 구품중정제라고도 부른다.
34) 宋代에는 무능한 관료들이 무리를 형성하게 되어 관료기구의 비대화로 국가재정에
  막대한 부담이 되었다. 明代의 八股文(八股文은 8개의 제목 밑에 700글자 미만으로
  특정한 방식에 따라 서술하는 문장형식이다. 1901년 清末 과거 폐단이 논의되었을
  때 폐지되었다.)은 인재들의 학문적 자유를 구속하고, 모든 교육이 과거시험에 예속

위에서 살펴본 바와 같이 하·은·주 시대의 인재선발은 혈연 및 혈족이 주를 이루었고, 춘추전국시대부터 위진남북조 시대까지는 지방 호족들 혹은 귀족들의 추천을 받은 사람들을 관리로 등용하였다. 뛰어난 인재라고 해도 모두 등용되는 것은 아니었다. 인재의 범위는 각급 관리에 한정되어 있고, 일반 백성 가운데서 널리 찾지는 않았다. 따라서 인재등용에 대한 일관성이 부족했으며, 인재의 덕과 재능의 표준은 계급에 따라 달라지기도 하였는데, 봉건 사회에서는 제후 또는 문벌사족을 위한 것이었다고 할 수 있다.

됨으로 학문이 균형 있게 발전하기 어려웠으며, 실용적인 학문은 부진하였다.

유소의 생애와 『인물지』 판본

1) 『인물지』의 저자 유소

『인물지』의 저자 유소(劉劭)에 관한 기록은 『삼국지·위서』(三國志·魏書)「유소전」(劉劭傳)에서 확인할 수 있다. 유소의 생애에 대해서는 『삼국지·위서』「유소전」에서 그 개략을 살필 수 있다.

유소(189~244?)의 자는 '공재'(孔才)로 태어난 곳은 조(趙)나라 한단(邯鄲)이며,35) 삼국시대 위나라의 사상가이자 법률가이다. 그는 동한의 영제(靈帝) 중평(中平) 6년(189) 전후에 태어나서 위나라 제왕(齊王) 정시(政始) 5년에서 6년(244~245) 사이에 세상을 떠났으며, 경학·문예·형명·지략 등 다양한 분야에 관심이 많았다고 한다. 그는 청년기에 능력을 인정받아서 조나라 계리(計吏)로 임용되었고, 헌제(獻帝) 건안(建安) 19년(207)에는 태자사인(太子舍人)에 임용되었으며, 건안 21년(209)에는 조조가 위왕으로 자리하면서 유

---

35) "劉劭字孔才, 廣平邯鄲人也."『三國志·魏書』卷21,「劉劭傳」.

소를 비서랑(秘書郞)으로 등용하였다. 위 문제(文帝) 황초(黃初) 원년(元年; 220)에는 상서랑(尙書郞)으로 승진하였으며, 황초 4년(223)에는 산기시랑(散騎侍郞)의 자리에 올라, 오경(五經)을 수집·분류하여『황람』(皇覽)을 편찬하였다. 명제(明帝)가 즉위한 후 태화(太和) 원년(227)에는 진류군(陳留郡)의 태수와 기도위(騎都尉)의 지위에 있었고, 태화 3년(229)에는 율법제정에 참여하여『신율』(新律) 18편과『율략론』(律略論)을 찬술하였다. 명제(明帝) 경초(景初) 연간에는 백관곡제(白官曲制)를 만들어『도관고과』(都官考課) 72조항을 제정하였고,『설략』(說略) 1편과『악론』(樂論) 14편을 작성하였으나 명제의 죽음으로 실행에 옮기지 못하였다. 그는 정시(政始) 5년(244)에 관내후(關內侯)의 자리에 올랐지만 그 후 곧 세상을 떴다. 제왕(齊王) 방(芳)이 즉위한 정시 원년(240)에는 시강(侍講)에 임용되어,『법론』·『인물지』등의 백여 편의 저서를 냈으며, 이외에도「허도부」(許都賦)·「낙도부」(洛都賦)를 짓는 등[36] 당시의 세태를 풍자하는 문학에도 뛰어난 재능을 보였다. 현재 남아 있는 저작은『인물지』한 편에 지나지 않는다.

유소의 저작과 행적을 살펴보면, 그는 지혜와 식견이 풍부하고 다재다능하였으며, 특히 조조의 정권 아래서 법률, 인사, 행정 분야에서 뛰어난 재능을 발휘하였던 것으로 보인다. 그가 다양한 사상을 내포하고 있는『인물지』를 저작할 수 있었던 것도 그의 이러

---

36) "建安中, 爲計吏…… 御史大夫郗慮辟劭, 會慮免, 拜太子舍人, 遷祕書郞. 黃初中, 爲尙書郞·散騎侍郞. 受詔集五經群書, 以類相從, 作皇覽…… 明帝卽位, 出爲陳留太守, 作新律十八篇, 著律略論…… 著樂論十四篇, 事成未上. 會明帝崩, 不施行. 正始中. 執經講學, 賜爵關內侯…… 卒…… 凡所選述, 法論·人物志之類百餘篇. 詔劭作許都·洛都賦." 위의 책.

한 다재다능함과 시대적 상황, 정치적 지위에서 비롯되었다고 할
수 있다.[37]

유소(劉劭)의 이름인 '소'(劭)와 '소'(邵)가 후대에 이르러 혼용되
어 사용되는 경향이 있다. 그것은 『삼국지・위서』「유소전」에는
유소의 이름이 '소'(劭)로 기재되어 있는데, 『수서』(隋書)「경적지」
(經籍志)에는 '소'(邵)로 기재되어 있기 때문이다. 이에 대하여 송
대의 송상(宋庠)은 『송상교감』(宋庠校勘)에서 "오늘날 『위지』(魏
志)에서는 면소(勉劭)의 뜻인 '소'(劭)로 기재되었고, 다른 책에서
는 진읍(晉邑)의 이름인 '소'(邵)로 사용되었다. ……그러나 모두
유소의 자인 '공재'와 합당치 않은 것이다. 『설문』(說文)에서 '소'
(邵)는 '고'(高)의 뜻을 갖고 있고, 이주(李舟)의 『절운』(切韻)에서
는 '미'(美)라는 뜻을 갖고 있다. 고(高)와 미(美)는 '공재'의 뜻과
부합된다"[38]라고 기술하면서 유소의 '소'(劭)는 '소'(邵)로 바꿔 사
용해야 한다고 주장한다. 하지만 宋庠의 설은 혼란만 가중시킬 뿐
이다. 왜냐하면 『한서』(漢書), 「예문지」(藝文志)의 『소이아』(小爾
雅), 「광고」(廣詁)에 '소'(劭)를 '미'(美)라고 기술하였으며, 삼국시
대 위의 장즙(張揖)이 편저한 『광아』(廣雅), 「석고」(釋詁)에서도
'소'(劭)를 '고'(高)라고 기술하고 있기 때문이다. 이것으로 보면
'소'(劭)에는 '미'(美)와 '고'(高)의 뜻이 있었음을 알 수 있다.[39] 따
라서 이 책에서는 『삼국지・위서』「유소전」에 있는 본래의 기록
에 근거하여 '소'(劭)로 사용함을 밝힌다.

---

37) 陳喬楚 註譯, 『人物志 今註今譯』, 臺灣: 臺灣商務印書館 發行, 1996, pp.5 - 6.
38) "今官書魏志, 作勉劭之劭從力, 他本或省邵者晉邑之名…… 然俱不協孔才之義, 說
    文則…… 訓高也. 李舟切韻訓美也. 高美又與孔才義符." 宋庠, 『宋庠校勘』.
39) 陳喬楚 註譯, 앞의 책, pp.4 - 5.

2) 『인물지』 판본(板本)

『인물지』는 위나라 명제 경초 3년(239)에 찬술되었다. 『수서』(隋書) 「경적지」(經籍志), 『당서』(唐書) 「경적지」(經籍志)의 「자부·명가」(子部·名家)에 "『인물지』 세 권이 있는데, 유소가 찬했다"라는 기록과 함께 수록되어 있다. 『송사』(宋史) 「예문지」(藝文志)에 수록된 『인물지』에는 '즉군찬'(卽郡撰)라고 되어 있는데, '즉군'(卽郡)은 '유소'(劉劭)의 오자인 것으로 판단된다.[40] 『사고전서』에는 「자부·잡가」에 수록되어 있다.

『인물지』 판본의 현황을 살펴보면 아래와 같다.[41]

<표-1> 『인물지』 판본

		수 록			비 고
隨		『隋書』「經籍志」「子部·名家」			『인물지』 세 권이 있
唐		『唐書』「經籍志」「子部·名家」			는데, 劉劭 撰했다.
宋		『宋史』「藝文志」 '卽郡撰'라고 되어있는데, '卽郡'은 '劉劭'의 誤字인 것으로 판단.			
		王堯臣 편찬, 『崇文總目』「名家類」: 文寬夫 『인물지』의 '題'			
明		판 본	특 징	수 록	비 고
	正德년간		阮逸의 '序'를 맨 앞에 두고 王三省의 '識', 文寬夫 '題' 뒤에 宋庠의 '記' 부록.	陸心源의 『皕宋樓藏書志』卷55	『인물지』三券, 劉劭撰, 劉劭注, 明 正德刊本.

---

40) 『隋書』「經籍志」, 『唐書』「經籍志」에도 "劉劭가 撰했다."라고 되어 있으며, 宋代 王堯臣 등이 편찬한 『崇文總目』「名家類」에도 "『人物志』三券, 劉劭撰."이라고 기록되어 있는 것을 보면 '卽郡'은 '劉劭'의 誤字인 것으로 추측할 수 있다.

41) 江建俊, 『劉劭人物志研究』; 陳喬楚 註譯, 『人物志 今註今譯』에서 판본에 대한 자료 참조.

		판본	특 징	수 록	비 고
明	嘉靖8	顧定芳이 嚴山伯氏 抄本刻印	'序'·'題'·'記'는 있지만 王三省의 '識'은 없고 顧定芳의 '題識'을 수록.		臺灣 國立中央圖書館善本書室보관.
		顧定芳本 다시 刻印	顧氏의 '題識' 없고 王三省 '識' 있으며, '序', '題', '記', '識'의 순서가 明代 正德의 刊本과 다르다.		
	隆慶6년	鄭旻이 刻印한 重刻本	本文과 注文 혼용된 부분 개정. 마지막에 鄭旻의 '重刻人物志跋' 추가.	臺灣 국립궁 박물원 도서관 소장	明代 正德 刻本을 다시 刻印한 것으로 보임.
			鄭旻의 '跋'에서 '劭生六朝'를 '劭生漢末'로 고쳐 수록.	1919년 上海의 涵芬樓에서 간행한『四部叢刊』「子部」	
				『四部叢刊』鄭旻 '重刻本' 축인본.	上海商務印書館발행(1936)
	萬曆5	海代·李氏思益軒이 刊本	隆慶鄭刻本 참고.		臺灣 中央圖書館善本書室 보관.
	萬曆12	劉元霖이 다시 각인	두 刻本은 현재 한 권의 책.		李氏 思益軒의 刊本 참고.
	萬曆20	程榮이 劉元霖의 再刻本 校正刻本	阮逸의 '序, 서미에는 文寬夫의 '題', 宋庠의 '記', 王三省의 '識', 鄭旻의 '跋', 劉元霖의 '附題'를 함께 수록.	『漢魏 叢書』	
		何允中	劉昞의 注文 16자 외에는 모두 삭제되어 있다. 이 판본을 無主本이라 한다.	『廣漢魏 叢書』	程榮의『인물지』刻本과 같다.
淸	乾隆47	萬歷甲申 1584년 河間·劉用霖의 刊本사용	隆慶 6년, 鄭旻이 중각한 舊板을 수정한 古本과 같다. 鄭旻이 중각한 中州刊本에 근거한『新編諸子集成』에 수록된『인물지』와도 같다.	劉昞의 注와 같이『四庫全書』 「子部雜家」 수록. 書尾: 王三省 '識' 文寬夫 '題'	

이 외 明代의 「藍格鈔」本·胡維新刊,「兩京遺稿」本·葉方疑刊,「平」과 淸代의 金山錢氏刊,「墨海金壺」本·「守山閣叢書」本·定州正氏刊,「畿輔叢書」本·潮陽鄭氏刊,「龍溪精舍叢書」本 등이 있다.

『인물지』가 찬술된 후 송대 이전에는 판본의 여부를 알 수가 없다. 원일(阮逸)이 『인물지』의 서(序)를 쓴 것을 계기로, 처음 판본이 나왔을 것으로 추정할 수 있지만, 판본이 전해지지 않고 있기 때문에 그 여부를 알기가 어렵다. 송대에 들어와서 왕요신(王堯臣) 등이 편찬한 『숭문총목』(崇文總目) 「명가류」(名家類)에 『인물지』가 들어 있다. 송대 문관부(文寬夫)는 『인물지』의 '제'(題)를 썼고, 내용이 중복된 것을 정리하여 정본을 만들었는데, 청대의 손성연(孫星衍)의 『겸석거장서』(兼石居藏書)의 기록에 언급된 것으로 보아 청대에도 이 판본이 전해졌을 것으로 추정된다.

명나라 정덕(正德) 연간(1506~1521)에는 『인물지』의 각본(刻本)이 나왔다. 이 판본에는 "『인물지』, 삼권, 유소찬, 유소주, 명정덕간본"(『人物志』, 三卷, 劉劭撰, 劉劭注, 明正德刊本)이라고 되어 있으며, 원일의 '서'(序)를 맨 앞에 두고, 왕삼성의 '지'(識)와 문관부의 '제'(題), 그리고 송상의 '기'(記)를 뒤에 부록하였다. 이 판본은 육심원(陸心源)의 『벽송루장서지』(皕宋樓藏書志) 권55에 수록되어 있다.

명대 가정(嘉靖) 8년(1529)에는 고정방(顧定芳)이 엄산백씨(嚴山伯氏)의 『인물지』 초본을 각인하였는데, '서'(序)·'제'(題)·'기'(記)는 있지만 왕삼성의 '지'(識)는 없고 고정방의 '제지'(題識)를 수록하였다. 이는 현재 대만 국립중앙도서관 선본서실에 보관되어 있다. 고정방본을 다시 각인한 것으로 보이는 『인물지』는 선본서로 남아 있는데, 고 씨의 '제지'(題識)는 없고 왕삼성의 '지'(識)가 있으며, 원일의 '서'(序), 문관부의 '제'(題), 송상의 '기'(記), 왕삼성의 '지'(識)의 순서가 명대 정덕의 간본과 다르다. 명대 융경(隆慶) 6년(1572)에 정민(鄭旻)이 각인한 중각본은 명대의 정덕 각본을 다시 각인한 것으로 보인다. 본문과 주문이 혼용된 부분을 개정하였고 마지막에 정민의 '중각인물지발'(重刻人物志跋)을 추가하였다. 현재 대만 국립궁 박물원 도서관에 소장되어 있다. 민국 8년 (1919) 상해의 함분루에서 간행한 『사부총간』(四部叢刊), 「자부」 (子部)에 정민의 중각본을 수록하고 정민의 '발'(跋)에서 '소생육 조'(劭生六朝)를 '소생한말'(劭生漢末)로 고쳐 썼다.[42]

　　명대 만력(萬曆) 5년(1577)에 해대(海岱) 이씨사익헌(李氏思益軒) 이 『인물지』 간본을 냈다. 이것은 융경정각본(隆慶鄭刻本)을 참고 한 것으로 만력 12년(1584)에는 류원림(劉元霖)이 다시 이씨사익헌 간본(李氏思益軒刊本)을 참고하여 『인물지』를 각인하였다. 이 두 각본은 현재 한 권의 책으로 되어 대만 중앙도서관 선본서실에 보 관되어 있다. 명대 만력 20년(1592)에는 정영(程榮)이 류원림의 재 각본을 교정하여 『인물지』를 각본 했는데, 서두에는 원일의 '서' (序)를, 서미에는 문관부의 '제'(題), 송상의 '기'(記), 왕삼성의 '지' (識), 정민의 '발'(跋), 류원림의 '부제'(附題)를 함께 수록하였다. 이 각본은 『한위총서』(漢魏叢書)에 수록되어 있다. 또한, 같은 시 기에 하윤중(何允中)이 『광한위총서』(廣漢魏叢書)에 『인물지』를 수록하였는데, 이것은 정영의 『인물지』 각본과 같으나 유병(劉昞) 의 주문(注文) 16자 외에는 모두 삭제되어 있다. 때문에 이 판본을 무주본(無主本)이라고도 한다.

　　청대 건륭(乾隆) 47년(1782)에 제작된 『사고전서』 「자부·잡가 」에 『인물지』가 유병의 주와 같이 수록되어 있다. 『사고전서총목 제요』(四庫全書總目提要)에 의하면 "만무(萬曆) 갑신(甲申; 1584) 하간(河間) 류용림(劉用霖)의 간본을 사용하였는데, 융경(隆慶) 6년 (1572)에 정민이 중각한 구판을 써서 수정하여 고본과 같을 뿐이

---

42) 陳喬楚 註譯, 앞의 책, p.10.

다"[43]라고 하였다. 이는 명나라 정덕 연간 각본된 『인물지』를 융경 6년(1572)에 정민이 중각한 중주간본(中州刊本)에 근거한 『신편제자집성』(新編諸子集成)에 수록된 『인물지』와도 같다.

이 외에도 明代의 「람격초」(藍格鈔)본·호유신간(胡維新刊), 「량경유편」(兩京遺編)본·엽방의간(葉方疑刊), 「평점」(平點)본과 청대의 금산전씨간(金山錢氏刊), 「묵해금곤」(墨海金壼)본·「수산각총서」(守山閣叢書)본·정주정씨간(定州正氏刊), 「기보총서」(畿輔叢書)본·조양정씨간(潮陽鄭氏刊), 「용계정사총서」(龍溪精舍叢書)본 등과 대만중화서국에서 출간한 「사부비요」(四部備要)본·세계서국의 「제자집성」(諸子集成)본 등에도 『인물지』가 수록되어 있다.

본서에서는 융경 6년(1572) 정민이 중각한 구판을 수정한 고본으로 『사고전서』 「자부·잡가」에 수록된 『인물지』를 저본으로 삼았다. 이 판본은 「자서」와 상중하 3권 12편[44]으로 구성되어 있고, 진(晉)나라 의희(義熙) 10년(414년)에 지은 유병의 주[45]가 붙어 있다.

---

43) "此本爲萬歴甲申河間, 劉用霖所刊盖用, 隆慶壬申, 鄭旻舊板而修之猶古本云." 『四庫全書總目提要』.

44) 卷上 九徵第一, 體別第二, 流業第三, 材理第四.
卷中 材能第五, 利害第六, 接識第七, 英雄第八, 八觀第九,
卷下 七繆第十, 效難第十一, 釋爭第十二.

45) 『인물지』가 찬출된 170여 년 후 晉 安帝 義熙 10년(414)에 劉昞이 『人物志』에 注를 달았다. "昞註不涉訓詁, 惟疏通大意而文詞簡古, 猶有魏晉之遺.(劉昞의 주가 훈고학적인 세밀함까지 섭렵하지는 못하고, 오직 大義를 소통시켰으며, 문장이 간결하면서도 예스러워 여전히 魏晉 시대의 문장의 遺風이 있다.)" 『四庫全書總目提要』.

03

『인물지』 찬술의 정치·사회적 기반

유소의 『인물지』는 중국 고대 인재사상에서 중요한 위치를 차지한다. 『인물지』는 정치적으로 혼란스러운 시기였던 후한 말~위진 시대인 위(魏) 명제(明帝) 3년(239)에 찬술되었다. 그 사상을 이해하기 위해서는 우선 『인물지』가 성립된 시대인 후한 말~위진 시대의 정치·사회적 상황을 이해할 필요가 있다.

『인물지』가 찬술된 위진 시대는 후한에서 삼국으로 교체되는 격변기로 정치적 분열과 사회의 병폐가 극심한 시기였다. 『후한서』(後漢書)에는 다음과 같이 기록되어 있다.

한 초로부터 지금까지 300여 년 동안 풍속이 사치스러운 폐단에 젖고, 교묘한 속임수가 더욱 싹터서 아래에서는 거짓된 것을 꾸미고, 위에서는 잔학한 짓을 멋대로 행하였다. ……죄 없는 자를 죽이는 것을 위풍으로 여기고, 분별하여 거두어들이는 것을 한결같이 현능으로 여기며, 자신을 다스리고 백성을 편안히 하는 것을 열약으로 여기고, 법을 받들고 이치를 따르는 것을 불화로 여겼다. ……관리들은 백성 보기를 원수같이 하고 세금 거두기를 사나운 짐승처럼 하였다. 감사는 앞뒤로 살펴보아 자기와 나쁜 폐단을 함께하는 경우에는 비행을 보고도 거론하지 않고, ……선함을 말할 때 덕을 일컫지 않고, 공을 논할 때 진실에 의거하지 않으니, 허

탄한 자들이 칭찬을 받고, 언행을 바르게 하는 자가 버려지고 비방을 받
는다. ……향관의 관리가 직급이 낮고 녹이 적더라도…… 탐욕스러운 자
는 집을 채워서 특별하게 선발하고 멋대로 징발하여, 어지러움이 끊이지
않고, 송별과 영접에 번거롭게 허비하여 정사를 손상하고 백성을 해치므
로, 화기(和氣)가 두루 미치지 않고 재난이 사라지지 않는 것이니 그 허
물이 모두 여기에 있는 것이다.[46]

후한 말 위기 상황의 직접적인 원인은 정치적 부패에 있었고,
그것의 핵심은 관리를 등용하는 찰거(察擧)제도의 부패였다. 찰거
의 결과가 명(名)과 실(實)이 일치되지 않았던 것이다. 『포박자』(抱
朴子) 「심거」(審擧)에서, "수재로 천거된 사람이 글을 알지 못하며,
효렴에 뽑힌 사람이 부모와 별거해 있고, 청빈하고 청렴결백해야
할 사람이 진흙처럼 탁하며, 뛰어나고 훌륭한 장수가 닭처럼 겁이
많다"[47]고 한 것은 당시 찰거제도의 폐단에 대하여 비평했음을 보
여 주는 단적인 예이다.

정치적으로는 후한 중기부터 형성된 외척과 환관들의 양대 세력
에 의한 정치적 대립으로 혼란한 시대였다. 환관들은 여러 차례
발생한 투쟁에서 득세하여 권력을 장악하게 되자, 사대부들을 배척
하고 자신의 자제나 친속들을 등용하였다. 환관 세력에 대립하여
깨끗한 사회를 구현하려는 청류 사대부 간에 '청의'(淸議)운동이 일
어났으나, 그것은 당고의 화(黨錮의 禍)[48]를 초래하게 되었다. 당

---

46) "漢初至今, 三百餘載, 俗浸彫敝, 巧僞滋萌, 下飾其詐, 上肆其殘. ……謂殺害不辜
爲威風, 聚斂整辨爲賢能, 以理己安民爲劣弱, 以奉法徇理爲不化. ……視民如寇讎,
稅之如豺虎. 監司項背相望, 與同疾疢, 見非不擧…… 言善不稱德, 論功不據實, 虛
誕者獲譽, 拘檢者離毀…… 鄕官部吏, 職斯祿薄…… 送迎煩費, 損政傷民. 和氣未
洽, 灾眚不消 咎皆在此." 『後漢書』 卷61, 「左周黃列傳」 第51.
47) "擧秀才, 不知書, 察孝廉, 父別居, 寒素淸白濁如泥, 高第良將怯如鷄" 『抱朴子』
「審擧」.
48) 166년 李膺 일파가 黨을 조직하였다는 것을 이유로 宦官들이 桓帝에게 黨人 체포령

고 사건으로 유능한 인물들이 정가에서 축출·제거되고, 조정의
자치 능력은 현저히 저하되기 시작했다.

　사회적으로는 사회 전반의 침체가 뒤따르면서 매관매직과 수탈
이 빈번히 발생한 시기였다. 이에 가난한 농민들은 부유한 호족 세
력에 대해 대항할 적당한 수단이 없었고, 백성들의 삶은 점점 피폐
해져 갔다. 이러한 사회적 혼란 속에서 농민 봉기가 수차례 일어
났으며 후한의 세력이 크게 약화되었다. 후한은 대규모의 농민 봉
기인 '황건의 난'에 의한 타격과 더불어 통치계급의 내부 분열로
무너지기 시작하여 천하는 사분오열이 되어 갔다. 조조(155~220)·
유비(161~223, 재위 221~221)·손권(182~252, 재위 222~252)
등의 세력이 두각을 나타내면서 위·촉·오 삼국으로 분열되어,
이때부터 삼국·위진남북조 시대로 접어들기 시작한다.

　후한 말~위진 시기의 사회적 대혼란은 정치적으로 중요한 변화
를 가져왔는데, 특히 관료 선발제도의 변화였다. 한대의 찰거제도
가 '덕'(德)을 우선적으로 삼았다면 위진 시대에는 '재'(才)를 중요
하게 생각하였다. 『후한서』 광무제의 구현령(求賢令)에서 '덕' 위
주의 인재선발에 대한 기록이 보인다.

　　"지금의 선거는 현(賢)과 영(侫), 주(朱)와 자(紫)를 번갈아 썼다. 승상은
　　선례에 따라 네 과목으로 선비를 취했으니 첫째, 덕행이 높이 뛰어나고
　　지조와 절개가 청백한 선비이고 둘째 학문이 통달하고 행실이 닦아진 경

　을 내림으로 1차 黨錮 사건이 시작되었다. 이것은 反 宦官 운동을 가속화시키는 결
　과가 되었다. 桓帝 사망 후 靈帝가 등극하자 외척 두무가 陳蕃과 더불어 宦官의 악
　정을 배격하기 위해 168년 宦官 주살을 시도했으나 사실이 사전에 누설되자 자살을
　하고 말았다. 다음 해 다시 李膺 등이 100명 이상이 환관에게 살해되는 사건이 발생
　하는 2차 黨錮사건이 일어난다.(朴漢濟,「後 韓末 魏晉時代 士大夫의 政治的 指向
　과 人物評論」,「歷史學報」, 第143輯 1990) pp.86－87.

중의 박사이며 셋째, 법령에 밝게 통달하여 의혹을 해결할 수 있고 안건을 작성하여 살펴서 물을 수 있는 문중의 어사이며 넷째, 강직하여 물욕에 굴하지 않고 지량이 많으며 일에 당하여 의혹하지 않아서 밝게 해결할 수 있으면 재능이 삼보의 영을 맡길 만한 선비이니, 모두 효도, 공손, 청렴, 공정의 행실이 있다. 이제부터 네 가지 과목으로 임용하되…… 재능이 뛰어나고 효성스럽고 청렴한 관리를 관찰하여 반드시 사실대로 조사하여 영민, 준수하고 행실이 어질고 청렴결백하고 공평단정한 자를 현읍에서 선발하여 반드시 관직에 임명하여야 한다."[49]

덕과 재를 겸한 현량한 인재를 선발하였지만, 상위의 조건은 덕행이 높이 뛰어나고 청렴결백해야 하며, 품행이 잘 닦아진 경학의 선비로 덕에 초점을 두고 있다. 그러나 후한 말 당시의 혼란한 정국의 형세는 정치·사회적으로 영웅적인 새로운 인재를 요구하게 된다. 이러한 시대 상황에 따라 조조의 '유재시거'(唯才是擧)라는 인재선발의 기준이 중시되기 시작한 것이다. 『삼국지·위서』 「무제기」(武帝紀)의 기록에 의하면,

만약 반드시 청렴한 선비를 등용해야 한다면 제나라 환공이 어찌 패자가 될 수 있었겠는가? 지금의 천하에 거친 베옷을 입었지만 옥을 품고 위수가에 낚시를 드리운 자가 없지는 않을 것이다. 또한 형수와 사통하고 뇌물을 받았지만 무지와 같은 사람을 만나지 못한 사람도 없지는 않을 것이다. 그대들은 나를 도와 출신이 한미한 자라도 버려지고 숨겨져 있는 사람을 밝혀 오직 재주가 있는 사람이라면 천거하라.[50]

---

49) "方今選擧, 賢佞朱紫錯用, 丞相故事, 四科取士 ; 一曰, 德行高妙, 志節淸白 ; 二曰, 學通行修, 經中博士 ; 三曰, 明達法令, 足以決疑, 能案章覆問, 文中御史 ; 四曰, 剛毅多略, 遭事不惑, 明足以決, 才任三輔令, 皆有孝悌廉公之行. 自今以後 審四科 辟召…… 察茂才尤異孝廉之吏, 無盡實核, 選拔英俊·賢行·廉潔 平端于縣邑, 務授試以職."『後漢書』「百官志」.

50) "若必廉士而後可用, 則齊桓其何以霸世! 今天下得無有被褐懷玉而釣於渭濱者乎? 又得無盜嫂受金而未遇無知者乎? 二三子其佐我明揚仄陋, 唯才是擧."『三國志·魏書』卷1, <武帝紀> 第1.

조조는 덕이나 인격에 모순이 있다 하더라도 재능이 뛰어나면 인재로서 가치가 있다고 강조한다. 그가 채용한 인재등용은 재성을 바탕으로 '유공'(有功)과 '효실'(效實)을 기준으로 삼는 것으로 이러한 측면은 한대의 '명경중덕'(明經重德)사상이 상실되면서 '명물중재'(明物重才)사상으로 도치되고 있음을 보여 준다. 진인각(陳寅恪)은 "맹덕(孟德)이 세 가지 훈령을 내렸으니, 큰 뜻은 덕 있는 자가 반드시 재능이 있지는 못하며, 재능이 있는 자는 혹 불인, 불효하고 탐내고 속인다는 오명을 받게 된다고 여긴 것이니…… 이를 통하여 미루어 본다면 동한의 사대부와 유가의 체용이 일치하여 유가와 공자의 도덕의 보루를 견고히 지킬 수 없기에 이르렀다"[51]고 하였다.

조조의 집권 시기에 한대의 인재등용제도인 찰거제도는 이미 그 명맥을 다한 것이다. 위 문제가 즉위한 후 구품중정제로 교체되었는데, 구품중정제는 중앙집권의 형태로 각 주와 군에 중정관을 설치하여, 인재를 품평하는 규정에 따라 구품급으로 나누어 인재를 추천하고 선발하여 등용하는 제도를 말한다. "중정의 권리가 문벌사족들에게 독점되어 문벌사족의 정치로 변모되어 감에 따라, 구품중정제는 완전히 귀족지주의 정권 남용의 도구로 이용되었던 것이다."[52]

정치적 분열과 사회적 혼란은 정치·사회에 큰 영향을 미쳤을 뿐 아니라 문화·사상적으로도 다양한 변화가 초래된다. 양한을 걸쳐 계승되던 유가가 쇠퇴하고 도가가 발전하며 위진 현학이 형

---

51) "孟德三令, 大旨以爲有德者未必有才, 有才者或負不仁不孝貪詐之汚名…… 由此推之, 則東漢士大夫儒家體用一致及周孔道德之堡壘無從堅守." 陳寅恪, 『四本論始華條后』(『書世說新語文學類鍾會選』, 北京: 生活讀書新知三聯書店, 2001) p.51.

52) 侯外廬, 『中國思想通史』, 臺北: 臺灣五南圖書出版, 1983, p.153.

성되는 등 다양한 사상들이 병존하고 흥망 하였다.

한대 초기에는 백가쟁명의 여파가 남아 있었고, 사상계에 대한 고압 정책이 사라지면서 전한 초기에는 유가와 도가가 다시 활약하기 시작하였다. 한 초에는 도가의 청정 무위사상이 주도적인 지위를 차지한다. 한 초의 도가는 황로 도가사상으로 노·장의 허정(虛靜)사상을 근본으로 하고, '도'(道)를 핵심으로 하여 법가사상을 흡수하며, 유가·묵가·명가·음양가 등을 포용한다.53) 도가사상은 약 45년간의 전성기를 맞이하였지만,54) 한 무제 즉위 후 유가가 사상의 주류를 이루게 되었다.

한 무제가 동중서의 건의를 수용하여 정식으로 '백가를 축출하고 유학 하나만을 숭상한다[罷出百家, 獨崇儒術]'고 선언한 이후 유학은 한의 통치이념이 된다. 그러나 동중서가 시도한 한대의 유학은 선진의 순수한 유학이 아닌 음양오행의 성향이 강한 유학이었다.55) 동중서가 『춘추번로』(春秋繁露)에서 "사람은 유(類)로써 하

---

53) "因陰陽之大順, 采儒墨之善, 撮名法之要, 興時遷移, 應物變化, ……事少而功多.(道家의 학술은 음양가의 사시운행 순서의 학설에 의거하고, 유가와 묵가의 장점을 흡수하였으며, 명가와 법가의 정수를 끌어들여 시세의 발전에 따라 발전시키고, ……일하는 것은 적지만 거두어들이는 효과는 크다.)" 司馬遷, 『史記』「太史公自序」.

54) 도가사상은 竇太后를 정점으로 약 45년간의 전성기를 맞이하였지만, 漢 武帝 즉위 후 유가가 사상의 주류를 이루게 되었다. 竇太后는 文帝의 皇后로 皇后 시절 23년, 皇太后 시절 16년, 太皇太后 시절 6년 모두 45년간 黃老學을 신봉하여 '黃老의 術'이 전성기를 누렸고, 이에 대항한 유가는 竇太后의 억압을 받았다. 鈴木由次郎, 「董仲舒」,(『東洋思想』Ⅱ 中國思想篇, 東京大出版會, 1992) p.141.

55) 동중서는 『春秋公羊傳』으로 『春秋』를 해석하였는데, 그는 『春秋公羊傳』을 세 가지 고대 사상을 근거로 하여 부각시켰다. 첫째, 荀子의 後王主義이며 둘째, 『孟子』·『中庸』의 관념적인 '天人相與'사상이며 셋째, 鄒衍과 『呂氏春秋』의 음양오행사상이다. 그는 陰陽·四時·五行에서 더 나아가 학술·정치·인성 등 모든 분야에 걸쳐서 天을 구체적인 철학사상으로 하는 철학 체계를 갖추었다. 이로 인하여 漢代의 사상은 이전의 先秦사상과 다른 특징을 가지고 漢代 유가의 중심사상이 되었다. [金權, 「漢代經學이 中國傳統思想의 形成에 미친 영향」,(『中國思想論文選集』(漢唐哲學), 서울: 불함문화사, 1996) p.146, 149, 152].

늘과 사람은 하나이다."56) "하늘은 말하지 않고 사람으로 하여금 그 뜻을 나타내도록 한다"57)고 하는 천인감응설은 천도와 천명에 대한 종교적 관념론을 형성한다.58) 한 무제가 백가를 물리쳤다고 하지만 그 속에 음양오행가는 포함되지 않았다. 이 점은 한대의 인재선발을 위해 설치하였던 과목59)을 통해 가늠할 수 있다.

법가의 세력도 만만치 않았는데,60) 한대 유가의 법가화는 동중서가 중요한 이론적 기초를 마련하였다.61) 이 시기 법가의 특색은 군신관념의 근본적인 변화로 맹자의 '군경'(君輕)론 및 순자의 '종도불종군'(從道不從君)을 포기하고 법가의 군존신비(君尊臣卑)로 대체한 것이다.62)

한·위 교체시기에 사회가 혼란해지면서 현학(玄學) 형성의 터전이 이루어지는데, 그 원인은 크게 두 가지 측면63)으로 나타나고

---

56) "以類合之, 天人一也." 『春秋繁露』「陰陽表」.

57) "天不言, 使人發其意" 위의 책, 「深察名號」.

58) 북경대학교 철학과 연구실, 유영희 옮김, 『중국철학사Ⅱ』(漢·唐편) 2005, pp.46 - 47.

59) "漢代의 인재선발에는 陰陽五行學이 독립된 과목으로 설치되었다. 漢 文帝 2년 처음으로 인재를 초빙하기 시작한 이후 33회에 걸쳐 이루어졌다. 그때의 과목에는 墨家·道家·法家·縱橫家는 포함되지 않고, 오직 陰陽五行家만이 포함되어 있었다. 그 과목은 다음과 같다. 현량하고 품행이 방정하며 학문에 뛰어나 직언과 극간을 할 수 있는 자…… 효성과 우애가 두텁고 의로운 행동을 하여 향리에 알려진 자…… 재주가 뛰어난 자…… 당대의 일에 밝고 성인의 학술을 배운 자…… 음양과 재이에 밝은 자…… 용맹에 절도가 있고 병법에 밝은 자 등 12과목을 儒學, 陰陽五行學, 兵學의 세 가지로 분류할 수 있다." [곽위, 「음양오행가의 사상」(양계초, 풍우란 외 저, 김홍경 편역, 『음양오행설의 연구』, 서울: 신지서원, 1993) p.253].

60) 북경대학교 철학과 연구실, 유영희 옮김, 『중국철학사Ⅱ』(漢·唐편), 서울: 간디 서원, 2005, p.21.

61) "是故春秋君不名惡, 臣不名善, 善皆歸於君, 惡皆歸於臣.(春秋의 군주는 惡의 표현이란 있을 수 없으며, 신하는 善이라는 이름으로 불릴 수 없다. 善은 모두 군주에게 귀속되며, 惡은 모두 신하에게 귀속된다.)" 『春秋繁露』「陽尊陰卑」.

62) 장재근 편저, 『중국정치사상입문』, 서울: 知永社, 1997, p.220.

63) 周桂鈿, 문재곤 외 옮김, 『강좌 중국철학』, 서울: 예문서원, 1993, p.174.

있다. 하나는 한대 경학의 전통에 대한 부정적인 견해이다. 현학가들은 노장사상에 유가경전의 사상을 혼합하여 양한의 경학을 대체하였다. 유가는 예악을 중심으로 한 인륜 도덕과 질서를 확립함으로써 인간의 지나친 탐욕과 무질서를 바로잡을 수 있다고 믿었으며, 도가는 인간의 모든 종류의 허위의식과 인위적 저작을 배제함으로써 순수한 인간 본성을 되찾을 수 있다고 보았다.[64] 다시 말하면 유가의 삼강오륜과 같은 강상윤리가 도가의 이론인 도와 실천인 덕에 대한 견해와 만남으로 사상적 통합을 시도한 것이다.

다른 하나는 『노자』·『장자』·『주역』의 삼현사상을 계승한 것이다. '자연'과 '무위'의 특징을 가진 노장사상이 대두되기 시작하자, 명교(名敎)는 다른 형태로 되살아나 자연 관념과 융합되기 시작한다. 이러한 측면은 당시의 학술사상을 반영하는 것으로 경학사조의 속박을 뚫고 자유를 추구하려는 노력의 하나였다고 생각된다. 위진 현학가들의 담론 주제는 형이상학의 관념적 묘사와 발휘에 초점을 두는 자연사상 및 인물탐구, 이상적인 인간상을 추구하는 데 있었다.[65]

이러한 흐름은 문화적으로 인물평론의 유행을 초래하였고, 인물평론의 초점은 명과 실의 일치에 있었다. 이렇게 시작된 인물평론의 단계는 대략 세 시기로 구분되는데, 제1시기는 안제(安帝)~환제(桓帝) 시대로 지방 선거와 밀접한 관계가 있었고, 제2시기는 당고 사건을 기점으로 인물품평의 대상이 당인과 반대세력, 즉 청류와 탁류에게 집중되어 있던 시기이며, 제3시기는 동탁의 난 이후

---

64) 정세근 엮음, 『魏晉 玄學』, 서울: 예문서원, 2001, p.5.
65) 勞思光, 鄭仁在 譯, 『中國哲學史』, 서울: 探究堂, 1987, p.179.

의 시기로 재조(在朝)의 귀족 사이에 평론이 행해지던 시기이다.66)
인물평론의 영향력이 컸던 제2시기는 그 내용 자체도 다양했고 평
론가도 많았던 시기로, 재야에서는 곽태(郭泰)와 허소(許邵)67)가, 재
조에서는 진번(陣蕃)과 이고(李固) 등이 활약하였는데 재야의 평론
가가 더 많았다.

이를 통해 살펴보면 후한 말~위진 시대는 정치와 사회가 모두
불안한 상태였고, 모든 것이 정권을 위한 추세로 흘러가면서 백성
들의 고통이 계속 되어 갔다. 당고 사건 이후 청류사대부의 유능
한 인물들이 제거되고, 유교주의적 질서관념에 구애받지 않고 새로
운 사상적 입장을 추구하는 일민적인사(逸民的人師)68)가 등장하여
민중들과 상호 결합하면서 다음 시대를 이끌어 나갔다.69) 사회적
으로 이러한 시대적 배경은 위진남북조에 이르러 전면적이고 장기
적인 분열과 전쟁의 혼란을 초래하였으나, 혼란한 시대 속에서도
문화 예술은 크게 발흥하여 문학이론과 문학비평은 성숙기로 진입
하는 등 많은 성과를 이루어 놓았다.

---

66) 朴漢濟, 「後 韓末 魏晉時代 士大夫의 政治的 指向과 人物評論」(『歷史學報』, 第
    143輯, 1990) p.73.
67) "郭太字林宗, 太原界休人也. 許劭字子將, 汝南平興人也." 『後漢書』 卷68, 「郭符許
    列傳」 第58.
68) 人師는 그 당시 사람들이 추구했던 이상적 인간상이다. 儒學으로 義를 行하며, 자기
    의 수행을 통하여 당 시대 사람들에게 모범이 될 수 있는 사람을 말한다. 정신적인
    교육을 베풀지 않고 오직 경서만을 교수하는 經師와는 달리, 逸民的人師는 환관의
    세력에 대해 반대하지만 유교주의적 질서관념에 구애받지 않고 새로운 사상적 입장
    에 서려고 하는 자를 말한다.
69) 朴漢濟, 「後 韓末 魏晉時代 士大夫의 政治的 指向과 人物評論」(『歷史學報』, 第
    143輯, 1990) pp.92 - 102.

【 Ⅲ 】

『인물지』의 인재론

01

『인물지』의 사상적 연원

1) 「인물지」의 사상

　『인물지』는 『수서』「경적지」, 『당서』「경적지」에서 모두 명가
(名家)로 분류되었지만 『사고전서』에서는 「자부・잡가」로 분류되
기도 하였다. 『인물지』에는 여러 인물들의 재능과 성격의 장단(長
短)・득실(得失)・이해(理解)・겸편(兼偏)에 대해 명리(名理)적인
해석을 가하고 있다.[70] 예를 들어 「재능」(材能)에 "실제의 일과 성
품의 관급을 가지고 이것을 논변하자면, 마땅히 일의 크고 작음에
따라 적합한 직책이 다르다. ……자신을 닦아서 백관을 부리는 재
능, 법을 제정하여 사람을 따르게 하는 재능이 있다."[71]고 논술되
어 있는데, 이는 재질과 재능이 이미 다르기 때문에 맡겨야 할 직
분 역시 다르게 되므로 명(名)과 실(實)이 어긋나면 제대로 능력을

---

70) 劉卲, 이승환 옮김, 『인물지』, 서울: 홍익출판사. 1999, p.22.
71) "以實理寬急論辨之, 則當言大小異宜. ……有自任之能, 有立法使人從之之能" 『人
物志』「材能」.

발휘하지 못한다는 것이다. 때문에 청대 이전까지는 줄곧 명가로 분류되어 왔던 것이다. 그러나 『사고전서총목제요』에서는 『인물지』를 명가가 아닌 잡가[72]에 분류한 까닭을 다음과 같이 기술한다.

> 이 책은 인재를 논변하는 것을 위주로 했으니 밖으로 보이는 징표로써 안으로 감추어진 기량을 증명하고, 인품을 분별하여 유사한 것을 연구 분석하였으므로 『수서』에서는 이를 명가에 분류하여 저록해 두었다. 그러나 『인물지』에서 말한 것은 사물의 실정을 끝까지 궁구하고 이치에 가까운 것을 상세히 조사하여 밝힌 것으로, 윤문[73]의 설을 살펴보면 황로, 신한, 공손룡의 설을 겸하여 서술했으니, 오직 견백의 동이를 분석한 것과는 현저히 다르다. 대개 그 학문이 비록 명가에서 나왔으나, 그 이치는 유학에서 어그러지는 것은 아니다.[74]

『인물지』가 지닌 특색은 선진 시대의 혜시(惠施)나 공손룡(公孫龍)이 주장하는 추상적인 논변이나 명목과는 달리 실제적이면서 구체성을 띠고 분석하였다. 다시 말하면, 사물의 실정을 끝까지 궁구하여 갖가지 인물들이 내면에 함의하고 있는 정신세계, 재능과 성품 등을 정밀하게 조사하여 철저히 밝힌 것으로 실천적인 의미

---

72) "蓋法家者流蓋出於議官, 兼儒墨, 合名法, 知國體之有此······ (雜家는 議官에서 배출된다. 儒家와 墨家를 겸하고 名家와 法家를 합해 놓은 것이다. 그들은 國體가 어찌해야 한다는 것을 알고 있었으며······)"『漢書』「藝文志」.

73) "『漢書』「藝文志」에 '尹文子 일편'이 있음. 송견과 함께 墨家의 禁攻寢兵, 楊朱의 情欲寡淺의 설을 합일시키고 심리학적 근거를 부여 마음의 관용(心之用)을 위주로 삼음."(馮友蘭, 박성규 옮김, 『중국철학사』, 서울: 까치글방, 1999) pp.240 – 247 ; "『前漢書』에서 송견, 윤문자를 황로도가에 포함시켰고, 다른 곳에서는 묵가로 배정하기도 하였다. 후대 서지학에서는 그를 名家의 일원으로 분류했는데, 다양한 영역을 분명하게 구별하는 데 관심이 있었고, 언어의 정확한 사용에도 관심이 있었기 때문으로 추정된다."(벤자민슈워츠, 나성 옮김, 『중국고대사상의 세계』, 서울: 살림출판사, 1996) pp.367 – 373.

74) "其書主于論辨人才, 以外見之符, 驗內藏之器, 分別流品, 研析疑似, 故隋志以下, 皆著錄于名家. 然所言, 究悉物情, 而精緻近理, 視尹文之說, 兼陳黃老, 申韓, 公孫龍之說 惟析堅白同異者, 逈乎不同 蓋其學雖出於名家, 其理則弗乖于儒者也."『四庫全書總目提要』.

가 강한 것이 특징이다. 인물들에 대한 명리적인 해석을 한 것으로 보면 명가에서 나왔다고 볼 수 있으나, 성정을 중심으로 논술한 근본적인 이치는 유학을 벗어나지 않았으므로 명가라고 하기에는 충분하지 못하다. 더구나 위진 시기에 들어오면서 각 사상이 서로 융합되는 과정 속에서 『인물지』는 음양가의 사상을 바탕으로 유가, 황로의 도가, 신불해와 한비자의 법가, 공손룡의 명가 등 다양한 사상을 내포하고 있었기 때문에 『사고전서』에서는 이 책을 잡가로 분류하고 있다.

『인물지』에는 어떠한 사상이 함축되어 있는가. 『인물지』에 함의되어 있는 사상들의 사상적 줄기를 밝힘으로써 그 사상들이 『인물지』 속에서 어떤 역할을 하고 있는가를 파악할 수 있다. 또한 『인물지』에서 사용되는 철학적 개념을 살펴보면 『인물지』가 당시의 사상들로부터 어떠한 영향을 받고, 그 사상들을 어떻게 종합 절충하고 있는가를 보여 주는 자료가 될 것이다.

유소는 원기와 음양오행설을 바탕으로 인간의 질성(質性)과 재성(才性)을 논하고 이를 중심으로 『인물지』의 이론적 기반이 되는 재성론(才性論)[75]을 수립한다.

『인물지』의 근본 사상은 한대 사상의 기본 틀이라고 할 수 있는 원기와 음양오행설이다. 사람의 구조를 대우주가 응축된 하나의 소우주로 간주하고, 우주와 사람의 내적인 정신과 외적인 현상이 서로 상통한다고 본다. 때문에 자연계의 모든 변화를 따라 인간도 그에 상응하는 변화가 발생한다는 내용이 함축되어 있다.

---

75) 才性論은 質과 才性을 중시하고 있다. 質은 인간이 태어날 때 받은 元一의 氣로 각 개인의 고유한 성정을 의미한다. 漢魏 시기에서 말하는 才性은 단순한 재능을 넘어 넓은 철학적 의미와 현학적 의미를 내포하고 있다.

대개 인물의 근본은 정(情)과 성(性)에서 나오는데, 정과 성의 이치는 매우 미묘하고 심오한 것이니…… 모든 혈기가 있는 것은 원일의 기를 받아서 질(質; 바탕)로 삼고, 음양을 부여받아 성을 세우며, 오행을 품부받아 형체를 드러내지 않는 것이 없다. 진실로 형체와 바탕이 있으면, 오히려 그것으로 말미암아 정과 성의 이치를 탐구할 수 있다.[76]

유소는 '정성'(情性)에 대하여 상세히 밝히지는 않았지만 인물의 근본은 '정'(情)과 '성'(性)에서 비롯된다고 주장하였으며, 그 '정성'은 '원일'(元一)을 바탕으로 삼는다고 하였다. 유소는 '원일'과 '정성'이란 기본 철학적 개념을 제시하고 그 기반 위에서 인재의 재성을 논하였다. 과연 인물의 근본이 되는 '정성'은 무엇이며, 그 '정성'이 『인물지』의 사상적 근간이 될 수 있는 것일까?

'정성'에 대하여 인성학적 측면에서 접근하여 보자. 인성은 인간의 공통적인 성을 지칭하는 추상적인 개념[77]으로 사람을 동물과 구분해 주는 성질을 가리켜 말한다.

성의 관념은 공자 이전에 여러 전적에서 나타나고 있다.[78] 공자는 "사람의 성은 서로 비슷하지만 습은 서로 다르다."[79] "오직 상지(上智)와 하우(下愚)만은 변하지 않는다"[80]라고 하였다. 이를 보면 인성은 서로 비슷한 것인데, 그것이 다르게 나타나는 것은 습성 때문이라는 것이다. 그는 습이란 습관이나 환경, 후천적인 교육

---

76) "蓋人物之本, 出乎情性, 情性之理, 甚微而玄…… 凡有血氣者, 莫不含元一以爲質, 稟陰陽以立性, 體五行而著形. 苟有形質, 猶可卽而求之." 『人物志』「九徵」.

77) 方立天, 박경환 옮김, 『중국철학과 인성의 문제』, 서울: 예문서원, 1998, p.24.

78) 『詩經』「大雅」에 "彌爾性."(그대의 性을 항구히 하라)『尙書』「西伯戡黎」에 "不虞天性."(타고난 性을 살필 수 없었다)라는 말이 있다. 전자의 性은 본능을 의미하고, 후자의 性은 天性을 의미한다. 이 외 習性, 天地의 性, 백성의 性 등으로 구분하기도 하였다. 方立天, 앞의 책, p.25.

79) "性相近也 習相遠也." 『論語』「陽貨」.

80) "唯上知與下愚 不移." 위의 책.

등으로 인성을 변화시킬 수 있는 근거가 된다고 생각하여 교육의 중요성을 강조하였다. 그러나 상지와 하우는 변하지 않기 때문에 하우의 경우에는 습관이나 환경, 후천적인 교육으로 변화시키는 데 한계가 있다는 뜻을 함축하고 있다.

성선설을 주장한 맹자는 "사람이 금수와 다른 점은 미미한데 보통사람은 그것을 상실하고 군자는 그것을 간직한다"[81]라고 하였다. 인성이란 인간이 지닌 동물과 다른 특성이며 인간을 인간답게 해주는 특성이라고 생각한다.

『순자』(荀子) 「정명」(正名) 편에서는 "태어나면서 그러한 것을 성(性)이라 한다. 성에 의해서 발생하는 호·악·희·노·애·락(好惡喜怒哀樂)을 정(情)이라 한다."[82] 『순자』에서 성과 정이 처음으로 구분되어 논술되었는데, 성은 본성으로 정의 바탕(질)이 되며, 정의 근원은 성이라는 견해를 피력한 것이다.

한대에 이르러 동중서는 맹자의 성선설과 순자의 성악설을 함께 조화시켜 천인합일의 이론과 음양가의 사상을 원용하여 인성의 문제를 분석하였다.[83] 그는 "생겨난 자연스런 자질을 일러 성이라고 한다. 성이라는 것은 자질(資質)이다."[84] 성이란 인간의 자질, 즉 바탕이 되는 것으로 성에는 탐(貪)과 인(仁)의 두 종류가 있으며, 사람에게는 서로 다른 세 등급의 인성이 있다고 주장한다.

---

81) "人之所以異於禽獸者, 幾希, 庶民去之, 君子存之." 『孟子』「離婁下」.

82) "生之所以然者謂之性. 性之和所生, 性之好·惡·喜·怒·哀·樂謂之情." 『荀子』「正名」.

83) 方立天, 앞의 책, p.60.

84) "如其生之自然之資, 謂之性. 性者, 質也." 『春秋繁露』「深察名號」.

하늘과 땅이 낳은 것을 성과 정이라고 한다. ……사람의 몸에 성과 정이
있는 것은 하늘의 음과 양이 있는 것과 같은데…… 하늘이 음과 양 두
가지를 베풀기에 몸에도 탐과 인의 두 가지 성이 있게 된다.[85]

성인의 성은 성이라고 부를 수 없고, 하층민의 성도 또한 성이라고 부를
수 없으며, 성이라고 이름 할 수 있는 것은 중민의 성이다.[86]

하늘과 사람을 융통시켜 사람의 몸에는 성과 정이 있는데, 성은
양으로 인을 대변하고 정은 음으로 탐을 대변한다고 본 것은 음양
의 두 가지 측면을 강조한 것이다. 이러한 관점은 후대에 영향을
미쳐 반고(班固)는 『백호통의』(白虎通義) 「정성」(情性)에서 음양으
로써 성정을 구분하여 다음과 같이 설명하고 있다. "성과 정이란
무엇을 말하는가? 성이란 양이 베푼 것이고 정이란 음이 화한 것
이다. 사람은 음과 양의 기를 품수받아서 생겨나므로 속에 오성(五
性)과 육정(六情)을 품고 있다."[87] 여기에서 오성은 '인의예지신'을
가리키고 육정은 '희로애락애오'(喜怒哀樂愛惡)를 가리킨다.

세 등급의 인성은 성인의 성, 중민의 성, 하층의 성으로 구분하여
사회에서 보이는 여러 사람의 인성을 상중하의 세 등급으로 나눈
것이다. 성인의 性은 태어나면서부터 선하고 가르치지 않아도 선하
며, 하층민의 性은 교화해도 바꿀 수 없다고 보았다. 이것은 공자의
'오직 상지와 하우만은 변하지 않는다'는 설을 따른 것으로 보인다.

유향(劉向; BC 77∼6)은 『악기』(樂記)의 정성(靜性)·동욕(動欲)

---

85) "天地之所生, 謂之性情, ……身之有性情也, 若天之有陰陽也. ……有陰陽之施, 身
亦兩, 有貪仁之性." 위의 책.

86) "聖人之性, 不可以名性, 斗筲之性, 又不可以名性, 名性者, 中民之性." 위의 책, 「實性」.

87) "性情者, 何謂也? 性者陽之施, 情者陰之化也. 人禀陰陽氣而生, 故內懷五性六情."
班固, 『白虎通義』 「情性」.

등의 설[88]을 배경으로 성정정동설(性靜情動說)을 제시한다. 그에 의하면 성은 태어나면서 그런 것으로 내 몸에 있고, 정은 사물에 응해 움직여 밖으로 나간다고 하였다. 이로써 성론은 처음으로 성 정론(性情論)으로 발전해서 형이상하의 영역을 함께 논하였다. 그 러나 왕충에 이르러 성론(性論)은 다시 공자로 돌아가 선악의 양단 이 습성의 차이에 의해서 벌어진다고 보았고, 사람됨에 따라 품성 의 차이가 있음을 주장하여 처음으로 기품의 청탁설이 나왔다.[89]

왕충은 "품부받은 기에 두텁고 엷음이 있으므로 성에는 선과 악 이 있다. ……선과 악은 다 같이 원기에서 나온 것이다."[90] 인성 을 자연적인 사회 현상으로 비유하여 "인성에 선과 악이 있는 것 은 이 땅에 높고 낮음이 있는 것과 같다"[91]고 주장한다.

> 실제로 사람의 성에 선하고 악함의 차이가 있는 것은 사람의 재능에 높
> 고 낮은 차이가 있는 것과 동일하다. 성에 선악의 차이가 없다고 하는 것
> 은 사람의 재능에 높고 낮은 차이가 없다고 말하는 것과 같다.[92]

타고난 본질에 선과 악의 차이가 있다는 것은 재능에 높고 낮음 이 있는 것과 같다. 따라서 재능이란 천부적인 본질로 이미 결정

---

88) "凡音之起, 由人心生也. 人心之動, 物使之然也.(음악은 사람 마음의 정감의 필요에 서 나왔지만 반드시 외부의 사물에 자극을 받고 반응이 일어나야 한다.)"『禮記』「樂 記」. ; 內心에 있는 정감이 음악을 표현한 것이니 외물의 대상을 접촉하지 않는다면 情이라 이를 것도 없고 惡이라 이를 것도 없다. 그러니 심리정감은 결코 性이 아니 다.(蒙培元, 李尙鮮 譯,『中國心性論』, 서울: 法仁出版社, 1996) p.205.
89) 金忠烈,「東洋人性論의 序說」(韓國東洋哲學會 編,『東洋哲學의 本體論과 人性論』) 서울: 연세대학교, 1982) p.176.
90) "禀氣有厚泊, 故性有善惡也. ……人之善惡, 共一元氣, 氣有少多." 王充『論衡』「率性」.
91) "使人之性有善有惡, 彼地有高有下." 위의 책, 위의 글.
92) "實者, 人性有善有惡, 猶人才有高有下也, 高不可下, 下不可高. 謂性無善惡, 是謂 人才無高下也." 위의 책,「本性」.

되어 있다. 이러한 관점은 『인물지』에 논술된 "사람의 재질이 같지 않아서 그 재능에도 각각 차이가 있게 된다"[93]는 견해와 일치된다. 또한 그는 인간을 선인·중인·악인의 세 등급으로 나누어 성삼품설을 제시하였다.

> 사람이 생겨나면서 조짐이 드러나면 선악을 살필 수 있다. 선과 악으로 나누어지지 않아 미루어 옮겨 갈 수 있는 것을 중인이라고 한다. 중인의 성은 익히는 대상이 무엇인가에 따라 달라진다. 선을 익히면 선하게 되고, 악을 익히면 악하게 된다. 그러나 지극히 선하거나 지극히 악한 상태에 이르면, 다시는 익히는 것과 관련이 없게 된다.[94]

중인의 인성은 선하지도 악하지도 않아서, 선하게 될 수도 있고 악하게 될 수도 있다. 맹자의 성선은 중인 이상의 성이고, 순자의 성악은 중인 이하의 성이며, 양웅(楊雄)의 성선악혼(性善惡混)은 중인을 가리킨 것이다.

『인물지』의 '정성'에 대하여 학자들의 설이 정립되어 있지 않다. 모종삼(牟宗三)은 "『인물지』에서 감정하려고 하는 인성 혹은 정성은 재질(才質)적인 것으로 재성, 즉 재질지성(才質之性)이다. …… 재성은 기질에서 나온다. …… '재'(才)는 기의 한 부분에 속한다."[95] "질은 곧 재질의 질이다"[96]라고 한다. 즉 『인물지』의 '정성'은 한 인간이 타고난 소질이라는 것이다. 요유(姚維)는 "본성은 곧 정성"[97]

---

93) "人材不同, 能各有異"『人物志』「材能」.

94) "生而兆見, 善惡可察. 無分於善惡, 可推移者, 謂中人也. ……夫中人之性, 在所習焉, 習善而爲善, 習惡而爲惡也. 至於極善極惡, 非復在習." 王充,『論衡』「本性」.

95) "『인물지』…… 它所品鑒的人性或情性是才質的, 故曰 '才性', 卽 '才質之性'. …… 才質等於氣質…… 因爲'才'亦是屬於氣一面的." 牟宗三,『才性與玄理』, 臺北: 臺灣學生書國, 2002, p.47.

96) "質卽材質之質." 牟宗三, 위의 책, p.48.

이라고 해석하였다.

지금까지 성과 정에 대하여 살펴본 바에 의하면 『인물지』의 '성'은 태어날 때 부여받은 '본성'으로 '정'의 바탕(질)을 의미하며, '정성'은 인간이 타고난 본성으로 '성'은 체가 되고, '정'은 용이 되는 것으로 '정'의 근원은 '성'이라고 할 수 있다. 따라서 인물의 근본이 '정성'에서 비롯된다고 하는 것은 타고난 본성에 의해서 인간의 성품이 결정되고, 성을 바탕으로 하는 정 역시 성에 따라 결정된다고 해석할 수 있다. 유병은 『인물지』의 '인물의 근본은 정성에서 나온다'의 주에서 "성질은 자연에게 품부받은 것이고, 정은 습성으로 인하여 변한다"[98]라고 했는데, 이것은 '인성은 비슷하지만 습에 의해서 달라진다.' '선악은 습성에 의해 차이가 생긴다'라고 주장한 공자와 왕충의 인성론과 유사한 견해이다. 이들이 '상지와 하우는 변할 수 없다'라고 한 것은 인성이 습성에 의해 변할 수 있지만 어디까지나 그 한계가 있다는 것을 의미한다고 보인다. 인성은 습성의 여하에 따라 어느 정도의 가변성이 있을 수 있다고 보는 것이 타당한 견해라고 생각된다. 이를 고려해 볼 때 유소가 말하는 '정성'은 공자와 왕충의 인성론에서 영향을 받았음을 알 수 있다.

유소는, '정성'은 '원일'(元一)을 바탕으로 삼는다고 하였는데, 인물의 근본이 되는 정성을 바탕으로 삼는 '원일'에 대하여 살펴보자.

'원일'은 천지 미분화 상태의 기로 음양이 분화되기 이전의 혼돈되어 있는 상태의 근원적인 기, 즉 원기를 말한다.[99] 원일의 기인

---

97) "'本性', 也卽情性." 姚維, 『才性之辨』, 北京: 人民出版社, 2007, p.42.
98) "性質稟之自然 情變由於染習." 『人物志』「九徵」 "蓋人物之本, 出乎情性"의 劉昞 注.

원기는 양한 시대에 고유한 철학적이고 형이상학적인 개념이다. 원기라는 용어는 『관자』(管子)의 「심술」(心術), 「내업」(內業), 「백심」(白心) 편 등에 나오기는 하지만 세계의 형성을 위한 본격적인 개념은 아니었다. 원기는 한대에 이르러 철학적 개념이 되었다.[100] 원기라는 철학적 개념이 직접 사용되었던 실례는 동중서의 『춘추번로』,[101] 『회남자』(淮南子) 「천문훈」(天文訓)의 '우주생기(宇宙生氣), 유흠의 『종률서』(鐘律書)에 나오는 '태극원기'(太極元氣),『백호통』의 "천지 만물이 모두 원기로부터 생성된다"[102] 등 한대의 전적에서 찾아볼 수 있다. 이러한 개념들은 원기의 궁극적인 모습을 밝히고 천지만물의 생성과정을 설명을 설명하는 것이다. 이와 같이 원기로써 우주와 세계의 구조를 설명한 기화우주론은 양 한대에 유행했던 사상의 조류이다.

원기에 대한 의견을 처음으로 피력한 동중서는 기를 눈으로 볼 수 없는 실체로 규정하고,[103] 세계를 일기(一氣)의 구체적인 형체로 해석하여 한대 사상의 기본적인 틀이라고 할 수 있는 원기일원론을 제시한다. 그는 "왕이 바르면 원기가 조화를 이루고 따르게 된다"[104]고 하면서 원기를 군주의 통치방식에 대한 잘잘못을 판단하는 데 적용하기도 하였는데, 이러한 견해는 원기를 신비화하여

---

99) 『列子』에서는 "太素者 質之始也"라 하였고, 『漢書』「律曆志」에는 "太極元氣, 涵三爲一"이라 했으며, 『論衡』「談天」에서는 "元氣未分, 渾沌爲一"이라고 하였다. 元一과 같은 상태의 氣를 규정하는 용어로는 太極, 太素, 元氣 등이 있다.
100) 윤찬원, 『도교철학의 이해』, 서울: 돌베개, 1998, p.53.
101) "若元氣之流皮毛, 腠理也." 『春秋繁露』「天地之行」; "王正, 則元氣和順." 위의 책,「王道」.
102) "天地者, 元氣之所生, 萬物之祖也." 班固, 『白虎通』「天地」.
103) "天地之間, 有陰陽之氣, ……可見與不可見耳." 『春秋繁露』「天地陰陽第」.
104) "王正, 則元氣和順." 위의 책,「王道」.

모종의 도덕적 성질을 가지게 하는 것이었다. 그는 천인감응의 목적론에 의해서 종교적으로 신학체계와 연결시켜 원기를 하늘이 내려 준 것으로 생각했다.

원기일원론이 신학적인 체계를 벗어나 거론된 것은 왕충과 왕부(王符; 85(?)〜162) 등에 의해서이다. 왕충은 "천지의 기가 합하면 만물은 저절로 생겨나며, 만물의 생성사멸은 모두 물질적인 원기, 그 자신의 규율에 따라 운동하는 것이지, 신의 안배가 있는 것이 아니며, 사람의 의지에 따라 변하는 것도 아니다"[105]라고 주장하면서, 동중서의 천인감응설과 의지적 천의 존재를 부정하고 비판하였다.

왕충에 의하면 인간은 "사람이 태어나기 전에는 원기 중에 있다. 죽으면 원기로 돌아간다"[106]라고 하는 물질적인 존재이다. 천지는 기에 의하여 구성되는 자연물이고, 만물의 모든 것은 자연에서 나오는 것이며, 하늘은 의지나 목적을 갖지 않는 물리적인 존재임을 피력한다.

> 사람이 하늘에서 원기를 부여받고 제각기 수명을 부여받아서 크고 작은 형체를 지닌다. ……기를 바탕으로 성품이 이루어지며……[107]

기를 바탕으로 성품이 이루어진다는 것은 『인물지』에서 "모든

---

105) 天地合氣, 萬物自生, 猶夫婦合氣, 子自生矣. ……天動不欲以生,物而物自生, 此則自然也. ……謂天自然無爲者何? 氣也. ……至德純渥之人禀天氣多, 故能則自然無爲.(천지의 기를 합하여 만물이 생기듯 부부가 氣를 합하여 자식이 생긴다. …… 자연의 운행은 만물을 낳으려고 하지 않아도 만물이 저절로 생기니 그것이 자연이다. ……하늘이 무위 자연하다는 것은 무엇인가? 氣를 두고 하는 말이다. ……덕이 높고 순수한 인물은 하늘의 기를 많이 타고나므로 하늘을 본받아 자연 무위할 수 있다.)" 王充, 『論衡』 「自然」.

106) "人未生, 在元氣之中 ; 旣死, 復歸元氣." 위의 책, 「論死」.

107) "人禀元氣於天, 各受壽夭之命, 以立長短之形. ……用氣爲性, 性成命定." 위의 책, 「無形」.

혈기가 있는 것은 원일의 기를 받아서 질(바탕)로 삼고, 음양을 부여받아 성을 세우며"[108]라고 한 것과 동일하다. 사람이 태어날 때 처음 받는 원기가 각각 다르므로 타고난 성품 역시 달라서 "기의 많고 적음에 의해 품성의 현명함과 어리석음의 차이가 있다."[109] 자연의 질서와 법칙은 인간을 포함한 모든 만물을 생겨나게 하며 원기의 두텁고 얇음, 많고 적음에 따라 그 속성이 결정된다는 것이다.

왕부는 왕충의 영향을 받아 기가 세계 만물의 본원이며, 모든 자연현상이 기로써 이루어지지 않는 것이 없다는 점을 인정하고 더욱 발전시켜 나갔다. 『잠부론』(潛夫論) 「본훈」(本訓)에서는 원기를 다음과 같이 설명한다.

> 옛날 상고시대에는 원기가 깊고 심오하여 어떤 형태나 조짐도 없었으며, 만물이 모두 혼돈되어 하나로 뒤섞였다. 제어를 할 수 없었고 이를 구할 수도 없었다. 이러한 상태가 오래 지속되다가 돌연히 스스로 변화되어 청탁이 나누어지고 음양으로 변하였다.[110]

왕부는 천지만물의 근원을 원기에서 찾아 그 원기가 분화하여 음양을 이루고, 이것이 천지와 만물을 발생시켰다고 간주하고 왕충과 같은 이론을 펼쳤다.

위에서 살펴본 바와 같이 원기에 대한 의미는 만물의 시원이라고 보는 단순한 기의 의미에서 점차 인간의 성품과 본성을 이루는 바탕이 된다고 보았다. 『인물지』에서 말하는 '원일의 기'는 왕충,

---

108) "凡有血氣者, 莫不含元一以爲質, 稟陰陽以立性." 『人物志』 「九徵」.

109) "氣有少多, 故性有賢愚." 王充, 『論衡』 「率性」.

110) "上古之世, 太素之時, 元氣窈冥, 未有形兆, 萬精合幷, 混而爲一, 莫制莫御. 若斯久之, 翻然自化, 淸濁分別, 變成陰陽." 王符, 『潛夫論』 「本訓」.

왕부의 자연관에서 원기일원론을 채택하였다고 볼 수 있다. 따라서 유소가 말하는 원기는 인간의 정성을 이루는 바탕, 즉 질이라는 것을 알 수 있다.

『인물지』에서는 원기로부터 음양오행이 분화되어 음양은 성을 세우며, 오행은 인간의 외형으로 표출된다고 한다. "모든 혈기가 있는 것은 원일의 기를 받아서 질(바탕)로 삼고, 음양을 부여받아 성을 세우며, 오행을 품부받아 형체를 드러내지 않는 것이 없다."[111] 이 또한 한대의 기화우주론에서 비롯된 것으로 인간의 성과 형체가 형성되는 과정을 원기와 음양오행으로 설명한 것이다. "만물은 생겨나면 형체를 갖게 되고, 형체는 신과 정을 함유하므로 정과 신을 알 수 있으면 이치를 궁구하여 본성을 다 발휘한다."[112] 인간은 오행의 체득으로 형체를 가지게 되는데 그 형체는 신과 정을 함유하고 있다. 이것은 형·정·신·기(形精神氣)가 밀접한 연계성을 가지고 있다는 것을 의미한다. "형·기·신은 『회남자』에서 찾아볼 수 있는 표현으로 『여씨춘추』의 형·정·신과 함께 정·기·신론의 연원에 해당한다."[113]

『회남자』에서는 형신관계를 어떻게 파악하고 있는지 살펴보자.

> 형은 생명이 머무는 집이고, 기는 생명을 충실하게 하는 것이며, 신은 생명을 제어하는 것이다. 하나가 자리를 상실하면 삼자가 상하게 된다. ……신으로써 주를 삼는 자는 형이 신을 좇게 되어 이롭지만, 형으로써 신을 제어하는 자는 신이 형을 따르게 되어 해롭다.[114]

---

111) "凡有血氣者, 莫不含元一以爲質, 稟陰陽以立性, 體五行而著形." 『人物志』 「九徵」.
112) "物生有形, 形有神精 ; 能知精神, 則窮理盡性." 위의 책.
113) 金洛必, 「權克中의 內丹思想」, 서울대 박사논문, 1990, p.133.
114) "夫形者生之舍也, 氣者生之充也, 神者生之制也. 一失位則三者傷失. ……以神爲

형(形)은 형체로서 인간의 신체를 의미하고, 신(神)은 인간의 정신을 의미한다. 사람은 신과 형이 한 몸에 통일되어 있지만, 형체보다는 신이 근본이고 주가 된다는 입장이다. "형체가 수고로우면 정신이 어지러워진다."[115] 정신과 형체는 단순히 누가 일방적으로 주재하고 지배하는 관계가 아니라 상호 영향을 주고받는 쌍방적 관계로 이해해야 할 것이다.[116] 형신의 관계가 단순히 일방적인 관계로만 이루어진 것이 아니기 때문에 형·기·신 셋 중에 하나라도 작용을 제대로 하지 못하면 모두가 상하게 된다. 또한, "혈기라는 것은 사람의 화(華)이고, 오장이란 사람의 정(精)이다. ……공혈(孔穴)이란 정신의 출입구이다. ……마음이란 형체의 주인이고 신(神)이란 마음의 보배이다."[117] 정신은 마음을 떠나지 않고 마음 안에 존재하고 있는 것이므로 마음과 신은 분리할 수 없는 연결성이 있다. 『회남자』에서는 내재적인 정신이 인성의 근본을 이루는 것이라고 간주한 것이다.

왕충은 형과 정신의 관계를 다음과 같이 설명하고 있다.

> 사람이 태어나는 것은 음양의 기 때문이다. 음기는 주로 골육이 되고, 양기는 주로 정신이 된다. ……골육과 정신은 서로 얽혀서 서로 지탱시키므로 항상 서로 볼 수 있으며 죽어 없어지지 않는다.[118]

主者 形從而利, 以形爲制者, 神從而害."『淮南子』「原道訓」.
115) "形勞則神亂." 위의 책, 「精神訓」.
116) 李錫明, 「<淮南子>의 無爲論 硏究」, 고려대 박사논문, 1997. p.22.
117) "血氣者人之華也, 而五藏者人之精也. ……夫孔竅者精神之戶牖也. ……心者形之主也, 而神者心之寶也."『淮南子』「精神訓」.
118) "夫人[之]所以生者, 陰·陽氣也. 陰氣主爲骨肉, 陽氣主爲精神. ……骨肉精神, 合錯相持, 故能常見而不滅亡也."『論衡』「訂鬼」.

형체는 기에 의지하여 완성되고 기는 형체에 의지하여 의식을 지니는데,
천하에 연료 없이 홀로 타는 불꽃이 없으니 세상에 어찌 형체 없이 홀로
존재하는 정신이 있겠는가?[119]

원기는 음양의 기로 분화되어 인간의 골육과 정신이 되는데, 이는
서로 불가분의 관계이다. 기가 있어야 형체가 완성될 수 있고, 형체가
있어야 인식작용을 할 수 있기 때문이다. 정신이 형체보다 중요하다
고 해도, 형체 없이는 정신작용이 이루어질 수 없다는 것을 의미한다.
순열(荀悅; 148~209)은 '형신이 성(性)이 된다'는 주장을 하였
다. 『신감』(申鑒)에서 "어떤 사람이 성명에 대해서 묻자 '타고난
본능을 성이라고 하였는데 형신이 그것이다.'라고 하였다."[120] 그
는 형신이 생겨나면서부터 드러나는 모든 것이 그대로 성이라고
주장하면서 형신에 대하여 다음과 같이 논술하였다.

신이라고 하는 것은 기보다 더 가까운 것이 없는데, 기가 있으면 이에 형
이 있고, 신이 있으면 이에 좋아하고 싫어하며 기뻐하고 성내는 정이 있
다. 그러므로 사람에게 정이 있는 것은 기에 형이 있는 것과 같다.[121]

형신은 곧 형체와 정신이며, 몸과 마음이라고도 할 수 있다. 형체는
기에 의해서 이루어지므로 정신과 기는 서로 가깝다. 정신이 있으면
그에 따라 나타나는 정이 있게 되므로 신은 정의 바탕이라는 것이다.
정·기·신(精氣神)론은 한대의 『황제내경』(黃帝內經)이나 『태
평경』(太平經)에서 그 단초가 나타나고 육조(六朝)시대를 전후로

---

119) "形須氣而成, 氣須形而知. 天下無獨燃之火, 世間安得有無體獨知之精?" 위의 책,
「論死」.

120) "或問性命, 曰, 生之謂性也, 形神是也." 荀悅, 『申鑒』「雜言下」.

121) "凡言神者, 莫近於氣, 有氣斯有形, 有神斯有好惡喜怒之情矣. 故人有情, 由氣之有
形也." 위의 책.

널리 일반화된 것으로 추측되는데 이상의 세 가지 요소를 종합한 것으로 생각된다.[122] 『태평경』에 보면, "사람은 본래 혼돈의 기에서 태어났다. 기는 정을 생겨나게 하고, 정은 신을 생겨나게 하며, 신은 명(明)을 생겨나게 한다. 사람은 음양의 기에 근본하며 기는 바뀌어 정이 되고, 정은 바뀌어 신이 되며, 신은 바뀌어 명이 된다"[123]고 하였다. 인간은 혼돈지기(원기) → 기(중화기) → 정 → 신 → 명의 생성과정을 통하여 생명력과 정신 신체 그리고 인식능력을 갖는다.[124] 정·기·신은 인간을 구성하는 근본이 되는 것이다. "정·기·신 세 개념이 유기적 관계를 지니며 거론될 때 정(精)은 생명력의 근원을, 기(氣)는 생생 약동하는 생명 활동을, 신(神)은 생명력에서 나오는 정신적 활동을 의미한다고 할 수 있다."[125]

이와 같이 사람은 신과 형이 양자로 한 몸에 통일되어 있지만, 형체보다는 마음과 정신이 주가 된다. 비록 정신이 형체보다 중요하다고 하지만 형체 없이는 정신작용이 이루어질 수 없다. 이러한 측면은 『인물지』에서 형·정·신은 밀접한 연계성을 지닌 것으로 간주하여 인간은 오행의 체득으로 형체를 가지게 되는데 그 형체는 신과 정을 함유하고 있다는 입장과 상통한다.

---

122) 金洛必, 앞의 논문, p.134.

123) "夫人本生混沌之氣, 氣生精, 精生神, 神生明. 本於陰陽之氣, 氣轉爲精, 精轉爲神, 神轉爲明"『太平經聖君秘旨』.

124) 氣가 精을 생겨나게 한다는 것은 곧 中和의 氣가 전환하여 精이 됨을 말하는 것이다. 精이란 순수의 기체로서 사람이 氣로부터 그것을 받아 이루어지는 구체적인 인간모습을 갖추기 직전의 상태를 의미하는 것으로 생명력 그 자체를 가리키는 것과 같다. 神은 미묘한 정신을 말한다. 明이란 사람이 객관적 대상을 밝게 인식할 수 있는 능력이다. 인간은 精氣神의 세 기로 이루어진 존재이다. 세 기는 원기에서 근원하는 것이므로 하나이다.(尹燦遠, 「"太平經"에 나타난 道教思想 研究」, 서울대 박사논문, 1992) p.136.

125) 金洛必, 앞의 논문, p.134.

이상에서 살펴본 『인물지』의 사상을 다음과 같이 집약할 수 있다. 유소는 한대 당시의 사상에 영향을 받아 만물의 질(바탕)은 원일의 기이며, 이것은 자연의 현상으로 결정된다는 관점을 가지고 있다. 인간의 형성은 원일·음양·오행으로 이어져 비롯되었다는 원기와 음양오행설의 영향을 받아 인성에 대한 입장을 밝히고 있다. 인간은 오행의 체득으로 형체를 가지게 되는데, 그 형체는 신과 정을 함유하고 있으므로 형체와 정신은 밀접한 연계성을 가지고 있음을 제시하였다. 인물의 근본이 정성에서 비롯된다고 하는 것은 타고난 본성에 의해서 인간의 성품이 결정되고, 성을 바탕으로 하는 정 역시 성에 따라 결정됨을 의미한다. 이를 중심으로 유소는 『인물지』의 이론적 기반이 되는 재성론을 수립하였다. 그는 재성론에서 인간이 형성되는 과정에서 품수받은 기에 따라 한 인간의 선악·현우 등 성품과 재능이 각각 다르게 나타난다. 때문에 사람의 재성이란 천부적인 본질로 이미 결정되어 있다고 주장하였다.

2) 『인물지』에 나타난 제가(諸家)의 사상

『인물지』에는 여러 사상들이 내포되어 있음을 앞서 서술한 바 있다. 다양한 사상들을 어떠한 방식으로 『인물지』에 함의되어 있는지 문헌을 통해 살펴보기로 하자.

「자서」(自序)를 보면 "그러므로 공자는 비록 쓰이지 못하여 발탁되지 못하였지만…… 감히 성인의 가르침에 의거하여 인물의 재능을 순서대로 기록함으로써, 옛 사람들이 빠뜨리거나 소홀히 한 점을 보충하고자 한다. 박식한 군자들은 내 저술의 타당성에 대하여 많은 지적과 질정을 해 주시기 바란다"126)라고 되어 있는데 이는 『인물지』가 공자의 영향을 받았음을 말해 준다.

「유업」(流業)에서는 공문사과(孔文四科)127)를 따라 품업을 12개로 나누었고, 「구징」(九徵)에서는 삼도(三度)인 '겸덕(兼德)·겸재(兼材)·편재(偏材)'의 차이를 공문(孔文)의 삼등(三等)인 생지(生知)·학지(學知)·곤지(困知)의 논변에 근거를 두었다.128) 「체별」(體別), 「재리」(材理) 등에서의 '편재의 실'(偏材의 失)은 공자의 육폐(六蔽)에서 교훈을 받았으며,129) 「체별」에서 '소극적인 것과 적극적인 성격은 모두 중도에서 벗어났다(拘抗違中)'는 것은 '광

---

126) "是故, 仲尼不試無所援升…… 是以敢依聖訓, 志序人物, 庶以補綴遺忘 ; 惟博識君子, 裁覽其義焉." 『人物志』「自序」.

127) 『論語』「先進」에서 孔子는 제자의 각기 뛰어난 재능에 따라 4분류를 하였는데 孔文四科는 德行·言語·政事·文學을 뜻한다. 德行에는 顏淵, 閔子騫, 冉伯牛, 仲弓이, 政事에는 冉由, 季路가, 言語에는 宰我, 子貢이, 文學은 子遊, 子夏를 들었다. 德行은 모든 행위가 바른 것, 言語는 辭令으로 諸侯間의 應對와 말을 조리 있게 잘하는 것, 政事는 治國에 재능이 있는 것, 文學은 고전에 정통한 것으로 전적의 연구와 이해라는 학문 일반에 가깝다. 유가의 도를 修己治人으로 요약하기도 하는데 德行은 修己에 속하고, 政事는 治人에 속한다고 볼 수 있다.

128) 孔子는 『論語』「陽貨」에서 인물의 재질을 上智·中人·下愚로 구분하였으며, 그 배움에 있어서는 『論語』「季氏」에서 "生而知之者上也, 學而知之者次也, 困而學之, 又其次也, 困而不學, 民斯爲下矣.(나서 절로 아는 자는 으뜸이요, 배워서 아는 자는 다음이며, 애써서 배우는 것은 그 다음이니 애써 배우지 않으면 이 사람이야말로 가장 아래가 된다.)" 『論語』「季氏」.

129) "六蔽; 好仁不好學, 其蔽也愚, 好知不好學, 其蔽也蕩, 好信不好學, 其蔽也賊, 好直不好學, 其蔽也絞, 好勇不好學, 其蔽也亂, 好剛不好學, 其蔽也狂.(여섯 가지 폐단이란, 인자하기를 좋아하면서 배우기를 좋아하지 않으면 그 폐단은 우둔해지고, 지혜롭기를 좋아하면서 배우기를 좋아하지 않으면 그 폐단은 까불게 되는 것이고, 믿음직스럽기를 좋아하면서 배우기를 좋아하지 않으면 그 폐단은 자신을 해치는 것이고, 곧기를 좋아하면서 배우기를 좋아하지 않으면 그 폐단은 가혹해지는 것이고, 용맹스럽기를 좋아하면서 배우기를 좋아하지 않으면 그 폐단은 난폭해지는 것이고, 굳세기를 좋아하면서 배우기를 좋아하지 않으면 그 폐단은 무모해지는 것이다.)" 위의 책, 「陽貨」.

견'(狂狷)130)을, 「팔관」(八觀), 「효난」(效難) 등의 관인(觀人)·지인 (知人)의 방법도 공자의 '관기소유, 찰기소안'(觀其所由, 察其所 安)131)의 견해에서 영향을 받았다고 할 수 있다.

이를 고려해 볼 때 『인물지』는 유가 사상을 담고 있음을 알 수 있다. 그중에서도 공자의 인물평가에 대하여 주안점을 두었으며, 그 용어를 많이 참조했음을 볼 수 있지만, 유가사상이 저서의 바 탕을 완전하게 이루었다고 말하기는 어렵다.

『인물지』에서 인물의 재능·성정·유업 등에서 보이는 명리(名 理)적인 해석은 명실(名實)을 정확히 해 주기 위한 것들이다. 한 말~위진 시대에 이르러 왕부, 서간(徐幹; 171~218), 유소를 대표 로 '사람과 사물' 그리고 '명실'을 논평하는 사조가 있었는데,132) 대체로 인물의 명과 실에 대하여 관심이 집중되었다. 조조의 '유재 시거'(唯才是擧)라는 인재선발의 기준은 한위의 '명실지변'(名實之 辯)133)을 더욱 중시하게 만들었다. 「효난」에서는 명과 실에 대하여 다음과 같이 기술하고 있다.

---

130) "不得中行而與之, 必也狂狷乎! 狂者進取, 狷者有所不爲也.(중도를 행하는 선비를 얻어서 함께할 수 없다면, 반드시 狂者나 狷者와 함께할 것이다. 狂者는 진취적이 고 狷者는 하지 않는 것이 있다.)" 위의 책, 「子路」. ; 狂者는 뜻이 높아 진취적이 지만 경솔하고, 狷者는 지조가 굳어서 절대로 하지 않는 것이 있지만 융통성이 없 다. 모두 중용의 덕에서 벗어난 사람들이다.

131) 사람을 관하는 데 있어 '그 사람이 행동하게 된 원인과 의도를 살펴보고, 그 사람이 편안해하는 바가 무엇인지 자세히 관찰하라.'는 의미이다.

132) 方立天 著, 이기훈 옮김, 『중국철학과 인식의 문제』, 서울: 예문서원, 1998, p.27.

133) "漢魏의 '名實之辯'이란 先秦에서 의미하는 사회 원리적인 名實의 문제(名을 바르 게 하는 것을 통해 인간의 생활에서 대의명분을 밝히고 인간사회의 생활과 윤리의 기준을 확립해야 한다는 認識論에서 착안한 名實의 문제)가 아닌, 정치윤리적인 名 實의 문제를 말한다. 초기의 논리적 思辨을 중시한 것에서 점차 '名'의 실천적인 것 에 관심을 가지게 되었으므로, 先秦 名家에서 추구하던 論理的 의미는 상대적으로 쇠약해 갔다"(藏原惟人 著, 김교빈 외 옮김, 『중국고대철학의 세계』, 서울: 한울아 카데미, 1991) pp.52-53.

명성과 실질이 어긋나면, 그런 사람은 등용이 되어도 실제로 효능을 발휘하지 못한다. 그러므로 이런 경우를 가리켜 '명성은 사람들 입에 오르내리지만 실제 일 처리에 있어서는 뒤떨어진다.'고 말하는 것이다. 내면이 충실한 사람은 명성이 실질보다 못하지만 등용이 되면 효능을 발휘한다. 그러므로 이런 경우를 가리켜 '명성은 사람들 입에 오르내리지 않지만 일을 처리하는 가운데 그의 진면목이 드러난다.'고 하는 것이다. 이것이 처음에 사람을 대충 판단하는 일상적인 오류이다.[134]

명과 실이 서로 부합되는 것이 실로 어려운 것임을 말하는 것이다. 「재능」(材能)에서는 각각의 재질과 재능에 따른 적합한 일에 대하여 논술하였다.

어떤 사람은 '사람의 재질이 큰일은 능숙하지만 작은 일에는 능숙하지 못함이 있어서, 마치 소를 담을 수 있는 솥으로는 닭을 삶을 수 없는 것과 같다.'고 말하는데, 나는 그것을 잘못된 개념으로 여긴다. ……닭과 소의 경우도 역시 형체의 대소가 다른 것이다. 그러므로 솥도 역시 적합함에 따라 대소가 있는 것이다. 만약 큰 솥으로 송아지를 삶을 수 있다면 어째서 닭을 삶지 못하겠는가.[135]

명실을 정확히 해 주기 위한 논변의 법칙은 명가(名家)에 기초한 것으로 보인다. 이러한 명실에 관한 의견이나 논증 방식이 『수서』에서 『인물지』를 명가에 나열하게 된 요인이 되었다고 생각한다.

『인물지』에는 무(無)·도(道)·허(虛)·부쟁(不爭)·불벌(不伐) 등 도가적 개념이 언급되고 있다. 그중 「석쟁」(釋爭)은 인간관계에서 발생하는 다양한 분쟁에서 벗어날 수 있는 방안으로, 노자의 부쟁(不爭)사상을 중점으로 논한 부분이다.

---

134) "夫名非實, 用之不效, 故曰: 名猶口進, 而實從事退. 中情之人, 名不副實, 用之有效, 故名由衆退, 而實從事章. 此草創之常失也." 위의 책, 「效難」.

135) "或曰: 人材有能大而不能小, 猶函牛之鼎不可以烹雞: 愚以爲此非名也. ……故鼎亦宜有大小: 若以烹犢, 則豈不能烹雞乎?" 『人物志』「材能」.

사물의 형세에 내재한 반면성[物勢之反]이야말로 군자가 말하는 '도'라고 할 수 있다. 그러므로 군자는 지금 굽히는 것이 앞으로 펼치기 위한 것임을 알기 때문에 욕됨을 참고 견디며, 겸양하는 것이 결국 적을 이길 수 있는 방법임을 알기 때문에 자신을 낮추기를 망설이지 않는다. ……『노자』가 말하기를 '오직 다투지 않음으로써 천하의 그 누구도 자신과 더불어 다투지 못하도록 하는 것이다.' 그러므로 군자는 남과 다투는 길을 택하지 않는다.[136)]

노자는 '물세지반'(物勢之反)에 대하여 "되돌아가는 것은 도의 움직임이고, 약한 것은 도의 쓰임이다."[137)] '물세지반'의 물세(物勢)는 만물의 자연적인 정세를 말하며, 반(反)은 만물 순환의 원리로 도의 움직임을 말한다. 즉 만물의 이치와 정세는 자연의 순환 원리에 따라 저절로 순환되는 도의 원리를 말하는 것이다. 따라서 군자는 굽힐 줄 알아야 곧지 못한 것을 곧게 할 수 있고, 자신의 뜻을 굽힐 줄 알아야 일을 성사시킬 수 있다는 것이다. 이것은 "천하에서 가장 부드러운 것이 천하에서 가장 견고한 것을 부린다"[138)]고 하는 도가 사상의 취지를 담고 있다.

자랑하지 않는 것이 그것을 자랑하는 것이며, 다투지 않는 것이 그것을 다투는 것이며, 상대에게 사양하는 것이 상대를 이기는 것이며, 대중에게 자기를 낮추는 것이 그들보다 위에 서는 것이다.[139)]

군자는 자랑하지 않고 남과 다투는 길을 택하지 않으며 상대에게 양보할 줄 알아야 한다는 내용 역시 "백성들의 위에 서려는 자는

---

136) "物勢之反, 乃君子所謂道也. 是故, 君子知屈之可以爲伸, 故含辱而不辭 ; 知卑讓之可以勝敵, 故下之而不疑. ……『老子』曰 : '夫惟不爭, 故天下莫能與之爭.' 是故, 君子以爭途之不可由也." 위의 책,「釋爭」.

137) "反者, 道之動 ; 弱者, 道之用."『老子』40장.

138) "天下之至柔, 馳騁天下之至堅." 위의 책, 43장.

139) "不伐者伐之也, 不爭者爭之也 ; 讓敵者勝之也, 下衆者上之也."『人物志』「釋爭」.

반드시 자기를 낮추고, 백성들의 앞에 서려는 자는 반드시 자신을 뒤로 해야 한다. ……그는 다투지 않기 때문에 세상의 어느 누구도 그와 다투려하지 않는다"[140]는 '자겸'(自謙)과 '부쟁'(不爭) 등 도가 사상의 영향이라고 할 수 있다. 이 외에도 중화(中和)·평담무미(平淡無味)·현덕(玄德) 등 도가적 용어가 많이 나오는데, 이 부분은 성인론·군신관계 등에서 논술되므로 여기에서는 생략하기로 한다.

법가적 성향도 다소 보인다. 「재능」에서 "신하는 스스로 임무를 맡는 것을 재능으로 삼지만, 군주는 인재를 쓰는 것을 재능으로 삼으며, 신하는 말을 잘하는 것을 재능으로 삼지만, 군주는 잘 들어주는 것을 재능으로 삼으며, 신하는 실행을 잘하는 것을 재능으로 삼지만, 군주는 상벌을 잘 내리는 것을 재능으로 삼는다[141]"고 한다. 이것은 『한비자』에 기록된 '군주는 신하에게 명령을 지키게 하고, 신하는 그 직무를 충실히 한다'는 이병(二柄)[142]론의 영향을 받았다고 할 수 있다. 이와 같이 『인물지』의 사상원류는 유·도의 기본사상을 틀로 하고 여러 유파의 다양한 사상적 특성을 두루 내포하고 있다는 것을 알 수 있다.

---

140) "欲上民, 必以言下之 ; 欲先民, 必以身後之. ……以其不爭, 故天下莫能與之爭." 『老子』 66장.

141) "臣以自任爲能, 君以用人爲能 ; 臣以能言爲能, 君以能聽爲能 ; 臣以能行爲能, 君以能賞罰爲能." 『人物志』 「材能」.

142) "明主之所導制其臣者, 二柄而已矣. 二柄者, 刑德也. 何謂刑德? 曰: 殺戮之謂刑, 慶賞之謂德. 爲人臣者畏誅罰而利慶賞, 故人主自用其刑德, 則群臣畏其威而歸其利矣.(현명한 군주가 그 신하를 인도하고 통제하는 것은 二柄뿐이니 二柄은 형벌과 은덕이다. 형벌과 은덕은 무엇을 말하는가. 죽이는 것을 형벌이라 하고, 공 있는 자에게 포상하는 것을 은덕이라고 한다. 신하된 자는 모두 형벌을 두려워하고 포상 받는 것을 이롭게 생각하므로, 군주는 스스로 형벌과 은덕을 직접 사용하면 여러 신하들은 그 위엄을 두려워하여 죄를 피하고 포상의 이로움에 의지할 것이다.)" 『韓非子』 「二柄」.

02

이상적인 인간상

1) 성인론(聖人論)

유가에서 성인은 최고의 경지에 도달한 이상형의 인간이다. 공자는 성인을 누구와도 비견할 수 없이 신성하고 고귀한 최상의 인격체로 간주하였다. '성'(聖)은 "자신을 수양하여 백성을 편안하게 하고"[143] "널리 백성에게 베풀어 대중을 구할 수 있다."[144] 자신을 수양하여 숭고한 덕행으로 대중을 구제하고 백성을 안정시킬 수 있어야 '성'(聖)이라고 할 수 있다는 것이다. 『논어』「옹야」(雍也)를 보면 '인'(仁)보다도 '성'(聖)을 최고의 경지로 생각하고 있다.

> 자공이 "만일 어떤 사람이 은혜를 널리 백성에게 베풀고 보편적으로 대중을 구제할 수 있으면 어떻습니까? 인자라고 칭할 수 있습니까?" 물으니, 공자께서 "어찌 인자라고만 칭하겠는가? 반드시 성인이라고 해야 한

---

143) "修己以安百姓." 『論語』「憲問」.
144) "博施於民而能濟衆." 위의 책, 「雍也」.

다. 요순도 아직 못한 것이 있는데……"145)

유가에서는 성인을 최상의 인격체로 간주하고, 지·인·용(知仁勇)을 거론하여 "지혜로운 자는 의혹되지 않고, 어진 자는 근심하지 않으며, 용감한 자는 두려워하지 않는다."146) "인자(仁者)는 인의 도리에 안심하여 인을 행하고, 지자(知者)는 인의 이로움을 알기에 행한다."147) "군자이면서 어질지 않은 자가 있지만, 소인이면서 어진 자는 아직까지 없었다"148)고 한 것을 보면 군자보다는 인자가, 지자보다도 인자가 뛰어난 인격체이며, 인자보다도 더욱 뛰어난 인격체가 성인이라고 생각하였음을 알 수 있다. 『중용』에서는 완미(完美)하고 무결한 자를 지성(至聖)이라고 하여, 지성이 구비할 조건을 다음과 같이 말한다.

> 오직 천하의 지성한 사람만이 총명예지하여 천하를 감당할 수 있는 여유가 있다. 그는 도량이 넓고 유여하며 성정이 온유하고 평화로워 대중을 넉넉히 포용할 수 있는 여유가 있다. 그는 분발하여 굳세고 강직하고 용의하여 넉넉히 큰일을 맡아볼 수 있는 여유가 있다. 그는 엄숙하고 중정하여 남을 공경할 수 있는 여유가 있고, 문장 조리는 상세하고 명찰하여 넉넉히 시비를 가릴 수 있는 여유가 있다.149)

총명예지는 바로 지성의 조건으로 성인의 사덕을 말한다. 듣지 못한 것이 없고(聰), 보지 못한 것이 없으며(明), 통하지 않은 것이

---

145) "子貢曰 '如有博施於民而能濟衆, 何如可謂仁乎', 子曰 '何事於仁, 必也聖乎, 堯舜其猶病諸……'" 위의 책.

146) "知者不惑 仁者不憂 勇者不懼." 위의 책, 「子罕」.

147) "仁者安仁 知者利仁." 위의 책, 「里仁」.

148) "君子而不仁者, 有矣夫! 未有小人而仁者也." 위의 책, 「憲問」.

149) "唯天下至聖, 爲能聰明睿知, 足以有臨也 ; 寬裕溫柔, 足以有容也 ; 發强剛毅, 足以有執也 ; 齊莊中正, 足以有敬也 ; 文理密察, 足以有別也." 『中庸』 31장.

없고(睿), 알지 못하는 것이 없다(智)는 것이다. 성인을 완전한 인격자로서 신성시했다면, 군자는 유덕자로서 성인을 향해 나아가는 이상적인 인간상이자 바람직한 인재라고 할 수 있다.

맹자는 "성인은 인륜의 지극함이다." 인의에 지극한 경지에 이른 사람을 성인이라고 간주하였으며, "사람은 누구나 요순이 될 수 있다"[150]고 생각하였다. 순자는 "성인은 도를 갖추고 완전무결한 사람이다. 그래서 천하를 저울질하고 다스릴 수 있는 것이다"[151]고 하였다. 공자는 성인을 누구와도 비견할 수 없이 신성하고 고귀한 자로 생각하였다면, 맹자는 이상적인 인격의 추구를 자신의 수행과 수양의 과정으로 여겨서 인간의 주관적인 능동성을 긍정하고 있음을 알 수 있다.

도가에서 성인은 우주의 본원인 도의 덕성을 체현하고, 무위 자연할 줄 알아야 하는 사람이다. "성인은 무위의 일에 처하여 말 없는 가르침을 행한다." "성인은 하는 바가 없으므로 패함도 없다."[152] 사사로운 자아의식이 없는 성인만이 무위를 할 수 있는 것이다. 『인물지』에서는 "배움은 재질에 미치지 못하고, 재질은 이치에 미치지 못하며, 이치는 지혜에 미치지 못하고, 지혜는 도에 미치지 못한다. '도'라는 것은 순환하여 변화에 두루 통한다"[153]라고 하였는데, 이것은 '성인은 도의 덕성을 체현한다'고 하는 도가사상과도 밀접한 관련을 가진다.

선진 시대의 성인에 대한 근본사상은 한대에 이르러 왕권이 강

---

150) "聖人人倫之至也." 『孟子』 「離婁上」. ; "人皆可以爲堯舜." 위의 책, 「萬章下」.
151) "聖人備道全美者也, 是縣天下之權稱也." 『荀子』 「正論」.
152) "聖人處無爲之事, 行不言之教." 『老子』 2장. ; "聖人無爲, 故無敗." 위의 책, 64장.
153) "學不及材, 材不及理, 理不及智, 智不及道. 道也者, 回復變通." 『人物志』 「八觀」.

화됨에 따라 점점 신성화되었다. 동중서는 "성인은 비범한 지혜를 가지고 있어서 일반인들이 인식하지 못하는 사물을 인식할 수 있으므로, 사람들은 성인의 말을 공경하고 두려워해야 한다."[154] 성인이 초인적인 인식능력을 지니고 있다고 본 것은 성인을 신비화시킨 것이라고 할 수 있다.

『인물지』에서는 성인을 어떻게 보았는가. 성인은 "덕을 겸비하여 지극한 것을 중용이라고 하니, 중용은 성인에 해당하는 덕목이다."[155] 인간 재질의 최고 단계인 성인을 유가의 전통개념인 '중용의 덕'을 갖춘 자로 간주하였다. 유소는 '중용의 덕'과 '평담무미'(平淡無味)를 성인의 표준으로 제시하고 아래와 같이 사상을 전개해 나갔다.

> 사람의 재질과 도량은 중화를 가장 귀하게 여기니, 중화의 재질은 반드시 평온하고 담백하여 아무런 맛이 없기 때문에, 다섯 가지 재질을 조화하여 이루고 변화에 적절히 대응할 수 있는 것이다.[156]
>
> 중용의 덕은 그 재질을 언어로 딱 형용할 길이 없다. 본래 짜면서도 너무 짜지도 않고, 담백하면서도 맛이 없는 것이 아니며, 질박하면서도 결이 거칠지 않고, 문채가 나면서도 너무 화려하지 않으며, 위엄 있게 할 줄도 알고 어루만질 줄도 알며, 말을 조리 있게 잘하면서도 말을 삼가는 줄 알아서 변화에 거스름 없이 두루 통달하는 것을 절도로 삼는다.[157]

여기에서 '중화'(中和)란 음양의 두 기를 충분하고 적절하게 품부받고, 오행의 재질들이 서로 균형을 이루어 조화로운 것을 말한

---

154) "聖人者, 見人之所不見者也, 故聖人之言亦可畏也."『春秋繁露』「郊語」.

155) "兼德而至, 謂之中庸 ; 中庸也者, 聖人之目也."『人物志』「九徵」.

156) "凡人之質量, 中和最貴矣. 中和之質, 必平淡無味 ; 故能調成五材, 變化應節." 위의 책.

157) "夫中庸之德, 其質無名. 故鹹而不醶, 淡而不(酉+貴), 質而不縵, 文而不繢 ; 能威能懷, 能辨能訥 ; 變化無方, 以達爲節." 위의 책,「體別」.

다. 때문에 중용의 덕이 갖추어진 '중화'의 바탕을 '평담무미'로 설명하고 있다. '평담'(平淡)은 담백하게 처세하고 치우침이 없는 태도를 말하는 것이며, '무미'(無味)는 『노자』의 '미무미'(味無味)[158]에 대한 왕필의 주 "담백함을 살려서 맛을 내라는 말로서, 즉 질박하고 자연적으로 무미한 것이 바로 치(治)에 달하는 방법이다"[159]라는 '무미'이다. 질박한 자연이라는 것은 무위를 나타낸 말로서 다스림의 궁극적인 원리를 말한 노자사상을 담고 있음을 엿볼 수 있는 부분이다. 즉 '평담무미'는 '평온하고 담담하여 아무맛도 없는 것 같지만, 어떠한 상황에 처하더라도 도중에 알맞게 하고 조화롭게 도달할 수 있다는 것이다. 어디에도 구속되지 않고 어느 것도 고집하지 않으며 세상의 변화에 적절히 맞추어 가는 태도는 도가적인 자세를 지향하고 있다고 볼 수 있다. 그는 이러한 '중화'에 근거하여 유가의 '중용의 덕'으로 인간의 재질을 설명하고, '중용의 덕'을 갖춘 인간을 도가의 '평담무미'로 표현하여 인간의 최고 단계를 성인으로 지칭하였다.

> 중용의 재질은 오상이 이미 갖추어져서 담백한 맛으로 감싸 안았기 때문에, 안으로는 다섯 재질이 충만하고, 밖으로는 다섯 가지 정기가 빛나게 되어 눈빛으로는 오색의 광채를 드러내게 되는 것이다.[160]

성인은 인의예지신(仁義禮智信) 오행의 덕이 완전하게 구비되어 있고, 각 측면이 균형 있게 발전되어 평온하고 담담하여 아무 맛

---

158) "爲無爲, 事無事, 味無味." 『老子』 63장.

159) "以無爲爲居, 以不言爲教, 以恬淡爲味 ; 治之極也." 위의 책, 王弼 註.

160) "中庸之質, 五常旣備, 包以澹味, 五質內充, 五精外章. 是以, 目彩五暉之光也." 『人物志』「九徵」.

이 없는 것 같지만 실제로는 담담한 가운데에 찬란함과 위대함을 포함하고 있다는 것을 의미한다. 중용의 덕에 지나친 항자(抗者)와 중용의 덕에 미치지 못하는 구자(拘者)는 모두 중용의 덕에서 위배되어 그 좋은 점을 드러내기도 하지만 때로는 예(禮)에 어긋난다고 생각하였다.

이처럼 『인물지』에서 말하는 성인이란 중화의 바탕을 구비하여 평담 무미하고, 중용의 덕이 지극한 단계에 이른 사람을 의미한다.

또한 유소는 「자서」에서 "무릇 성현이 뛰어난 것 중에는 총명함보다 더 뛰어난 것이 없고, 총명하고 귀한 것 중에는 사람(인물의 현명함과 우매함)을 식별하는 것보다 더 귀한 것이 없다."[161] "성인이라는 호칭은 명철함과 지혜가 지극히 밝은 사람을 부르는 명칭이다. 그러므로 총명함을 관찰하면 어떠한 재질에 능통한지 알 수 있는 법이다"[162]라고 피력하였다. 그는 성인의 사덕인 총명예지를 중요하게 생각하였으며 학문 역시 사람의 중요한 자질 중의 하나라고 간주하고 「팔관」(八觀)에서 다음과 같이 주장한다.

> 무릇 인은 덕의 기반이고, 의는 덕의 절도이며, 예는 덕의 문식이고, 신은 덕의 견고함이고, 지는 덕을 이끄는 장수이다. 지혜는 명철함에서 나오는데…… 그 명철함이 더할수록 소견이 더욱 원대해지지만, 멀리까지 볼 수 있는 명철함이란 매우 어려운 것이다. ……명철함으로써 인을 이끌면 포용하지 못할 것이 없고, 명철함으로써 의를 이끌면 이기지 못할 것이 없고, 명철함으로 이를 이끌면 통하지 않음이 없다. ……비슷한 능력을 가진 자들이 싸우게 되면, 지혜로운 사람이 승자가 된다. 덕을 비슷하게 갖추고 나란히 선다면, 도에 통달한 자가 성인으로 불린다.[163]

---

161) "夫聖賢之所美, 莫美乎聰明: 聰明之所貴, 莫貴乎知人." 위의 책, 「自序」.

162) "聖之爲稱, 明智之極明也. 是故, 觀其聰明, 而所達之材可知也." 위의 책, 「八觀」.

163) "夫仁者德之基也, 義者德之節也, 禮者德之文也, 信者德之固也, 智者德之帥也. 夫

인·의·예·지 중 명철함이 나오는 총명한 지혜를 가장 중요하게 여겼다. 한 사람이 총명하고 다른 한 사람은 인(仁)과 덕(德)을 갖추었다면, 두 사람을 비교할 때 인과 덕을 우선시한다. 하지만 한 사람에게 이미 인과 덕을 갖추어져 있다면 총명한 것이 더욱 중요하다고 생각한다. 명철함으로 인·의·이(仁義理)를 모두 통솔해 나갈 수 있다고 생각하였기 때문이다. "'도'는 순환하여 변화에 두루 통하는 것으로…… 재주와 기예가 정교해도 반드시 이치에 미치는 것은 아니다. ……지혜와 능력으로 세상일을 경영한다고 해도 반드시 도에까지 미치는 것은 아니다. 도가 현묘하고 생각이 심원한 후에야 두루 미칠 수 있는 것이다."[164] 인·의·예·지가 뛰어나다 하더라도 도에는 미치지 못한다는 견해를 취하였다.

유소는 인재의 덕성보다는 재성을 중요하게 생각하여 재성 중심의 인재등용을 주장하였는데, 그는 과연 재성만을 중요하게 생각하였는가?

> 재주와 기예가 정교해도 반드시 이치에 미치는 것은 아니다. 이치와 도의를 잘 갖추었다고 해도 반드시 지혜에 미치는 것은 아니며…… 배움은 재질에 미치지 못하고, 재질은 이치에 미치지 못하며, 이치는 지혜에 미치지 못하고, 지혜는 도에 미치지 못한다.[165]

그는 재성론을 통하여 사람에게는 각각 타고난 재질에 따라 재

智出於明…… 其明益盛者, 所見及遠, 及遠之明難. ……以明將仁, 則無不懷 ; 以明將義, 則無不勝 ; 以明將理, 則無不通. ……比力而爭, 智者爲雄 ; 等德而齊, 達者稱聖, 聖之爲稱, 明智之極明也." 위의 책.

164) "道也者, 回復變通. ……材藝精巧, 未必及理. ……智能經事, 未必及道 ; 道思玄遠, 然後乃周." 위의 책.

165) "材藝精巧, 未必及理 ; 理意晏給, 未必及智 ; ……學不及材, 材不及理, 理不及智, 智不及道." 위의 책.

능이 나타나기 때문에 재능에 알맞게 '인재를 적재적소에 등용하라'는 메시지를 전달하고 있다. 사람의 덕성을 무시한 채 재성만을 중요하게 생각한 것이 아니다. 그는 시대적 요구에 따라 재성을 중요하게 생각하였지만, 궁극적으로 바라는 인간상은 덕과 재를 겸비한 인간 최고의 단계인 성인이었을 것이다.

이상을 살펴볼 때 『인물지』에서 지향하는 바람직한 인간상은 중화의 바탕을 지녀 평담 무미함으로 치우침이 없는 총명예지의 성인이다. 무엇보다도 '도에 통달한 자를 성인'이라고 하였는데, 이를 보면 유가보다는 도가사상에 더 중점을 둔 것같이 보인다. 하지만 그 도는 내면에 중용의 덕을 지니고 중화적인 바탕을 가져야 한다는 것으로 유가 사상이 근본에 깔려 있음을 의미한다.

유소가 유가의 '중용'과 도가의 '평담'을 절충하여 이상적인 인간상으로 성인의 표준을 제시한 것은 자연과 무위의 특징을 지닌 노장사상이 유가의 사상과 상호 융합하는 과정에서 발생된 현학의 양상을 띤 것이라고 볼 수 있다. 이러한 현상은 양가의 사상이 절충되는 당시의 사상계의 분위기를 보여 주고 있음을 알 수 있다.

2) 영웅론(英雄論)

한이 멸망하면서 각국의 정치상황이 혼란해지자 영웅이 높이 부각되고 위진 시대에 이르러서는 '어떤 사람이 영웅인가' 하는 관점이 철학자들의 주된 토론주제의 하나였다. 조조가 "천하가 혼란스러우니 명세지재(命世之才)가 아니고서는 구제할 수 없다. ……지금은 영웅을 모아야 할 시기이다"166)라고 피력하였듯이 새로운 인재를 갈망하는 시대적 요구는 정치적 혼란을 타개할 수 있는 뛰어난 영웅의 탄생이 절실하였고, 덕성보다는 뛰어난 재성을 갖춘 능력 있는 인재가 요구되었다.

유소 역시 영웅의 기준을 제시한다. "총명함이 빼어난 것을 영(英)이라 하고, 담력이 보통사람보다 뛰어난 것을 웅(雄)이라 한다."167) 그는 영재와 웅재를 나누어 설명하면서 총명은 영재의 성분이지만 담력은 웅재의 성분으로서 영과 웅은 각각 편재로 신하의 위치에 적합하다. 영웅은 영과 웅의 양자를 겸비한 사람으로 '성인'에 가까운 사람이라고 주장하면서 영적인 면이 웅적인 면보다 더 많아야 통치에 더 능하고 유리하다는 것을 지적하였다. 그는 「영웅」(英雄)에서 영재의 성분과 웅재의 성분이 많고 적음에 따라 나타나는 현상을 다음과 같이 논술하였다.

영재의 성분이 웅재의 성분보다 많으면 괜찮으나, 영재의 성분이 적어서는 안 된다. 영재의 성분이 적으면 지혜로운 자가 그를 떠나는 것이니, 그러므로 항우는 기력이 세상을 덮을 만큼 강했고, 명민함이 어떠한 변화에도 부합할 수 있었지만, 자기와 다른 의견은 조금도 받아들이지 못하여, 한 사람 남은 범증의 의견도 쓰지 않았고, 이 때문에 진평 같은 사람들도 모두 한 고조에게 망명하게 된 것이다. 반면 유방은 영재의 성분이 많았던 까닭에, 많은 웅재들이 그에게 복종하고 영재들이 그에게 귀속하여, 영재와 웅재가 쓰임을 얻을 수 있었으므로, 진을 멸망시키고 초를 무너뜨려 천하를 소유하게 된 것이다.168)

---

166) "天下將亂, 非命世之才不能濟也. ……方今收英雄時也." 『三國志 · 魏書』 卷1, <武帝紀> 第1.

167) "夫草之精秀者爲英, 獸之特群者爲雄." 『人物志』「英雄」.

168) "英之分, 以多於雄, 而英不可以少也. 英分少, 則智者去之, 故項羽氣力蓋世, 明能

영재와 웅재의 성분의 다소에 따라 성패의 관건이 되기 때문에 영재의 성분이 웅재의 성분보다 많아야 한다. 왜냐하면 웅재보다 영재의 성분이 많으면 인재들이 귀속하고 군웅들이 복속하기에 영·웅재를 모두 기용할 수 있으나, 영재의 성분이 적으면 지혜로운 자들이 떠나가 웅재만을 얻을 수밖에 없기 때문이다. 이 역시 재성과 총명을 중요시하는 유소의 인재사상이 반영된 것이다.

영재는 총명함으로 계획을 세우고 명민함으로 변화하는 정세를 판단하지만, 웅재의 담력에 의지해야 자신의 뜻을 실행에 옮길 수 있다. 반면, 웅재는 담력으로 사람을 복속시키고 용감함으로 환란을 극복하지만, 영재의 지혜에 의존해야 업적을 이룰 수 있다. 따라서 총명한 영재가 웅재의 담력을 얻지 못하면 탁상공론이 될 뿐이고, 담력이 뛰어난 웅재가 영재의 지혜를 얻지 못하면 그 업적을 이룰 수 없게 된다. 때문에 영과 웅의 양자를 겸비한 사람인 영웅이라고 한 것이다.

合變, 而不能聽采奇異, 有一范增不用, 是以陳平之徒, 皆亡歸高祖. 英分多, 故群雄服之, 英才歸之, 兩得其用, 故能吞秦破楚, 宅有天下." 위의 책.

《 03 》

인재식별과 인재등용

1) 인재식별의 이론적 기초

인재를 식별하여 등용한다는 것은 '시대적 상황이 인재의 어떠한 면을 요구 하는가'에 따라 약간의 차이가 있겠지만, 대부분 인재의 덕행과 학식 그리고 재능이 그 평가기준이 되었다.

양한 시대에는 인재의 우열을 평가하는 기준이 덕의 측면에서 효렴(孝廉)과 수재(秀才)라는 두 가지가 주류를 이루어졌다면, 후한말~위진 시대에는 재성의 측면에서 그들의 재능과 품행이 인재의 우열을 평가하는 중요한 관점이 되었다. 황건의 난 이후 후한 말의 시기는 원소와 조조 양 세력에 의해 주도되고 있었으며, 정치적 권력을 장악하기 위해서는 뛰어난 인재의 등용이 시급한 과제였다. 조조는 "예로부터 천명을 받거나 중흥한 임금 중에서 현인, 군자를 얻어 그들과 함께 천하를 다스리지 않은 자가 일찍이 있었던가? ……지금 천하가 아직 평정되지 않았으니, 특히 현인을 급히 구해야 할 때이다"[169]라고 말할 정도로 실제적인 능력을 중심으로 한 중재(重才)의 입장에서 유공(有功)과 효실(效實)을 기준으로 삼았던 것이다. 이러한 측면은 덕행을 위주로 한 상명(尚名)보다 재성을 위주로 한 상실(尚實)로써 인재선발이 이루어졌음을 보여 준다.

(1) 재질(材質)에 따른 재성론(才性論)

재성론(才性論)은 인간이 품부받은 기에 따라 재성이 결정되므로, 타고난 재질(材質; 質; 바탕)에 따라 각 개인에게 나타나는 재성의 모습이 서로 다르다는 것을 제시한 이론이다. 재질은 인간이 태어날 때 품부받은 원일의 기로 각 개인의 고유한 성정을 뜻한다. 다시 말하면 인간이 품부받은 기, 즉 질은 인물의 바탕이 되어 인간의 현우·성정·재성 등을 결정하기 때문에 재성은 선천적으로 결정되는 것임을 주장한 것이다.

인재의 재질에 따른 재성을 정확하게 이해하고 파악할 줄 알아야 인재식별의 정확도가 높아진다고 할 수 있기 때문에 재성론에서는 인재의 재질과 재성을 중시하고 있다. 그렇다면 타고난 질에 따라 각기 다른 재성을 『인물지』에서는 어떠한 방식으로 인재식별과 등용에 활용하였는지 살펴보자. 먼저 '원일과 음양오행에 근거한 정성', '외형의 징후로 내면을 파악하는 방법', '인간 재질의 불

---

169) "建安 十五年春, 下令曰, 自古受命及中興之君, 曷嘗不得賢人君子與之共治天下者乎! ……今天下尙未定, 此特求賢之急時也." 『三國志·魏書』卷1, <武帝紀> 第1.

가변성'(不可變性)으로 구분하여 살펴보려고 한다.

① 원일(元一)과 음양오행에 근거한 정성(情性)

『인물지』에서는 인간의 형성됨이 원일·음양·오행으로 이어져 비롯되었다는 원기와 음양오행설의 영향을 받아서 인성에 대한 입장을 밝히고 있다. 「구징」(九徵)에서는 다음과 같이 기술하고 있다.

> 대개 인물의 근본은, 정과 성에서 나오는데, 정과 성의 이치는 매우 미묘하고 심오한 것이니,[170]

앞 절에서 살펴본 바와 같이 인간은 원기를 품수받아 형성되는데, 그 원기는 인간의 질로서 인물의 바탕이 되고, 타고난 질에 따라 인물의 근본인 정성(情性)이 드러나게 된다. 『인물지』에서 말하는 정성은 인간이 타고난 본성으로 성(性)은 체가 되고 정(情)은 용이 되는 것으로 정(情)의 근원은 성(性)이다. 인물의 근본이 정성에서 비롯된다고 하는 것은 타고난 본성에 의해서 인간의 성품이 결정되고, 성을 바탕으로 하는 정 역시 성에 따라 결정됨을 의미한다. 다시 말하면 품수받은 기에 따라 한 인간의 선악·현우 등 성품과 재능이 각각 다르게 나타난다. 따라서 재성은 천부적인 본질로 이미 결정되어 있다고 주장한 것이다.[171]

인간은 품부받은 원기에 따라 질이 결정되며 질은 인간의 바탕이 되어, 음양으로 성을 세우고, 오행으로 형체를 이루게 된다. 「구

---

170) "蓋人物之本, 出乎情性. 情性之理, 甚微而玄," 『人物志』「九徵」.
171) Ⅲ. 1. 『人物志』의 사상적 연원 참조.

징」에서는 "모든 혈기가 있는 것은 원일의 기를 받아서 질(바탕)로 삼고, 음양을 부여받아 성을 세우며, 오행을 품부받아 형체를 드러내지 않는 것이 없다."[172] 인간의 바탕이 되는 원일은 음양의 두 기로 나누어 성을 이루는데, 품부받은 음양의 기에 따라 타고난 본질에 차이가 생긴다.

> 명백한 사람은 움직임의 기틀에는 통달하지만 깊은 사유에는 어둡고, 깊이 사려하는 사람은 고요함의 근원을 알지만 민첩한 변화에는 부족하니, 불과 태양이 밖의 것은 비추지만 안을 비추지는 못하고, 쇠와 물은 안으로 비추지만 밖으로 빛을 내지 못하는 것과 같다. 이 두 가지가 의미하는 것은 모두 음과 양의 차이이다.[173]

명백지사(明白之士), 즉 이치에 밝은 사람은 상대적으로 양기를 많이 품수하였는데 양기는 동적이고 외적으로 표출되며, 현려지인(玄慮之人), 즉 깊이 사려하는 사람은 상대적으로 음기를 많이 품수하였는데 음기는 정적이고 내적으로 축적된다. 따라서 성은 음양이기(陰陽二氣)가 어떻게 조화를 이루었는가에 따라 음인과 양인의 기질적인 성으로 구분할 수 있으며, 재성은 그 음양이기의 기질적인 성에 따라 달라진다는 것을 암시한다.

유소에 따르면, 원기에서 분화된 음양은 성을 세우며, 오행은 형체를 이루고 도덕적 품성을 결정한다.

> 만약 그 재질을 헤아리고자 한다면 다섯 가지 사물에 견주어 살펴야 하는데, 다섯 가지 사물의 징표 또한 각각 그 몸에서 드러난다. 몸에서는

---

172) "凡有血氣者, 莫不含元一以爲質, 稟陰陽以立性, 體五行而著形." 『人物志』「九徵」.

173) "故明白之士, 達動之機, 而暗於玄機 ; 玄慮之人, 識靜之原, 而困於速捷. 猶火日外照, 不能內見 ; 金水內映, 不能外光. 二者之義, 蓋陰陽之別也." 위의 책.

목은 뼈에, 금은 근육에, 화는 기에, 토는 피부에, 수는 피(血)에 대한 것
이 다섯 가지 사물의 상이다.[174]

오행의 실질에는 각각 이루는 바가 있다. 뼈가 곧게 서 있으면서 부드러
운 사람을 홍의(弘毅)라 하니, 홍의란 인의 바탕이 된다. 기운이 맑으면서
밝은 사람을 문리(文理)라 하니, 문리는 예의 근본이 된다. 몸이 단정하면
서 건실한 사람을 정고(貞固)라 하니, 정고는 신의 기초가 된다. 근육이
강인하면서 정미한 사람을 용감(勇敢)이라 하니, 용감은 의의 결단이다.
안색이 평온하면서 원활한 사람을 통미(通微)라 하니, 통미는 지의 근원
이 된다.[175]

다섯 가지의 사물이란 곧 오행을 말하며, 오행의 각기 다른 특
성이 인체와 서로 응하여 뼈·근육·기운·피부·피 등의 다섯
가지 성분을 결정한다. 즉 사람의 형체는 바로 오행이 외부로 드
러난 것임을 의미한다. 뒤이어 "오상(五常)은 각기 다섯 가지 덕으
로 구분되어 배열된다"[176]라고 한 것은 오행의 실질적인 속성이
각각 인의예지신의 오상(五常)으로 나타나 다섯 가지 도덕적 품성
이 정해진다는 것을 뜻한다. 다시 말하면, 오행인 목화토금수에서
'골(骨)·기(氣)·기(肌)·근(筋)·혈(血)'의 오상(五象)으로 연결되
고, 이 오상은 다시 홍의(弘毅)·문리(文理)·정고(貞固)·용감(勇
敢)·통미(通微)의 다섯 가지 성격과 조화를 이루어 변화한 후, 이
다섯 가지 성격이 인의예지신의 오상(五常)과 관련하여 외형으로
나타나서 사람의 도덕적 품성을 결정한다는 것으로 풀이된다.

---

174) "若量其材質, 稽諸五物 ; 五物之徵, 亦各著於厥體矣. 其在體也: 木·骨, 金·筋,
火·氣, 土·肌, 水·血, 五物之象也." 위의 책.
175) "五物之實, 各有所濟. 是故: 骨植而柔者, 謂之弘毅 ; 弘毅也者, 仁之質也. 氣淸而
朗者, 謂之文理 ; 文理也者, 禮之本也. 體端而實者, 謂之貞固 ; 貞固也者, 信之基
也. 筋勁而精者, 謂之勇敢 ; 勇敢也者, 義之決也. 色平而暢者, 謂之通微 ; 通微也
者, 智之原也." 위의 책.
176) "五常之別, 列爲五德." 위의 책.

「구징」에서는 "진실로 형체와 바탕이 있으면, 오히려 그것으로 말미암아 정과 성의 이치를 탐구할 수 있다"[177]고 한다. 사람의 형체는 바로 오행이 외부로 드러난 것이므로 사람의 형체를 궁구하면 정성의 이치를 파악할 수 있다.

인재의 재성은 품부받은 원기·음양·오행의 다소에 따라 다르게 나타나며, 그것은 외형으로서 드러나게 된다. 따라서 외부의 형체에서 나타나는 징후들을 관찰하여 분석하면 정성의 실체를 이해할 수 있게 된다. 이것은 외형이 내면을 반영하는 것으로 외형은 인재식별의 가장 기본적인 요소가 되는 것임을 알 수 있다.

② 외형의 징후로 내면을 파악

유소는 사람이 아무리 변화막측하더라도 부여받은 질(바탕)에 따라 오행으로 드러난 형체에 의하여 내면세계가 밖으로 다 표현된다고 생각하였다. "비록 몸의 변화는 무궁하지만 여전히 다섯 가지 재질에 의거하는 것이다. 그러므로 강직, 온유, 명랑, 화창, 정고의 징험이 형체와 용모에 드러나고, 음성과 안색에 나타나며, 표정과 기미에 발현하는 것이니 각각 그 현상이 드러나는 것과 같다."[178] 외부로 표현되는 징후들을 관찰하면 내적 본질인 정성과 심리를 이해할 수 있게 된다고 간주한 것이다. 그렇다면 '외형의 징후로 어떻게 내적 본질을 찾을 수 있는가'

---

177) "苟有形質, 猶可卽而求之." 위의 책.
178) "雖體變無窮, 猶依乎五質. 故其剛·柔·明·暢·貞固之徵, 著乎形容, 見乎聲色, 發乎情味, 各如其象." 위의 책.

마음의 바탕이 밝고 곧으면 그 의용이 굳세고 견고하며…… 마음의 바탕이 평온하고 사리에 밝으면, 그 의용은 편안하고 한가한 것이다. 그 의용이 움직여서 용모를 이루면, 각각 태도가 있게 된다. ……용모의 움직임은 심기에서 나오는데, 심기의 증거는 음성의 변화가 그것이다. ……그 음성이 심기에 펼쳐지면, 용모와 안색에 드러나 있게 된다. ……안색이 외모에 드러난 것이 징신(徵神)이니, 징신이 외모에 드러나면 마음의 작용이 눈에 발현된다. 그러므로 인자한 눈을 가진 사람의 눈빛은 삼가는 듯이 단아하며, 용감한 담력을 가진 사람의 눈빛은 타오르듯 강렬하다.[179]

마음의 바탕에서부터 의용(儀容; 거동)이 나타나고, 의용이 움직여 용모를 이루게 되며, 용모의 동작에 따라 각각의 태도가 생겨나는데, 그 태도는 심기에서부터 나오게 된다는 것이다. 마음의 상태는 음성의 변화에서 볼 수 있는데, 이는 기가 모여 소리를 이루고 음률과 서로 응하기 때문이다. 징신(徵神)은 낯빛이 겉으로 드러나는 것을 말하는데, 이것은 신기가 발하는 것이다. "신(神)은 정신적 활동을 의미하는 것"[180]으로 징신이란 정신력의 표현을 묘사한 것이다. 징신이 외모에 드러나면 마음의 작용이 눈에 나타나게 된다. 맹자는 "사람을 관찰하는 데는 눈동자를 보는 것보다 더 좋은 것은 없다. 눈동자는 그 사람의 나쁜 점을 가릴 수 없기 때문이다. 마음속이 바르면 눈동자가 밝고 마음속이 바르지 못하면 눈동자가 흐린 것이다. 그 사람이 말하는 것을 듣고 그의 눈동자를 살펴보면 그 사람이 어찌 숨길 수 있겠는가?"[181] 사람의 성품과

---

179) "心質亮直, 其儀勁固…… 心質平理, 其儀安閑. 夫儀動成容, 各有態度. ……夫容之動作, 發乎心氣 ; 心氣之徵, 則聲變是也…… 夫聲暢於氣, 則實存貌色 ; ……夫色見於貌, 所謂徵神. 徵神見貌, 則情發於目. 故仁目之精, 愨然以端 ; 勇膽之精, 曄然以彊." 위의 책.

180) Ⅲ. 1.『人物志』의 사상적 연원 참조.

181) "存乎人者, 莫良於眸子. 眸子不能掩其惡 胸中正, 則眸子瞭焉 ; 胸中不正, 則眸子眊焉. 聽其言也, 觀其眸子, 人焉廋哉?"『孟子』「離婁上」.

마음이 눈빛에서 드러난다는 것이다. 『삼국지·위서』에 "중호군 장제(蔣濟)가 논하기를 '그 눈동자를 관찰하면 사람을 알 수 있다'고 하였다. 요견(繇遣)이 제를 만나자 제가 그를 매우 이상하게 여기면서 '보통사람이 아니다'라고 하였는데, 그는 장성한 뒤에 재주와 계략, 기예가 있어서 널리 배우고 자세히 연마하여 모든 이치를 구하였다"[182])라는 기록이 있는데 이는 눈동자에 드러난 징신을 본 것이다.

오행의 실질적인 본질은 '元一'(원일)로 사람의 내재적 바탕을 형성하며 그것은 각각 오의태(五儀態)를 이루어 의(儀)·용(容)·성(聲)·색(色)·신(神)의 상태로 외부에 드러나게 된다. 이것은 다시 신(神)·정(精)·근(筋)·골(骨)·기(氣)·색(色)·의(儀)·용(容)·언(言)의 구징(九徵)[183])으로 표출된다. 때문에 인물의 외재적으로 나타나는 표징을 관찰하여 인간의 내면세계를 파악하면 정성을 이해할 수 있다고 강조한 것이다. 유소가 주장한 '외형의 표징으로 내면세계를 파악한다'는 것은 상학에서 '외형이 내면을 반영한다'라고 하는 기본 이론과 동일한 사고방식이다. 상학에서는 외부의 형상 및 몸의 표현은 내면 상태를 드러내 주는 신호라고 간주하고 있기

---

182) "中護軍蔣濟著論, 謂 '觀其眸子, 足以知人.' 會年五歲, 繇遣見濟, 濟甚異之, 曰: '非常人也.' 及壯, 有才數技藝, 而博學精練名理"『三國志·魏書』卷28,「鍾會傳」第28.

183) "性之所盡, 九質之徵也. 平陂之質在於神, 明暗之實在於精, 勇怯之勢在於筋, 彊弱之植在於骨, 躁靜之決在於氣, 慘懌之情在於色, 衰正之形在於儀, 態度之動在於容, 緩急之狀在於言.(주어진 본성을 남김없이 발휘하게 되면 아홉 가지의 징후가 드러나게 된다. 공정하거나 사특한 자질은 神에 달려 있고, 밝거나 어두운 실질은 精에 달려 있으며, 용감하거나 비겁한 기세는 근육에 달려 있고, 강건하거나 유약한 기개는 뼈대에 달려 있으며, 조급하거나 차분한 결단은 氣에 달려 있으며, 근심스럽거나 즐거운 감정은 안색에 있으며, 흐트러지거나 단정한 몸가짐은 儀表(거동)에 있으며, 태도의 움직임은 용모에 있으며, 느긋하거나 조급한 마음의 상태는 말투에서 나타나는 것이다.)"『人物志』「九徵」.

때문에, 이를 관찰하면 지인(知人)할 수 있다고 생각하는 것이다.

사람에게서 나타나는 외재적 표징, 즉 구징은 바로 심기에서 나오며, 심기는 그 사람의 내면세계를 나타내는 질인 동시에 인물의 근본인 정성이라고 할 수 있다. 질은 바로 구징의 기초가 되는 것으로 질의 지극함과 어그러짐, 순수함과 뒤섞임 등에 따라 외형으로 드러나는 표징은 각각 다른 모습을 가지게 된다. 그러므로 질의 상태에 따라 외형으로 드러나는 구징은 바로 사람을 식별할 수 있는 근거가 되는 것임을 시사한다.

③ 인간 재질(材質)의 불가변성(不可變性)

앞서 살펴보았듯이 유소는 인간의 재질이란 천부적인 본질에 의해서 결정되는 것이지 후천적인 사회적 실천에 의해서 정해지는 것이 아니라는 결정론적인 입장이다. 인간의 형성은 원일의 기가 음양·오행으로 분화되는 과정에서 내면의 바탕이 되는 성이 세워지고, 그 성에 근거하여 정성, 즉 재성이 정해진다. 때문에 인간의 재질은 선천적인 것으로 이미 결정되어 있다고 주장하였다.

유소는 타고난 바탕, 즉 질을 근거로 인간의 재질을 구분하였는데 질이 음양의 조화를 이루고 오덕이 모두 구비되고 구징이 지극하면, 중화적 바탕을 지닌 최고의 성인이라고 하였다. 구징은 무엇을 말하며 외부적으로 어떻게 표출되어 나타나는지 구체적으로 알아보자.

> 만물은 생겨나면 형체를 갖게 되고, 형체는 신과 정을 함유하므로 정과
> 신을 알 수 있으면 이치를 궁구하여 본성을 다 발휘한다고 하는 것이니,

본성이 다 발휘되는 것이 아홉 가지 재질의 증거이다. 공정하거나 사특한
자질은 신에 달려 있고, 명석하거나 우둔한 재능은 정에 달려 있으며, 용
감하거나 비겁한 기세는 근육에 달려 있고, 강건하거나 유약한 기개는 골
에 달려 있으며, 조급하거나 차분한 결단은 기에 달려 있고, 근심스럽거
나 즐거운 감정은 안색에서 드러나며, 흐트러지거나 단정한 몸가짐은 의
표에서 나타나고, 태도의 변화는 용모에서 드러나며, 느긋하거나 조급한
마음 상태는 음성에서 나타난다.[184]

　　구징은 신(神)·정(精)·근(筋)·골(骨)·기(氣)·색(色)·의(儀)·
용(容)·언(言)으로 사람이 타고난 질에서부터 발현되어 외부적으
로 나타나는 현상이다. 사람의 내면세계는 외형으로 드러나게 되는
데, 안색으로 때로는 음성으로 때로는 감정으로 이를 발산하게 된
다. 따라서 사람에게서 나타나는 외재적 표징, 즉 구징은 마음의 바
탕에서부터 나오며 그것을 관찰하면 그 사람의 재질을 분별할 수
있음을 밝혔다. "구징이 지극함에 이르면 가장 순수한 덕이다."[185]
가장 순수한 덕이란 외부적 형상으로 표출된 구징이 지극한 것으
로, 바로 타고난 재질이 지극하다는 것을 의미한다.

　　유소는 구징의 지극함과 어그러짐에 따라 인간의 재질을 겸덕
(兼德)·겸재(兼材)·편재(偏材)·의사(依似)·간잡(間雜)의 다섯 등
급으로 구분하였다. 순수한 덕을 겸비하여 지극한 정도에 도달한
경우를 겸덕, 모두 일정한 정도에 도달했지만 미세한 경우는 겸재,
단지 한 가지 방면에서만 훌륭한 경우는 편재, 형은 그럴듯하나

---

184) "物生有形, 形有神精 ; 能知精神, 則窮理盡性. 性之所盡, 九質之徵也. 然則: 平陂
之質在於神, 明暗之實在於精, 勇怯之勢在於筋, 彊弱之植在於骨, 躁靜之決在於
氣, 慘懌之情在於色, 衰正之形在於儀, 態度之動在於容, 緩急之狀在於言. 其爲人
也: 質素平澹, 中叡外朗, 筋勁植固, 聲淸色懌, 儀正容直, 則九徵皆至, 則純粹之德
也. 九徵有違, 則偏雜之材也." 『人物志』「九徵」.

185) "九徵皆至, 則純粹之德也." 위의 책.

실제는 그렇지 못한 경우는 의사, 하나는 훌륭하나 하나는 어긋나 일정치 않은 경우는 간잡으로 분류하였다. 이와 같이 다섯 등급으로 구분하였지만, 의사와 간잡은 교화될 수 없는 재질로 간주하여 논하지 않겠다는 그의 말에 근거하여 삼도(三度)인 겸덕 · 겸재 · 편재의 세 재질에 대해서만 논의하려고 한다.

첫째, 겸덕지인(兼德之人)은 인간의 최고 덕목인 '중용'을 덕목으로 하는 성인이다. "덕을 겸비하여 지극한 것을 중용이라고 하니, 중용은 성인에 해당하는 조목이다."[186] 유소가 말하는 성인이란 재질과 덕을 겸비하여 지극한 단계에 이른 사람을 말한다. 중용의 재질을 지닌 겸덕지인만이 항자와 구자, 즉 치우친 재질의 사람에게 나타나는 편중된 실수를 방지하고 바로잡을 수 있다고 간주하였다.

둘째, 겸재지인(兼材之人)은 덕(德) · 법(法) · 술(術)을 갖추었지만 미약한 사람 또는 한 가지 이상의 재질을 겸비한 사람[187]으로 나라의 동량이 될 만한 능력을 가진 사람이기도 하다.

셋째, 편재지인(偏材之人)은 한 가지 분야에 뛰어난 사람이다. "한 가지만 지극한 것을 편재(偏材)라고 하니, 편재는 조금 뛰어난 사람의 호칭이다."[188] 사람이 품부받은 음양오행의 성분이 각각 다르므로 도덕적 품성 · 성격 · 재능 심지어는 용모 · 태도 · 음성 · 안색 · 감정 상태에 이르기까지 차이가 나타난다. 오행의 재질을 고

---

186) "兼德而至, 謂之中庸 ; 中庸也者, 聖人之目也." 위의 책.
187) "以材自名 ; 兼材之人…… 具體而微, 謂之德行 ; 德行也者, 大雅之稱也.(여러 재질을 겸비한 사람은 덕으로 지목하고…… 전체를 갖추었으나 미약한 것을 덕행이라 하니, 덕행이란 크게 뛰어난 사람의 호칭이다.)" 위의 책.
188) "一至, 謂之偏材 ; 偏材, 小雅之質也." 위의 책.

루 갖추어 조화를 이루면 성품이나 재능 등에 치우침이 없지만, 어느 한 가지 성분만 지극하게 받게 되면 한쪽으로 치우친 재질이 된다. 편재지인은 "모두 한 측면에 치우친 재질로서 한 가지 뛰어난 부분만을 바탕으로 삼은 사람들이다. 그러므로 뛰어난 재질들이 정일하지 않다면, 그 재질에 적합한 일들이 제대로 성취될 수 없다"[189)고 주장한다. 편재지인은 자신의 우월한 바탕(質)에 의해서 그 재질이 정해지는데, '오행 중의 어떠한 요소가 우세한가'에 따라 편재지인의 재성이 결정된다는 견해이다. 자신의 뛰어난 부분만을 재능으로 삼은 사람들로 만약 그 뛰어남이 정밀하지 못하면 자신의 재질에 따른 일을 하기에 부족하다는 것이다. 뒤이어 "편재의 성(性)은 바꿀 수 없다"[190)고 하였는데, 편재의 성이 천부적인 본질에 의해서 결정되는 것이기 때문에 이미 타고난 재질을 다른 재질로 바꿀 수 없음을 의미한다.

그렇다면 선천적으로 결정된 재질은 전혀 바꿀 수가 없는 것인가? 「체별」의 다음 구절을 보자.

> 무릇 학문은 그것으로(체별) 재질을 이루는 것이며, 서(恕)는 그것으로 정성을 미루어 나가는 것인데, 치우친 재질의 성품은 바뀔 수 없다. 비록 그에게 학문을 가르치더라도 재질이 이루어지면 결점으로 그 뒤를 따를 것이며, 비록 그에게 서로써 가르치더라도 정성을 미루어 나갈 때 각각 자기의 마음을 따르게 될 것이니, 믿으려는 자는 미리 헤아려 믿고, 속이려는 자는 미리 넘겨짚으므로, 학문으로도 중용의 도에 들어가지 못하고, 서로도 만물에 두루 미루어 나가지 못할 것이니, 이것은 치우친 재질의 결점을 더하는 것이다.[191)

---

189) "然皆偏至之材, 以勝體爲質者也. 故勝質不精, 則其事不遂." 위의 책.

190) "偏材之性, 不可移轉矣." 위의 책, 「體別」.

191) "夫學所以成材也, 恕所以推情也 ; 偏材之性, 不可移轉矣. 雖教之以學, 材成而隨

여기에서 그것이란 타고난 인성의 차이로 나타나게 되는 사람들의 개별적인 특수성을 말한다. 편재, 즉 한 측면으로만 치우친 재질이란 무엇을 의미하는가? '편'(偏)이 편협하기 때문에 언제까지나 그 편협성을 벗어나지 못한다는 것이 아니다. 비록 자신의 재능이 한쪽으로만 국한되어 있지만, 학문을 통하여 재질을 이루게 되면 자신의 뛰어난 부분에서는 훌륭한 쓰임새를 가질 수 있게 된다는 의미로 풀이할 수 있다. 다시 말하면 편재의 탁월한 부분에 따라 학문을 통하여 자기 분야의 재질을 확장시켜 넓혀 나가고 성재(成材)를 만들어 갈 수도 있다는 것이다.

그렇지만 편재의 성품은 바꿀 수가 없기 때문에 자신의 재질에 따라 그 분야에서는 성재를 이룰 수는 있어도 타고난 재질을 다른 재질로 바꾸기는 어렵다. 즉 어느 한 방면에 정일한 재질이 있는 '편재지인'이라면 자신의 방면에서만 성재를 이룰 수 있다는 것이다. 비록 자신의 재질에 따라 성재를 이루었다 하더라도, 내면의 본질적인 바탕에서 이미 치우쳐 있기 때문에 자신의 편향된 성정은 바뀌지 않고 그대로라는 것이다. 이는 흔히 말하는 '천성을 바꿀 수가 없다'라고 하는 말과 맥이 통한다고 볼 수 있다. 따라서 타고난 A의 재질을 B의 재질로 바꿀 수 없으므로 타고난 재질을 올바르게 키워 나가야 한다는 것을 주장한 것이라고 생각된다. 즉 자신의 적성을 정확하게 알아 올바르게 키워 나가야만 자신의 능력을 제대로 발휘할 수 있다는 것이다. 이러한 관점은 인재를 식별하는 데 그치는 것이 아니라, 타고난 재능을 잘 이끌어 적성을

之以失 ; 雖訓之以恕, 推情各從其心. 信者逆信, 詐者逆詐 ; 故學不入道, 恕不周物 ; 此偏材之益失也." 위의 책.

살려 능력을 발휘할 수 있는가에 초점을 둔 견해로 보인다.

이를 통해 살펴볼 때 유소가 '편재의 성은 바꿀 수 없다'고 한 것은 첫째, 본질적인 측면에서 타고난 재질을 다른 재질로 옮기기 힘들다는 의미를 내포하고 있다. 둘째, 타고난 성품을 바꾸기가 어렵다는 의미이다. "유소는 겸재와 편재와의 천부적인 차별을 인정함으로써 왕충 이래로 숙명론적인 인재사상을 계승하고 있는 것이다."[192]

이처럼 『인물지』에는 인물의 바탕이 되는 질과 재성을 이론적 기반으로 삼고 있다. 인물의 근본이 되는 정성은 질에 의해서 표현된다. 내면에 담겨 있는 본성의 재질을 알기 위해서는 외형적으로 드러난 인간의 다양한 재질을 관찰하여 정확하게 인지할 줄 알아야 한다. 따라서 사람에게 나타나는 외형적 표징을 관찰하면 내적 본질(정성) 파악하는 것이 가능하다고 주장하였다. 유소의 이러한 주장은 '외형이 내면을 반영한다'는 상학의 기본이론과 상통한다.

(2) 군신론(君臣論)

『인물지』는 '인재주의'라는 현실 정책에 맞추어 인재를 선발·등용을 위한 실용적 목적에서 저술된 것이다. 인재등용은 올바른 정치를 위한 기반이다. 이러한 사실들은 뛰어난 인재를 등용하는 것이 국가의 정책 수립과 존립에까지도 상당한 영향을 미칠 수 있다는 정치적 중재주의(重才主義)의 입장을 표명하고 있는 것이다.[193]

---

192) 湯用彤, 任繼愈, 「魏晉玄學中的社會政治思想和它的政治背景」(『歷史硏究』, 1954) p.71.
193) 김철운, 「劉劭 <人物志>에 나타난 人物品評」(『한국양명학회 논문집』, 제11호, 2004) p.208.

『인물지』에서는 이상적 군주라는 용어를 직접적으로 사용하지는 않았지만 전체적인 내용을 살펴보면, 최고의 인재는 성인의 덕목을 갖춘 이상적 군주를 지향하고 있다. 군주의 재능은 어떠한 덕목을 갖춘 것인가?

> 이러한 재능들은 다 치우친 재질의 사람들이다. ……군주의 재능은 이와 다른 것이니, 신하는 스스로 임무를 맡는 것을 재능으로 삼지만, 군주는 인재를 쓰는 것을 재능으로 삼으며, 신하는 말을 잘하는 것을 재능으로 삼지만, 군주는 잘 들어주는 것을 재능으로 삼으며, 신하는 실행을 잘하는 것을 재능으로 삼지만, 군주는 상벌을 잘 내리는 것을 재능으로 삼아서, 재능으로 여기는 것이 같지 않으므로 여러 인재들 위에서 임금 노릇을 할 수 있는 것이다.[194]

유소는 개인이 지니고 있는 특수한 재능인 12재질[195])이 있는데 이러한 것들은 신하의 재능이지 군주의 재능이 아니라는 것이다. 군주의 재능과 신하의 재능을 명백하게 구분하고, 군주의 재능은 인재를 적재적소에 잘 등용하는 것, 신하의 말을 잘 들어주는 것, 상벌을 적절히 내리는 것이지만 신하의 재능은 스스로 임무를 맡는 것, 말을 잘하는 것, 실행을 잘하는 것을 재능이다.

이러한 "유소의 군신관계에 대한 이론적 형성은 역사적 연원이 있음을 보여 주고 있다."[196]) 한 고조 유방은 고대 병서에서 '용병을 아는 장수는 백성이 명을 맡기고 국가는 안위의 주인'이라고 한 대목을 보고 자신이 천하를 얻을 수 있었던 상황을 술회한다.

---

194) "凡此之能, 皆偏材之人也. ……人君之能異於此: 故臣以自任爲能, 君以用人爲能 ; 臣以能言爲能, 君以能聽爲能 ; 臣以能行爲能, 君以能賞罰爲能 ; 所能不同, 故能君衆材也." 『人物志』「材能」.

195) 12재질은 國體 · 器能 · 淸節家 · 法家 · 術家 · 臧否 · 伎倆 · 智意 · 文章 · 儒學 · 口辯 · 驍雄을 말한다. Ⅲ. 3. 3) 材理와 材能에 따른 인재등용 참조.

196) 李賢, 「<人物志>에 나타난 인재관」(『중국학』, 제23집, 2004) p.142.

휘장을 친 장막에서 계획을 세우고 천리 밖에서 승리를 알아보는 것에
대해 나는 자방(子房)만 못하다. 국가를 안정시키고 백성을 돌보며 군자
금을 보내고 군량 길을 끊어지지 않게 하는 것에 대해 나는 숙하(肅何)만
못하다. 백만의 군대에도 전쟁을 하면 반드시 승리하고 공격하면 반드시
얻는 것에 대해 나는 한신(韓信)만 못하다. 이 세 사람은 모두 인걸인데
내가 그들을 등용할 수 있었으니 이것이 내가 천하를 얻게 된 까닭인 것
이다.[197]

위의 내용은 군주가 인재를 적재적소에 적합하게 등용하는 것이
얼마나 중요한가를 보여 주고 있는 것이다. 유소가 주장하는 군주와
인재에 대한 논의는 한 고조가 말한 바와 같음을 주지할 수 있다.

유소는 이러한 군신관계를 분석하여 "한 직책의 임무는 일미(一
味)로 오미(五味)와 협력하는 것이라면, 한 나라를 다스리는 정치
는 무미(無味)로 오미(五味)를 조화시키는 것이다"[198]라고 하였다.
편재인 신하들은 한 가지의 맛을 내기 위하여 다섯 가지 맛을 만
들어 협조하여야 하는 것이고, 군주는 다섯 가지 맛을 한 가지 맛
으로 조화시켜야 한다. 즉 군신사이는 다섯 가지 맛을 평담하게
조화시키는 오미와 무미의 조화인 것이다. 여기에서 다섯 가지 맛
이란 각각의 오행에 해당되는 상(象)·성질(性質)·재능(才能)·오
상(五常)·오덕(五德) 등에 따른 능력적 분업이라고 표현할 수 있
으며, 한 가지 맛이란 분업을 완성시키는 것이라고도 볼 수 있다.
신하인 편재의 능력은 한 가지에는 뛰어나지만 여러 재능을 지닌
겸재가 되기에는 한계가 있고, 군주는 자신의 뛰어난 재질을 발휘

197) "高祖曰: 夫運籌策帷帳之中, 決勝於千里之外, 吾不如子房. 鎭國家, 撫百姓, 給餽
饟, 不絶糧道, 吾不如蕭何. 連百萬之軍, 戰必勝, 攻必取, 吾不如韓信. 此三者, 皆
人傑也, 吾能用之, 此吾所以取天下也." 『史記』 卷8, 「高祖本紀」 第8.
198) "夫一官之任, 以一味協五味 ; 一國之政, 以無味和五味." 『人物志』 「材能」.

하는 것이 아니라, 모든 재질을 뛰어넘어 백관을 통제할 수 있는
최고의 위치에 있다고 생각했기 때문이다.

군주가 "인물을 식별하는 것이 진실로 지혜롭다면, 인재들이 각
자의 자질에 따라 자리를 얻게 되고 여러 업적들이 흥하게 될 것
이다."[199] 군주의 덕이 12가지 재능을 가진 신하를 얻으면 신하의
도리가 바르게 되고 신하가 그들의 자질이 맞는 곳에서 활동을 한
다면 태평성대가 되지만, 군주가 12재질의 현명함과 우매함을 식
별하지 못하고 오직 특정 재질을 선호한다면 나머지 재질들은 그
들의 뛰어난 재질을 잃어버리게 된다. 따라서 군주는 인재를 식별
하고 등용할 때 뛰어난 인재들을 골고루 선발하여 각각의 재능에
적합한 적재적소에 인재를 배치하여 그들의 잠재적인 능력을 충분
히 발휘할 수 있게 해야 한다. 군주는 군의 위치에서 신하는 신하
의 자리에서 서로의 명분과 책임을 다한다면 국가는 안정되고 능
력 있는 인재를 매몰시키거나 낭비하는 일이 없게 될 것이다.

(3) 인재 식별할 때 범하기 쉬운 오류

유소는 인재를 식별하는 데 있어서 '내면에 함유하고 있는 정신
세계를 이해하기 위해서는 그 사람이 타고난 천부적인 재질을 파
악해야 한다'고 강조하였다. 내면의 정신세계는 외부의 형상으로
발현되기 때문에 외재적인 형상에 표출되는 징후를 관찰하면 그
질(質)을 이해할 수 있다. 따라서 내재적인 질과 외재적 형상은 인

---

199) "知人誠智, 則衆材得其序, 而庶績之業興矣." 위의 책, 「自序」.

재를 식별하려고 하는 관찰자의 필수 조건이 되는 것이다.

그러나 외부로 나타나는 형상과 그 징후만으로 그 사람의 내면적 정신세계의 질을 판단한다는 것은 잘못될 경우가 많다. 비록 「구징」(九徵)에서 "오행을 본받아 형체를 드러내니 진실로 형체와 바탕이 있으면, 오히려 그것으로 말미암아 정(情)과 성(性)의 이치를 탐구할 수 있다"[200]라고 하였지만, 외재적 형상은 질을 파악하는 하나의 방법이지 인재식별의 모든 것은 아니다. 외재적 형상으로만 판단하였을 때 그에 따른 오류가 발생할 수 있기 때문이다.

『장자』「덕충부」(德忠符)에는 절름발이·꼽추 등 외모가 추악하여 모든 사람을 놀라게 하는 인물들이 등장한다. 장자는 덕이 충만한 인물에 부합하는 형상이 따로 있는 것이 아니며, 형상보다는 그를 초월한 정신적 역량을 중요하게 생각하였다. 다음을 보면 잘 나타나 있다. "'위나라에 추악하게 생긴 사람이 있는데 이름이 애태타(哀駘它)입니다. ……남자들이 그와 함께 있게 되면 그를 사모하여 곁에서 떠나지 못하며…… 지식이 사방의 다른 사람보다 뛰어난 것도 아닌데 모든 남녀가 그 앞에 모여드니 이 사람은 반드시 보통 사람과는 다른 사람일 것입니다. 이 사람은 어떤 사람입니까?' ……'애태타는 말을 하지 않아도 사람들이 믿으며 공적이 없어도 사람들이 따르는 것. ……완벽한 재질을 갖추고도 덕을 드러내지 않는 인물이기 때문이다.'"[201] "덕이 뛰어나면 겉모습은 잊어버리게 되는 것이다."[202] 장자는 형상보다는 영혼을 중요하게

---

200) "體五行而著形. 苟有形質, 猶可卽而求之." 위의 책, 「九徵」.

201) "衛有惡人焉, 曰哀駘它, 丈夫與之處者, 思而不能去也. ……知不出乎四域, 且而雌雄合乎前. 是必有異乎人者也. ……是何人者也', '今哀駘它, 未言而信, 無功而親…… 是必才全而德不形者也.'"『莊子』「德忠符」.

생각하고, 외모보다는 마음을 중요하게 생각하였다. 즉 외모의 불구 여부를 떠나 인간에게 내재된 가치를 중시하는 것이다.

순자는 상학을 반대한 대표적인 학자로 『비상』(非相) 편에서 "외형을 보는 것은 마음을 논하는 것만 못하고, 마음을 논하는 것은 술(術)을 선택하는 것만 못하다. 외형은 마음을 이기지 못하고, 마음은 술(術)을 이기지 못한다. 술(術)이 바르고 마음이 그것을 따른다면, 외형이 비록 나쁘더라도 심술(心術)이 훌륭하므로 군자가 되는 데 해로울 것이 없으며, 외형이 비록 훌륭하더라도 마음이 나쁘면 소인이 되지 않을 수 없다. ······군자는 길(吉)을 말하고 소인은 흉(凶)을 말하므로 장단소대(長短小大)의 좋고 나쁜 형상은 길흉을 논하지 않는다"203)고 주장한다. 여기에서의 술(術)은 내면의 정신세계를, 심술(心術)은 마음의 움직임을, 외형은 외부적으로 나타난 형상을 의미한다고 할 수 있다. 즉 사람은 외모만을 보고서 평가할 수 없고, 더구나 그것으로 길흉화복의 표준을 삼을 수 없다는 것이다. 그는 외형보다는 내재되어 있는 마음을 더 중요하게 생각하였기 때문에 외부적 형상보다는 내면적 마음이 더 중요하다는 것을 설파한 것이다. 순자가 상학을 비판하는 이유는 상학이 인간의 내면을 관찰하는 것이 아니라, 단순히 인간의 외모만을 분석하여 인간의 미래를 예견한다고 간주했기 때문이다.

상학에서도 '형상(形相)보다는 심상(心相)'이라는 말을 무척 중요

---

202) "德有所長, 而形有所忘." 위의 책.

203) "相形不如論心, 論心不如擇術. 形不勝心, 心不勝術, 術正而心順之, 則形相雖惡而心術善, 無害爲君子也. 形相雖善, 而心術惡, 無害爲小人也. 君子之謂吉, 小人之謂凶, 故長短小大, 善惡形相, 非吉凶也. ······君子之謂吉, 小人之謂凶, 故長短小大善惡形相, 非吉凶也."『荀子』「非相篇」.

하게 생각한다. 『신상전편』에서는 사람을 관찰할 때 가장 중요한 점의 하나로 "마음을 아는 것이 중요하다. ……형상을 보기 전에 먼저 마음부터 살펴야 한다. 형상은 있으나 마음이 없으면 형상도 마음 따라 사라지고, 마음은 있고 형상이 없다면 마음을 따라 용모가 생기게 된다"[204]고 하였다. 이 말은 아무리 외형이 좋다고 하더라도 마음이 악하면 그 외형은 마음 따라 악해지며, 마음이 착한데 외형이 나쁘면 그 외형도 마음 따라 선해진다는 것을 뜻한다. 사람을 이해하고 그 본질을 파악하는 데에는 외부의 형상이 아무리 훌륭하다고 해도 내면적인 정신세계인 마음보다 더 중요한 것은 없다는 의미이다. 이러한 측면은 '무엇보다도 마음을 중요시해야 한다'는 것으로 순자의 주장과 같다. 하지만 상학의 입장에서 보면 또 다른 측면이 있다. 사람은 마음속에서 생각하는 것이 외형으로 표현되기 때문에, 그 사람의 마음이 좋고 나쁨에 따라 그 변화하는 상태도 외형으로 나타나게 된다. 따라서 외적으로 나타나는 형상과 현상을 관찰하면 그 사람의 마음도 알 수 있게 된다는 점이다. 이것은 유소가 주장하는 '사람에게서 나타나는 외재적 표징은 바로 심기에서 나오며, 심기는 그 사람의 내면세계를 나타내는 질인 동시에 인물의 근본이 되는 것이므로 외재적 표징을 관찰하면 사람의 마음을 알 수 있다'라는 관점과도 일치한다.

상학은 순자의 견해와 같이 단순하게 외부의 형상만을 가지고 길흉화복 등 미래를 예언하는 것만이 아니다. 상학에서는 '지인'(知人)하기 위한 방법으로 외부의 형상을 활용할 뿐이다. 상학은

---

204) "要知心裡…… 未觀相貌, 先看心田, 有相無心, 相從心滅, 有心無相, 相從心生." 陳希夷, 『神相全編』「十觀」(『古今圖書集成』).

일차적으로 외부의 형상을 통해서 사람의 내면을 파악하고 성격·심리·건강 등을 탐구하려는 인성·심리계통의 학문이기 때문이고 이차적으로는 미래를 예측하기도 한다. 다시 말하면 외부의 형상만을 가지고 운명과 미래를 예측하려는 것만이 아니고, 유소가 주장하는 것과 같이 내면의 상태를 파악하기 위해서 외형으로 나타난 징후를 관찰하기 위한 것이다. 그러나 사람을 본질을 파악한다는 것이 무척이나 어려운 일이므로 '지인'함에 있어 외형으로 나타난 징후를 관찰할 때 오류가 발생하는 경향이 많다. 따라서 그러한 점들이 많은 오해와 편견을 불러일으키는 원인이 되었다는 것도 인정하지 않을 수 없다.

유소도 내면의 상태를 파악하기 위해서 외형으로 나타난 징후를 관찰하는 것이 중요하다고 강조하면서도 그 과정에서 오류가 있을 수 있음을 스스로 인정하고 인재를 식별할 때 발생되는 오류를 제시한다. 그러한 잘못된 판단을 방비하기 위해시는 객관적이고 실제적인 본질에 접근하는 데 주력하여 근본을 이해하고 소문에 의거하지 말아야 올바른 관찰을 할 수 있다는 것이다.

> 사람을 잘 알아보는 자는 눈으로 본 것을 근거로 하여 귀로 들은 것을 바로 잡으며, 사람을 잘 알아보지 못하는 자는 귀로 들은 것을 근거로 하여 눈으로 본 것을 무너뜨린다.[205]

위의 내용을 살펴보면 인재를 변별하는 능력이 뛰어난 사람은 자신이 직접 본 실상으로 풍문이나 들은 소문을 바로잡아서 판단할 수 있지만, 반대로 변별 능력이 약한 사람은 귀로 들었던 것을 가

---

205) "是故, 知人者, 以目正耳 ; 不知人者, 以耳敗目." 『人物志』「七繆」.

지고, 직접 눈으로 확인하면서도 소문의 영향을 받아 판단이 흐려지는 경향이 많기 때문에 인재식별에 오류를 낳게 된다는 것이다.

이와 같이 소문에만 의존한다면 변별력에 문제가 발생하게 된다. 예나 지금이나 이러한 점들은 비일비재하였던 것 같다. 『논어』「위령공」(衛靈公)을 보면 "많은 사람들이 싫어하더라도 반드시 좋은 점이 없는지 살펴보아야 하며, 많은 사람들이 좋아하더라도 반드시 나쁜 점이 없는지 살펴보아야 한다"[206])는 말이 있다. 인재를 식별하여 등용하고 파직시키는 데 있어서 맹자는 "전국 사람들이 모두 현명하다고 한 후에야 그를 살펴, 현명한 사실을 발견한 뒤에 그를 등용하고…… 전국 사람들이 다들 안 된다고 한 후에야, 그를 살펴 안 되는 사실을 발견한 뒤에 그를 파직시킨다"[207])고 주장한다. 소문 내용의 좋고 나쁨은 관찰자의 판단을 흐리게 할 수 있으므로 소문에 의존하지 말고 신중하게 관찰하고 분석해야 할 필요가 있다. 그렇게 해야만 인재를 식별하고 등용하는 데 오류를 줄일 수 있다는 것이다.

좀 더 구체적으로 「칠료」(七繆)에서는 인재를 식별하는 과정에서 발생하기 쉬운 7가지 오류를 다음과 같이 지적하였다.

> 첫째, 사람의 명성을 살피는 데에 편파적으로 판단하는 잘못이 있으며 둘째, 남을 대할 때 좋아하거나 싫어하는 감정에 미혹됨이 있을 수 있으며 셋째, 남의 마음을 헤아리는 데에 있어 크고 작음으로만 판단하는 오류가 있으며 넷째, 사람의 자질을 평가하는 데 있어 성취의 빠르고 늦음만으로 판단하는 의혹이 있으며 다섯째, 사람들을 변별하는 데 자신과 같은 성향

---

206) "子曰, 衆惡之, 必察焉, 衆好之, 必察焉." 『論語』「衛靈公」.
207) "國人皆曰賢, 然後察之 ; 見賢焉, 然後用之…… 國人皆曰不可, 然後察之 ; 見不可焉, 然後去之." 『孟子』「梁惠王」.

의 사람들은 너그럽게 받아들이고, 자신과 성향이 다른 이들은 배척하려
는 경향이 있으며 여섯째, 인재를 논할 때에 이끌어 주거나 억눌러 버리
는 데 따른 잘못이 있을 수 있으며 일곱째, 기이한 인물을 관찰하는 데
극찬하거나 일축해 버리는 두 가지의 과도한 잘못이 있다.[208]

여기에서 편파적으로 판단한다는 것은 향론의 결과를 전적으로
믿을 수 없다는 것이다. 그 당시 한대의 찰거제도나 위의 구품관
인법이 객관적이지 못한 향론의 영향을 받기 쉽다는 점이다. 그로
인해 능력이 없는데도 불구하고 사회적 배경이 좋아서 등용이 되
는 사람도 있고, 반면에 능력이 있는데도 열악한 배경 때문에 출
사의 길이 막히는 부조리가 발생한다고 지적하고 있다. 인재를 식
별하고 등용하려는 사람은 주관적으로 흐르는 감정을 제어해야만
오류가 적다는 것이다. 사람마다 개성의 차이가 존재한다는 사실을
인정해야 하며, 자신과 같은 성향을 지닌 사람들이나 동류집단 내
의 각 구성원끼리만 서로 추천하고 칭송하는 것을 주의해야 한다.
이것은 유리하거나 불리한 입장의 차이에 따라 나타나는 부조리를
유발하기 때문이다. 기이한 인물을 관찰할 때 선입관이나 고정관념
때문에 우수한 인재를 놓치게 되는 경우가 있음을 의미한다.

인재를 식별하는 일은 오류와 한계가 다양하게 존재하고 있기
때문에 올바른 인재를 식별한다는 것은 참으로 어려운 것이다. 따
라서 관찰자의 판단이 무척 중요하다. 이러한 오류를 감지하고 미
연에 방지할 수 있는 관찰자의 안목과 풍부한 식견이 있어야만 그
만큼 인재 선별의 실수가 적을 것이다. 그러나 인재를 변별하는

---

208) "一曰察譽有偏頗之繆, 二曰接物有愛惡之惑, 三曰度心有大小之誤, 四曰品質有早
晚之疑, 五曰變類有同體之嫌, 六曰論材有申壓之詭, 七曰觀奇有二尤之失." 『人物
志』 「七繆」.

것이 결코 쉬운 일이 아니기 때문에 오류를 범하고 실수를 하는 경우가 다양하다. 유소는 이러한 것들을 이해하고 인지하여 인재식별의 오류와 그에 대한 보완점을 논술함으로써 인물품평과 인재식별에 큰 도움을 주었다고 생각한다.

2) 인재에 대한 분류와 특징

인재를 얻고자 한다면 우선 사람을 알아야 한다. 사람을 안다는 것은 사람의 성위(誠僞)·선악(善惡)·지우(智愚)·현불초(賢不肖)를 분별하여 아는 것을 말한다. 사람을 안다는 것은 결코 쉬운 일이라고 할 수 없지만, 인재를 얻기 위해서는 꼭 필요한 일이다.

공자는 "보통 사람들의 마음은 산천보다 더 험하고, 하늘을 아는 것보다 어렵다"[209]고 하였다. 자연에는 사계절의 이르고 늦음의 구별이 있는데, 사람에게는 두텁게 덮은 모습과 본심을 숨기려는 마음이 있기 때문에 그 사람이 군자인지 소인인지, 충성스러운 선비인지, 간사한 무리인지를 분별하기가 힘들다. 또한, 사람의 마음이 각기 같지 않고, 그 재질과 재능은 서로 장단이 있으며, 그 학행(學行)은 때에 따라 변동이 있으므로 사람을 안다는 것이 그만큼 어렵다는 것이다. 공자는 "그 사람이 하는 짓을 보고, 그 행동이 나온 까닭을 관찰하면 그 사람이 어떤 것에 만족하는지를 살펴서 그 사람 됨됨이를 알 수 있다"[210]고 하였으며, 묵자는 "그의 말을 듣

---

209) "孔子曰: ‘凡人心險於山川, 難於知天.’" 『莊子』「列禦寇」.

고, 그의 행동을 추적하고 그의 하는 짓을 관찰하여 진실로 관직을 줄 수 있다"211)고 하였다. 이처럼 인재를 식별하는 방법은 그 사람의 말과 행위, 그 지향하는 바를 관찰하는 등 다양하게 설명된다.

선진 시대에도 인물에 대한 분류212)가 있었지만, 그 기준이 모호하고 식별방법 또한 부족하다. 유소는 옛 성현들의 경험을 근거로 인재식별을 위한 구체적인 방법을 상세히 제시하고 있다. 이제 인재를 식별하는 방법에 대해 살펴보도록 하자.

(1) 인물을 관찰하는 법: '팔관'(八觀)과 '오시'(五視)

'팔관'(八觀)은 사람의 행위를 관찰함으로써 사람에게 있는 내적 심리상태를 살피는 방법이고, '오시'(五視)란 다섯 종류의 처한 상황 가운데서 그 사람의 행동거지를 파악하여 인재를 식별하는 법이다. 인물을 관찰하는 여덟 가지 방법인 '팔관'을 살펴보면,

첫째, "남과 쟁탈하는 것과 남을 구제하는 것을 보고서 그 사람의 뒤섞인 성격 상태를 밝혀내는 일이다."213) 마음은 자애롭지만

---

210) "子曰, 視其所以, 觀其所由, 察其所安, 人焉廋哉, 人焉廋哉."『論語』「爲政」.

211) "聽其言, 迹其行, 察其所能而愼予官."『墨子』「尙賢中」.

212) 선진 시대 중국에서의 인물에 대한 분류는 주로 덕행으로 인품의 고하를 평가하는 방법으로『論語』·『孟子』·『荀子』등에서 小人·大人·庸人·賢人·俗人·俗儒·雅儒·大儒·不肖·君子·大聖·仁·聖·士·忠 등의 용어는 모두 인물을 분류한 것이었다. 班固는『漢書』「藝文志」에서 上古시대부터 秦末까지의 인물들을 智愚·善惡에 따라 上上(聖人)·上中(仁人)·上下(智人)·中上·中中·中下·下上·下中·下下(愚人)의 아홉 등급으로 분류하였는데, 분류기준이 모호하고 객관적인 표준이 결핍되어 비판의 여지가 많았다. 魏晉시대에는 인재를 아홉 등급으로 나누는 九品中正制가 있었고,『世說新語』를 중심으로 새로운 형태의 인물품평이 유행하여 인물의 분류방법이 창작되고 발전되어 갔다.

213) "觀其奪救, 以明間雜."『人物志』「八觀」.

직접 상황에 부딪쳐서 인색해지는 경우, 평소 위급함에 처한 사람을 보고 측은한 마음을 남보다도 많이 느끼지만 실제에 있어서는 손해에 대한 두려움으로 도와주려는 마음이 없는 경우, 잘못된 행위를 보고 엄정해지지만 자신에 있어서는 엄정하지 못한 경우 등 사람의 심리는 복잡해서 모순으로 뒤섞인 경우들이 있다. 이러한 자들은 인색함·두려움·욕심이 자애로움·어질음·엄정함을 빼앗아 마음과 행이 일치하지 못한 경우이다. 따라서 악한 성정이 바른 것을 이기는 것과 선한 성정이 악을 구제하는 것 등에 대한 행위를 관찰함으로써 그 성정 중에 포함되어 있는 인간 심리의 복잡성을 이해할 수 있다.

둘째, "사태에 감응하여 변화하는 모습을 관찰하여 평소의 태도를 살필 수 있는 일이다."[214) 사람의 외모만으로 깊은 속을 알기 어렵기 때문에(후모심정; 厚貌深情) 그가 각각 다른 상황에서 어떻게 말하고 응대하는지의 여부를 관찰한다. 언행과 태도를 보면 "드러난 것을 논하고 바른 것을 말하는 자는 순수한 사람이며…… 억지로 이론을 끌어다 맞춰 놓고 자랑하는 자는 허황된 사람이며…… 자신의 재능을 자랑하지 않는 자는 여유 있는 사람이다."[215) "초조한 안색은 어지럽고 혼탁해 보이며…… 질투하는 안색은 제멋대로 일정함이 없어 보이며…… 말은 매우 즐겁게 하지만 참된 안색이 따르지 않는 것은 마음속에 어긋남이 있기 때문이다."[216) 속마음이 겉으로 드러나면 그 감응함이 갑작스럽고 분명하게 나타난다. 따라

---

214) "觀其感變, 以審常度." 위의 책.

215) "論顯揚正, 白也…… 假合炫耀, 虛也…… 不伐其能, 有餘也" 위의 책.

216) "疾痰之色, 亂而垢雜…… 妬惑之色, 冒昧無常…… 其言甚懌, 而精色不從者, 中有違也" 위의 책.

서 태도나 안색 등 감응하여 변하는 모습을 관찰하면 평소의 내면 상태를 파악할 수 있다.

셋째, "그 재질의 지극함을 관찰하여 그가 얻은 명성의 근거를 파악하는 일이다."[217] 한 사람에게 두 가지 이상의 뛰어난 재질이 모이면 상호 보완 작용을 하여 재질을 더욱 발전시켜 나갈 수 있다. 때문에 뛰어난 재질의 많고 적음을 관찰하여 그의 성정과 재능을 이해할 수 있고, 명성들이 이루어지게 된 동기[218]를 알 수 있다.

넷째, "행위의 동기를 관찰하여 사이비 인물 여부를 분별하는 일이다."[219] 사람의 행위에는 옳은 것 같으면서도 아닌 것이 있으며, 그른 것 같으면서도 옳은 것이 있듯이 사이비에 의존하여 덕을 어지럽히는 경우가 있다. 행위의 동기와 그 전후 관계를 살펴 허(虛)를 허로, 실(實)을 실로 판단할 줄 알아야 한다.

다섯째, "사랑하고 공경하는 태도를 관찰하여 통하고 막힌 것을 알 수 있는 일이다."[220] 사람과 사람의 사이에서 사랑하고 공경하는 일은 무척 중요한 것이다. 사랑하고 공경하는 태도가 참인지 거짓인지를 관찰함으로 대인관계의 좋고 나쁨을 알 수 있는 것이다. 인정의 바탕에 사랑과 공경의 진실함이 있다면 도와 덕이 하나가 되어, 남의 마음을 감동시켜 도리가 통하지 않음이 없기 때

---

217) "觀其志質, 以知其名." 위의 책.
218) "骨直氣淸, 則休名生焉 ; 氣淸力勁, 則烈名生焉 ; 勁智精理, 則能名生焉 ; 智直彊愨, 則任名生焉.(골격이 곧고 기색이 맑으면 아름다운 명성이 생기며, 기품이 맑고 기력이 굳세면 장렬하다는 명성이 생기고, 지혜가 예리하고 이치에 정통하면 능통하다는 명성이 생기고, 지혜롭고 정직하여 강직하고 성실하면 일을 맡길 만 하다는 명성이 생기며…)" 위의 책.
219) "觀其所由, 以辨依似." 위의 책.
220) "觀其愛敬, 以知通塞." 위의 책.

문이다.

여섯째, "미세한 감정의 기미를 관찰하여 어진 사람과 미혹한 사람을 파악해 내는 일이다."[221] 사람의 정에는 6가지의 미세한 감정의 동요[222]가 있는데, 사물과 접촉할 때 희로애락의 감정으로 반응한다. 때문에 사람의 미세한 감정의 기미를 자세히 관찰하면 그의 사상과 인격의 고저를 감지할 수 있다.

일곱째, "단점을 관찰하여 역으로 그가 가진 장점을 파악해 내는 일이다."[223] 치우친 재질은 모두 자신의 단점을 가지고 있으며, 한 사람의 단점과 장점은 서로 연결되어 있는 경우가 많다. 단점이 있는 사람이 반드시 장점을 가지고 있다고 말할 수는 없지만, 장점을 가진 사람은 반드시 단점을 가지고 있다. 예를 들어 "정직한 자의 단점은 남의 결점을 지적하는 것이고, 의지가 굳센 자의 단점은 엄하고 매서운 것이며, 잘 화합하는 자의 단점은 나약한 것이고, 절개 있는 자의 단점은 집착하여 고집스러운 것이다. 정직한 자가 남의 결점을 지적하지 않으면 그 정직함을 이룰 수가 없으므로, 이미 그 정직함을 좋게 여긴다면 그를 비난해서는 안 되니, 남의 결점을 지적하는 것은 정직한 자의 특징이기 때문이다."[224] 따라서 드러난 단점의 특징을 관찰하면 그 사람의 재질과 연관되

---

221) "觀其情機, 以辨恕惑." 위의 책.

222) "杼其所欲則喜, 不杼其所欲則惡, 以自伐歷則惡, 以謙損下之則悅, 犯其所乏則媢, 以惡犯媢則妒.(자기가 원하는 바를 이루면 기뻐하고, 자신의 능한 바를 펼치지 못하면 원망하며, 남이 자기자랑을 내세워 그를 뛰어넘으려 하면 미워하고, 남이 겸손한 태도로 자신을 낮추면 기뻐하며, 모자라는 바를 지적하면 섭섭해 하고, 악의로 애타는 심정을 건드리면 시샘하는 것이다.)" 위의 책.

223) "觀其所短, 以知所長." 위의 책.

224) "直之失也訐, 剛之失也厲, 和之失也懦, 介之失也拘. 夫直者不訐, 無以成其直 ; 旣悅其直, 不可非其訐 ; 訐也者, 直之徵也" 위의 책.

어 있는 장점을 파악하는 것이 가능하다.

여덟째, "총명함을 관찰하여, 그가 통달한 바를 알아내는 일이다."[225] 사람의 총명함의 정도를 관찰하여 어떤 재질에 뛰어난 인재인지를 알 수 있다는 것이다.

이상에서 살펴본 유소의 '인물 관찰하는 방법'을 다음과 같이 요약할 수 있다. 탈취하거나 구제하는 것을 보고 그 뒤섞인 심리상태를 분명히 알고, 사태에 감응하는 언행을 보고 평소의 원칙을 살피며, 재질과 지향하는 바를 관찰하여 명성의 근거와 장래 명성이 날 것인지를 예측하고, 행위의 동기를 보고 진위곡직(眞僞曲直)을 분별하며, 사랑하고 존경하는 마음을 보고 대인관계의 통함과 막힘을 알고, 미묘한 감정의 움직임을 파악하여 그의 사상과 인격의 고저를 살피며, 단점을 살펴 역으로 그 장점을 알고, 그의 총명함을 보고 어느 재질에 뛰어난 인재인지를 판단한다.

'오시'(五視)란 처한 상황 가운데서 그 사람의 행동거지를 파악하여 인재를 식별하는 법이다. 사람의 재질을 아는 것만으로는 그 사람의 행동의 변화를 알기에 부족하다고 생각한 유소는 「효난」(效難)에서,

> 재야에 머물 때에는 그가 무엇을 편안하게 여기는가를 살펴보고, 등용되었을 때에는 그가 어떤 사람을 천거하는가를 살펴보며, 부유할 때는 그가 남에게 어떻게 베푸는가를 보고, 곤궁하게 되었을 때는 그의 행하는 바를 보고, 가난하게 되었을 때에는 그가 무엇을 취하는가를 살펴본 뒤에야 비로소 그 사람이 현명한가 아닌가를 알 수 있다. 이와 같은 것은 경험한 뒤에 알 수 있는 것이지, 처음 보고 알 수 있는 것은 아니다.[226]

---

225) "觀其聰明, 以知所達." 위의 책.
226) "居視其所安, 達視其所擧, 富視其所與, 窮視其所爲, 貧視其所取. 然後乃能知賢

사람이 처한 바가 같지 않으므로 상황에 따라 언행의 변화를 일으킬 가능성이 다분하여 인재를 식별하는 데 불찰이 생길 수 있다. 자신의 의지와 취향을 변화시켜 주변상황에 동화하기도 하는 경우, 목적이 이루어지지 않았는데도 욕심을 드러내는 경우, 목적을 달성한 뒤에는 욕망을 따라 방종을 일삼는 경우 등이 있을 수 있다. 따라서 각각 다른 상황 가운데서 그 사람이 취하는 행위를 살펴봄으로써 한 사람의 진면목을 깊이 알아서 인재를 변별할 수 있다는 것이다.

'팔관'과 '오시'는 옛 현인들이 사람을 식별하는 방법으로 많이 거론되어 왔다. 『대대례기』(大戴禮記) 「文王官人」(문왕관인) 편이나 『일주서』(逸周書)에는 육징(六徵)[227]이 논술되어 있는데, 성음과 찰색을 특히 중요하게 생각했다. 『여씨춘추』 「논인」 편에서는 처해 있는 상황을 살피는 데에 '팔관'[228]법을 사용하였으며, 『육도』(六韜) 「문도 · 육수」(文韜 · 六守)[229]에도 사람이 처한 상황을 보

否. 此又已試, 非始相也." 위의 책, 「效難」.

227) "論用有徵, 觀誠, 考志, 視聲, 觀色, 觀隱, 揆德" 『大戴禮記』 「文王官人」 第72. ; 『逸周書』 「官人」 弟58. ; 『逸周書』에서는 視中을 視聲으로 했으며, 나머지는 동일하다. 觀誠의 예를 보면 "富貴者觀其禮施也, 貧窮者觀其有德守也, 變寵者觀其不驕奢也, 隱約者觀其不懾懼也. ……此之謂'觀誠也.(부귀한 사람은 그 禮를 베푸는가를 살펴보고, 빈궁한 사람은 그 덕을 지키는가를 살펴본다. 총애를 받는 사람은 교만하지 않는가를 살펴보고, 미천한 사람은 겁내지 않는지 살펴본다. ……이것을 '觀誠'이라고 한다.)" 『大戴禮記』 「文王官人」 第72.

228) "凡論人, 通則觀其所禮, 貴則觀其所進, 富則觀其所養, 聽則觀其所行, 止則觀其所好, 習則觀其所言, 窮則觀其所不受, 賤則觀其所不爲. ……八觀六驗, 此賢主之所以論人也.(대개 사람을 논하기를, 출세하면 그가 행하는 예절을 관찰하고, 귀하게 됐을 때는 그가 나아감을 관찰하며, 부유할 때는 봉양함을 보고, 신임받을 때는 그가 행하는 행동을 관찰한다. 물러가 있을 때는 그가 좋아하는 바를 관찰하고, 학습할 때는 그의 말을 관찰하며, 궁할 때는 그가 받아들이지 않음을 보고 천하면 그가 하지 않는 바를 관찰한다. ……八觀과 六驗이 어진 군주가 사람을 보는 요점이다.)" 『呂氏春秋』 「論人」.

229) 六守 何也? 太公曰 一曰 仁 · 二曰 義 · 三曰 忠 · 四曰 信 · 五曰 勇 · 六曰 謀,

고 관찰하는 법이 논술되어 있다.

하지만 각각 인물의 개성과 재능에 대하여 상세히 연구되지 못
하였고, 그에 따라 드러나는 인간의 복잡한 심리를 깊게 고찰하지
못한 면이 있다. 유소가 제시한 '팔관'과 '오시'는 사람의 내적 본
질과 뒤섞인 심리상태를 보다 체계화시킨 것이다. 이를 근거로 유
소는 『인물지』에서 사람의 성정과 심리 상태를 상세히 고찰하여
인물품평과 인재 분류의 기준을 제시한다.

(2) 인재의 분류 및 그 특징

유소는 『인물지』에서 인물을 관찰하려면 먼저 그 사람의 재질을
알아야 한다고 강조하였다. 사람마다 타고난 재질이 다르므로, 재
질에 따라 각 개인의 재성이 달라지고 드러나는 모습 또한 서로
다르게 나타나기 때문이다. 그는 재질의 이치, 개성과 능력, 심리
와 성정 등에 따라 인재를 분류하고 있다.

① 재리(材理)에 의한 분류

유소는 「재리」(材理)에서 천하에서 일어나는 일의 이치에 대한
종류와 사람의 심리상태를 연계하여 인재를 분류한다. 그는 시대적

是謂 六守. ……富之而觀其無犯, 貴之而觀其無驕, ……(군주가 인재를 선발할 때
여섯 가지 지켜야 할 원칙인 六守는 周 문왕과 태공의 문답에서 나타난다. "어질
고·의롭고·충성스럽고·믿음이 있고·용맹하고·지략이 있어야 하는데 이것을
六守라고 한다. 신하에게 富를 주어 禮를 범하지 않는가를 본다. 부유하고도 禮를
범하지 않으면 어진사람이다. 貴하게 해서 교만함이 없는지를 보아야 한다. 貴하게
되고도 교만함이 없으면 의로운 사람이다. ……)"『六韜』「文韜·六守」.

인 특성과 정치적인 필요에 의해서 인재들의 담론에 관한 재능을 중요하게 생각하여 담론할 때 보이는 인재들의 재능과 심리적인 특성, 논변의 장단점을 논구한다.

유소는 세상의 이치를 크게 도(道)의 이치·사(事)의 이치·의(義)의 이치·정(情)의 이치[230]등 4가지로 나누었는데, 도(道)의 이치는 천지 규율의 변화가 반영된 것이고, 사(事)의 이치는 사회 정치 제도의 규율이 반영된 것이며, 의(義)의 이치는 사회 윤리의 규범이 반영된 것이고, 정(情)의 이치는 사람의 정성의 변화가 반영된 것이다. "이치에 종류가 많으면 통달하기 어렵고, 사람의 재질이 다르면 성정도 다른 것이니, 성정이 다르고 두루 통하기가 어려우면 이치가 어그러지고 일이 어긋나게 된다."[231] 이치에는 여러 종류가 있으며, 인간의 재질 역시 여러 종류이기 때문이다. 따라서 인간이 어떤 종류의 이치에 통하는가를 알기 위해서는 반드시 그 재질을 살펴서 정해야 한다. 서로 다른 재질의 소유자는 재질의 차이로 의견이 맞지 않아서 감정을 상하게 되고, 감정이 상하면 의견을 나눌 수 없게 되며, 결국 진실 된 이치를 논할 수 없기 때문이다. 그렇다면 도·사·의·정의 네 가지 이치를 성취한 사람은 각각 타고난 재질이 어떠한가.「재리」에서는 다음과 같이 논술하고 있다.

타고난 성품이 평온하고 담담하며, 생각이 깊고 미묘하여 자연의 이치에

---

230) "若夫天地氣化, 盈虛損益, 道之理也. 法制正事, 事之理也. 禮敎宜適, 義之理也. 人情樞機, 情之理也.(천지의 기운이 변화하여 찼다가 비고 줄었다가 더해지는 것이 道의 이치이며, 법과 제도로 바르게 하는 것은 事의 이치이며, 예와 교육(예의 교화)으로 마땅하고 알맞게 하는 것은 義의 이치이며, 인정이 사물을 헤아리는 중심이 되는 것은 情의 이치이다.)"『人物志』「材理」.

231) "夫理多品則難通, 人材異則情詭 ; 情詭難通, 則理失而事違也." 위의 책.

능통한 사람은 도의 이치에 대하여 일가를 이룬 사람이다. 타고난 성품이 뛰어나게 명철하고, 임기응변의 책략이 민첩하여 번거롭고 다급한 일을 처리할 수 있는 사람은 사의 이치에 대하여 일가를 이룬 사람이다. 타고난 성품이 화평하고, 예와 교를 논하여 그 득실을 분별할 수 있는 사람은 의의 이치에 대하여 일가를 이룬 사람이다. 타고난 성품이 이해에 기민하고, 일의 상황을 미루어 본뜻을 근원하여 그 변화에 알맞게 대처할 수 있는 사람은 정의 이치에 대하여 일가를 이룬 사람이다.[232]

도(道)·사(事)·의(義)·정(情)의 사가(四家)를 성취할 수 있는 것은 타고난 재질에 달려 있기 때문에 자신의 노력과 무관하다. 각각의 일가(一家)를 이루었다고 하더라도 모든 이치에 통달하기가 어렵기 때문에 논쟁을 하거나 일을 행할 때, 이치에 상실되고 어그러지는 일이 나타나게 된다. 이치에 통달하지 못하여 9가지의 치우친 실정이 발생하면 올바른 이치를 해치게 된다.

군세고 소략한 사람은 미세한 일을 처리하지 못하므로 큰 본체를 논함에는 넓고 고원하지만, 섬세한 이치에 대하여서는 대충 넘어간다. 강경하고 엄격한 사람은 굽힐 줄을 모르므로, 법대로 곧게 함을 논함에는 공정하지만 임기응변을 말하는 데는 어그러져서 들어가지 못한다. ……신기한 것을 좋아하는 사람은 멋대로 행동하여 특이한 것을 추구하므로, 계략과 속임수를 만드는 데는 다른 것에 구애받지 않아서 뛰어나지만, 청정한 도를 살피는 데는 상도(常道)와 달라서 실제와 거리가 멀다.[233]

사가는 어느 한 영역에서 우수하고 뛰어난 능력을 갖추게 되지만, 다른 한편에서는 성정이 다르므로 아홉 가지의 치우친 성격(九

---

232) "質性平淡, 思心玄微, 能通自然, 道理之家也 ; 質性警徹, 權略機捷, 能理煩速, 事理之家也 ; 質性和平, 能論禮敎, 辯其得失, 義禮之家也 ; 質性機解, 推情原意, 能適其變, 情理之家也." 위의 책.

233) "剛略之人, 不能理微 ; 故其論大體則弘博而高遠, 歷纖理則宕往而疏越. 抗厲之人, 不能迴撓 ; 論法直則括處而公正, 說變通則否戾而不入. ……好奇之人, 橫逸而求異 ; 造權譎則倜儻而瑰壯, 案淸道則詭常而恑迂." 위의 책.

偏)이 나타나게 된다. 구편(九偏)이 있으면 타고난 재리에 따라 자기가 뛰어난 부분에 대해서만 능력이 있을 뿐 다른 부분에 대해서는 부족한 면이 많을 수밖에 없다. 유소에 따르면 아홉 가지의 치우친 성격의 사람은 논쟁을 할 때 담론을 이끌어 갈 수 있는 재성적인 능력과 논변에 대한 분별력이 잘못될 수 있다고 한다. 이때 발생하는 오류 가능성이 삼실(三失)과 육구(六構)이다. 삼실은 논변하는 데 쉽게 나타날 수 있는 세 가지 잘못으로, 동일한 것끼리는 서로 이해하고, 상반되는 것끼리는 서로 비난하며, 섞인 것끼리는 서로 포용하게 되는 것을 말한다.[234] 육구는 논쟁하는 데 6가지 얽히는 현상으로 담론할 때 범하기 쉬운 병폐를 말한다. 예를 들어 근본을 버리고 말단만 다스리면 말에 얽히고, 상대의 예리한 기세를 꺾으려 하면 그 기세에 얽히게 되는 것 등이다.[235]

또한 논쟁에서 상대의 마음을 읽고 이해하여 설득할 수 있는 논변에 통달하기 위해서는 반드시 여덟 가지 능력이 필요하다. 여덟 가지 능력을 겸한 뒤에야 천하의 이치에 통달할 수 있는 인재가 될 수 있고, 천하의 이치에 통달하면 모든 사람들과 통할 수 있게 된다. 유소가 강조하는 팔능(八能)은 아래와 같다.

---

234) "九偏之材, 有同‧有反‧有雜‧同則相解, 反則相非, 雜則相恢…… 是說之三失也." 위의 책.

235) "舍本而理末, 則辭構矣…… 挫其銳意, 則氣構矣…… 因屈而抵其性, 則怨構矣…… 以爲難諭, 則怨構矣…… 其勢無由, 則妄構矣…… 諱不解 則怒構矣. 凡此六構, 變之所由興矣.(근본을 버리고 말단만 다스리면 말에 얽히게 되고…… 예리한 기세를 꺾으려 하면 예리한 기세에 얽히게 되며, 굴복시키려고 그 성질을 거슬리면 원한에 얽히게 되고…… 상대를 깨우치기 어려운 사람으로 여기면 상대의 분노에 얽히게 되며…… 그 상황에서 방법이 없으면 망언에 얽히게 되고…… 이해하지 못함을 기피하면 노여움에 얽히게 된다. 이 여섯 가지의 얽힘은 변고가 일어나는 원인이다.)" 위의 책.

총명함은 말의 단서를 들을 수 있고, 생각은 실마리를 만들 수 있고, 명석함은 기미를 볼 수 있고, 말은 자신의 뜻을 변론할 수 있고, 민첩함을 잘못을 끌어 잡을 수 있고, 지키는 것은 상대의 공격에 대비할 수 있고, 공격은 상대의 지킴을 빼앗을 수 있고, 빼앗으면 나의 주장과 바꿀 수 있어야 한다.[236]

위와 같은 여덟 가지 능력을 모두 구비하지 못하고, 다만 한 가지 재능만 지닌 편재의 논변 능력을 구체적으로 분류하였다.

총명함으로 말의 단서를 들을 수 있는 사람을 사물의 명실을 잘 구분하는 인재[名物之材]라 하고, 깊은 생각으로 실마리를 만들 수 있는 사람을 구성력이 뛰어난 인재[構架之材]라고 하며, 명석함이 기미를 볼 수 있는 사람을 통찰력이 있는 인재[達識之材]라고 하며, 뛰어난 말로 자신의 뜻을 변론할 수 있는 사람을 말솜씨가 유창한 인재[瞻給之材]라고 하며, 민첩한 사유로 잘못을 끌어낼 수 있는 사람을 임기응변이 뛰어난 인재[權捷之材]라고 하며, 자기의 논지를 잘 지켜 상대방의 논박에 대비할 수 있는 사람을 주장이 일관성 있게 견지하는 인재[持論之材]라고 하며, 공박을 잘하여 상대의 논지를 격파 할 수 있는 사람을 논파력이 강한 인재[推徹之材]라고 하며, 남의 논박을 잘 격파하면서 상대방의 논지도 용납할 수 있는 사람을 교섭에 능한 인재[貿說之材]라고 한다.[237]

편재의 논변 능력은 그 자체가 편벽되어 편재가 지닌 능력에 따라 각각 인재의 명칭이 달라진다는 것이다.

그는 타고난 재질을 바탕으로 이치의 일가를 이루는 인재에서부터 치우진 인재들의 왜곡된 심리현상에서 나타나는 득실의 문제까지 세밀하게 분석하였는데, 이러한 측면은 인간이 타고난 재질의

---

236) "聰能聽序, 思能造端, 明能見機, 辭能辯意, 捷能攝失, 守能待攻, 攻能奪守, 奪能易予." 위의 책.

237) "聰能聽序, 謂之名物之材. 思能造端, 謂之構架之材. 明能見機, 謂之達識之材. 辭能辯意, 謂之瞻給之材. 捷能攝失, 謂之權捷之材. 守能待攻, 謂之持論之材. 攻能奪守, 謂之推徹之材. 奪能易予, 謂之貿說之材." 위의 책.

이치에 따라 사유하는 사상이 다르고, 재질에 따라 재능의 차이가
나타나기 때문에 발생되는 현상이라고 볼 수 있다.

② 12 재질의 성격과 재능에 의한 분류

유소는 타고난 재질에 의하여 성격을 12재질로 구별하고, 개개
인의 재능에 따라 인재들을 분류하고 있는데, 중화의 덕을 얻으면
온갖 변화에 거스름 없이 두루 통할 수 있지만 너무 진취적인 사
람, 너무 소극적인 사람, 즉 항자(抗者)와 구자(拘者)는 중화의 덕
에 미치지 못하게 된다. 따라서 한쪽으로 치우친 재능을 가진 사
람들은 때로 그 장점을 드러내기도 하고, 때로는 이치에 어긋나기
도 한다는 것이다. 12재질의 성격은 다음과 같다.

> 매섭고 강하여 굽힐 줄 모른 사람, 유순하면서 남을 잘 헤아리는 사람, 씩
> 씩하고 용맹스러우며 빼어나게 굳센 사람, 세심하고 선량하고 조심스러운
> 사람, 강직하고 반듯하며 꿋꿋한 사람, 변론을 조리 있게 잘하는 사람, 폭
> 넓게 사귀면서 두루 베푸는 사람, 뜻이 높고 청렴결백한 사람, 활동적이며
> 거침없는 사람, 침착하고 빈틈이 없는 사람, 있는 그대로 드러내서 곧바로
> 다 털어놓는 사람, 지략이 많으면서도 속마음을 감추는 사람.238)

편재지인이 존재하는 것은 음양으로 성이 이루어지는 까닭에 각
각 강하고 유하기가 다르게 나타나며, 품수받은 오행의 두텁고 얇
음에 따라 표출되는 현상이 달라지기 때문에 그에 따라 품성과 재
능, 오덕 등에서 차이가 발생하게 된다. 적극적인 사람[抗者]은 양
적기운이 상대적으로 강한 것이고, 소극적인 사람[拘者]은 음적 기

---

238) "厲直剛毅, 柔順安恕, 雄悍傑健, 精良畏愼, 彊楷堅勁, 論辨理繹, 普博周給, 清介
廉潔, 休動磊落, 樸露徑盡, 多智韜情." 위의 책, 「體別」.

운이 상대적으로 강한 것이다.

유소가 분류한 12재질은 음양의 치우침에 따라 다시 ㉠ 강의지인(彊毅之人)과 유순지인(柔順之人) ㉡ 웅한지인(雄悍之人)과 구신지인(懼愼之人) ㉢ 능해지인(凌楷之人)과 변박지인(辨博之人) ㉣ 홍보지인(弘普之人)과 견개지인(狷介之人) ㉤ 침정지인(沉靜之人)과 휴동지인(休動之人) ㉥ 박로지인(樸露之人)과 도휼지인(韜譎之人) 등으로 분류될 수 있다. 그들의 재능과 성격의 장단점을 음양의 편중에 따라 나타나는 강(剛)·유(柔)·신(神)·정(精)[239]의 차이와 그에 따른 적성을 함께 살펴보자.

㉠ 강의지인(彊毅之人)과 유순지인(柔順之人)

강의지인은 양적인 기질이 강하여 정(精)보다는 강한 신(神)을 사용하여 활동하고 있다. 신은 눈빛과 관골에서 강하게 드러나며, 정신과 기운이 밝은 사람이 많다. 상대적으로 유순지인은 음적인 기질이 있어 신보다는 부드러운 정을 사용하여 활동하는데 그 깊이는 약한 편이다.

강의지인은 강직하여 옳고 그름을 중요하게 생각하는 사람으로 "남과 화합하지 못하고 자기의 꼿꼿함이 남과 부딪치는 것을 경계하지 않아서…… 법도를 세울 수는 있어도 그런 사람과 함께 음미한 경지에 들어가기는 어렵다."[240] 자신에 대한 확신과 신념으로 외골수적인 경향이 있어서 법규나 원칙 질서에 대하여 함께할 수 있지만, 감정을 나누기에는 부족한 면이 있다고 할 수 있다. 이러

---

239) Ⅴ. 1. 『人物志』와 相學의 연계성 참조.
240) "彊毅之人 ; 狠剛不和, 不戒其彊之揗突…… 可以立法, 難與入微." 『人物志』「體別」.

한 경우 사법・학자・연구직 등이 적합하다.

유순지인은 유순하면서 남을 잘 헤아리는 사람으로 "느슨한 마음으로 느슨하게 결단하여 그 일을 다잡아 처리하지 못함을 경계하지 않아서…… 상도를 따를 수는 있어도 함께 의혹을 분별하기는 어렵다."[241] 상대를 이해하고 포용하는 마음으로 상담・치료 등 심리 분야에 적성이 맞지만, 일을 처리하는 데 적극적인 자세와 결단력이 부족한 면이 있다.

ⓛ 웅한지인(雄悍之人)과 구신지인(懼愼之人)

웅한지인은 양적인 기질을 지닌 사람으로 신(神)이 강하며, 신이 맑은 사람도 있고 탁한 사람도 있다. 웅한지인은 신을 사용하기 때문에 그 신의 청탁에 따라 면모가 바뀌는 경향이 많다. 반면에 구신지인은 음적 기질이 강한 사람으로 신이 노출되어 있는 경우가 많기 때문에 신을 잘 단속하고 숨어 있는 정(精)을 활용해야 한다.

웅한지인은 씩씩하고 용맹하며 기가 드센 사람으로 "기세가 맹렬하고 용감하게 결단하여 그 용맹함이 훼손되어짐을 경계하지 않아서…… 이런 사람과 함께 난관을 극복할 수는 있어도 함께 곤궁한 처지에 머물기는 어렵다."[242] 용기가 뛰어나고, 호걸스러운 기개가 있어서 담력이 필요한 난세에는 탁월한 능력을 발휘할 수 있지만, 안정된 시기에는 자신의 능력을 발휘하기 어려운 편이다. 큰 일은 잘 처리하지만 세밀하고 치밀함을 요구하는 일의 처리는 미숙한 경향이 있다.

---

241) "柔順之人 ; 緩心寬斷, 不戒其事之不攝…… 可與循常, 難與權疑." 위의 책.
242) "雄悍之人 ; 氣奮勇決, 不戒其勇之毀跌…… 可與涉難, 難與居約." 위의 책.

구신지인은 세심하고 겁이 많아 조심스러운 사람으로 "두려움이 많고 신중한 사람은 환난을 두려워하고 꺼리는 일이 많아 그 의로운 일을 행하는 데에 나약함을 경계하지 않아서…… 함께 온전함을 지킬 수는 있어도 함께 절의를 세우기는 어렵다."[243] 현실적인 적응력이 약하기 때문에 자신이 잘 모르는 상황에 부딪치면 피하려고 하는 마음이 강하지만, 안전 제일주의로 위험한 상황에서도 조심스러운 모습을 보이기 때문에 큰 실수를 하지 않는 편이다. 안전함을 요구하는 관리직이나 혼자서 할 수 있는 일 등이 적합하다.

ⓒ 능해지인(凌楷之人)과 변박지인(辨博之人)

능해지인은 양적인 기질이 강한 사람으로 강하면서도 맑고 밝은 신(神)을 함장하고 있다. 변박지인은 밝은 신을 지녔지만 얕은 정(精)의 양적인 기질을 가진 사람과 깊은 정을 지닌 음적인 기질을 가진 사람으로 구분된다. 변박지인 중 양적인 기질을 가진 사람은 임기응변으로 대처하는 경우가 많은 반면, 음적인 기질을 가진 사람은 논리성이 강하다.

능해지인은 굴하지 않고 줏대가 꼿꼿한 사람으로 "자기 뜻을 지키고 강경함이 특이하여 자기 성정의 고집스러움을 경계하지 않아서…… 정도를 지킬 수는 있어도 함께 대중과 부합하기는 어렵다."[244] 나라의 동량이 될 만한 자질을 지니고 있는 사람으로 정의감과 책임감이 강하지만, 독단적이고 고집스러운 면이 있다. 국내외의 일을 담당할 수 있는 전문직이 적합하다.

---

243) "懼愼之人 ; 畏患多忌, 不戒其懦於爲義…… 可與保全, 難與立節." 위의 책.
244) "凌楷之人 ; 秉意勁特, 不戒其情之固護…… 可以持正, 難與附衆." 위의 책.

변박지인은 논변을 잘하는 박식한 사람으로 "이치를 논하는 데에는 말주변이 넉넉하여 그 말이 지나쳐서 넘치는 것을 경계하지 않아서…… 실마리를 널리 대충 말할 수는 있어도 함께 요약함을 세우기는 어렵다."[245] 실행력이 부족한 경우에는 관념 자체에 집중하여 궤변을 펴는 경향이 있다. 『인물지』에서는 변박지인에 대하여 양적기질이 많은 사람을 묘사하였는데, 변박지인 중에 음적 기질을 가진 사람은 논리적이고 분석적인 이론가형이 대부분이다.

ⓔ 홍보지인(弘普之人)과 견개지인(狷介之人)

홍보지인은 음적인 기질을 가지고 있으며, 정(精)이 깊고 신(神)이 청강하면서도 자애심이 있다. 정과 신을 모두 사용하며 내면의 강유를 조화롭게 조절할 수 있는 능력이 있다. 반면, 견개지인은 양적인 기질이 강하여 맑은 신을 함유하고 있다. 지적인 요소 갖추고 있으며, 행동보다 생각을 먼저 하는 현명함과 냉철함이 있다.

홍보지인은 널리 사귀면서 두루 베푸는 사람으로 "마음이 자애롭고 두루 미치고 자신의 사귐이 혼잡함을 경계하지 않아서…… 많은 사람을 어루만질 수는 있어도 그들과 함께 풍속을 엄하게 하기는 어렵다."[246] 현실 적응력이 뛰어나며 의로운 심성과 포용력이 있어 외교·심리·사업·사회복지 등이 적합하다.

견개지인은 고집이 세고 절개가 굳은 사람으로 "남과 화합하지 않는 사람은 맑은 물을 일으켜 탁류를 물리치려고 하니 자신의 도리가 좁은 것을 경계하지 않아서…… 함께 절개를 지킬 수는 있어

---

245) "辨博之人 ; 論理瞻給, 不戒其辭之汎濫…… 可與汎序, 難與立約." 위의 책.
246) "弘普之人 ; 意愛周洽, 不戒其交之溷雜…… 可以撫衆, 難與厲俗." 위의 책.

도 변화에 대응하기는 어렵다."[247] 내적인 신념과 비전이 강하지만, 융통성과 타협심이 부족한 편이다. 직관력과 통찰력이 활용되는 분야나 인내심이 필요한 분야 등에서 뛰어난 능력을 발휘할 수 있다.

ⓓ 침정지인(沉靜之人)과 휴동지인(休動之人)

휴동지인은 신(神)은 강하고 발랄하지만 깊은 정(精)을 가지고 있지는 못하다. 그래서 양적 기질이 다분하여 정열적이고 충동적 에너지를 가지고 활동하기 때문에 즉흥적인 면이 많다. 침정지인은 음적인 기질이 다분하며, 맑고 빛나는 신보다는 깊은 정을 가지고 있는 사람이다.

휴동지인은 활동적이며 거침없는 사람으로 "남보다 뛰어나는 데 뜻을 두어 사모하니 그 뜻이 크게 외람됨을 경계하지 않아서…… 빨리 나아갈 수는 있어도 남들과 함께 뒤를 유지하기는 어렵다."[248] 의욕이 넘치는 적극적인 사람으로 솔선수범을 잘하지만 점진적인 발전을 못 견디는 경향이 있다. 관광이나 레저 계통의 서비스 분야·스포츠 분야·창조적인 분야 등에 적합하다.

침정지인은 침착하고 조용한 사람으로 "도리에 대한 생각을 되풀이하므로 그 차분함이 남보다 더디고 뒤쳐짐을 경계하지 않아서…… 함께 깊이 생각할 수는 있어도 함께 신속함에 이르기는 어렵다."[249] 감정에 휘말리지 않고 담담하지만 뜨거운 열정이 부족하다. 사려가 깊고 정확하며 세심하여 섬세함을 요구하는 연구·전

---

247) "狷介之人 ; 砭淸激濁, 不戒其道之隘狹…… 可與守節, 難以變通." 위의 책.

248) "休動之人 ; 志慕超越, 不戒其意之大猥…… 可以進趨, 難與持後." 위의 책.

249) "沉靜之人 ; 道思迴復, 不戒其靜之遲後…… 可與深慮, 難與捷速." 위의 책.

문·은행·통계 분야가 적합하다.

　ⓑ 박로지인(樸露之人)과 도휼지인(韜譎之人)

　박로지인은 양적인 사람으로 신(神)이 맑고 빛나지만 맺힌 부분이 없으며, 정(精)도 맑지만 깊이가 부족하다. 도휼지인은 음적인 기질이 가장 강한 사람이다. 깊은 정을 사용하는데, 때때로 함장 되어 있는 신을 사용하기도 한다. 정이 검고 진하지만 어둡고 탁한 편으로, 음중의 양신(陽神)을 쓸 때에는 머리가 재빠르게 돌아간다.

　박로지인은 소박하게 자신을 드러내는 사람으로 "실제의 바탕이 촌스럽고 우직함을 경계하지 않아서…… 함께 신의를 세울 수는 있어도 함께 변화에 대처하기는 어렵다."[250] 순수하고 사욕이 없으며 단순하지만 외골수적인 면이 있어 무슨 일을 하면 끝까지 하며 변심이 없다. 스포츠·레저분야·기술 계통 등이 적합하다.

　도휼지인은 지략이 풍부하면서 속내를 감추는 사람으로 "근본을 추구하고 남의 마음을 미리 헤아려 용납을 받으므로 자신의 방법이 정도를 벗어남을 경계하지 않아서…… 좋은 것을 기릴 수는 있어도 함께 그릇된 것을 바로잡기는 어렵다."[251] 다방면에 재능이 있으며, 어떠한 수단을 써서라도 일을 이루어지게 만드는 편이다. 사업·정치·전략·책략·임기응변을 중요시하는 분야 등에 적합하다.

　이와 같이 치우친 재질을 지닌 사람들은 자신이 뛰어난 부분에서는 우수하지만, 그렇지 못한 부분에서는 자기 재질의 모자람이나 지나침을 경계하는 데서 머물지 않고, 나아가 남의 단점을 들추어

---

250) "樸露之人 ; 中疑實硡, 不戒其實之野直…… 可與立信, 難與消息." 위의 책.
251) "韜譎之人 ; 原度取容, 不戒其術之離正…… 可與讚善, 難與矯違." 위의 책.

냄으로써 자신의 결함을 한층 더하는 어리석음을 범하게 된다. 이러한 관점은 편재의 치우친 성정을 고치기가 어렵고 편재의 성정으로는 중용의 덕을 헤아릴 줄 모르기 때문이라는 해석이 가능하다. 이 외에도 효율적인 일의 성과를 위하여 능력에 따라 적재적소에 맞는 직업분류를 하였는데, 이 부분은 다음 장에서 구체적으로 논하고자 한다.

③ 심리 상태에 의한 분류

유소는 사람의 '사람의 감정에는 여섯 가지의 미세한 움직임이 있다'고 하면서 사람의 내재적인 정성으로부터 시작하여 심리와 성품을 분석하고, 외부로 나타나는 사람의 행위를 분석하여 사람의 감정에서 나타나는 여섯 가지의 징후를 제시하고 있다.

> 무릇 사람의 성정에는 여섯 가지 기미가 있으니, 자기가 원하는 바를 이루면 기뻐하고, 자신의 능한 바를 펼치지 못하면 원망하며, 남이 자기자랑을 내세워 그를 뛰어넘으려 하면 미워하고, 남이 겸손한 태도로 자신을 낮추면 기뻐하며, 모자라는 바를 지적하면 섭섭해 하고, 악의로 애타는 심정을 건드리면 시샘하는 것이니 이것이 사람의 성정의 여섯 가지 기미이다.[252]

사람의 감정에는 누구나 자기의 뜻을 이루고자 하는 마음이 있기 때문에 그 원하는 것을 도와주거나 이루게 되면 즐거워하고, 재능을 펼치지 못하면 타인을 원망하게 된다는 것이다. 또한 사람들은 남보다 앞서기를 바라는 마음이 있기에 자기 자랑을 늘어놓

---

252) "夫人之情有六機: 杼其所欲則喜, 不杼其所欲則惡, 以自代歷則惡, 以謙損下之則悅, 犯其所乏則媦, 以惡犯媦則妒 ; 此人性之六機也." 위의 책, 「八觀」.

으면 미워하고, 타인을 이기고자 하는 마음이 있기 때문에 남들이 겸손한 것을 좋아한다. 더구나 자신의 단점을 감추고자 하는 마음이 있어서 그 단점을 비판하면 마치 허물을 뒤집어 쓴 것처럼 받아들이며, 자기보다 나은 사람을 능가하려는 라이벌 의식이 있기에 자신의 장점을 드러내어 남을 공박하면 그것은 악의로 그의 은밀한 심정을 건드리는 것이므로 시샘하여 악한 마음이 생긴다는 것이다.

이와 같이 눈에 드러나지 않는 미세한 감정들이 사람의 심리를 자극하여 문제를 일으키게 된다. 따라서 사람에게 나타나는 미세한 감정의 심리상태를 관찰하면 그 사람이 지향하는 바를 알 수 있고 현명한 자와 어리석은 자를 파악할 수 있다.

3) 재리(材理)와 재능(材能)에 따른 인재등용

고대의 중국인들은 인재를 얻느냐 잃느냐의 여부에 따라 천하를 얻기도 하고 천하를 잃기도 했다. 따라서 현명하고 덕 있는 사람을 천거하여 높은 자리에 있게 하며, 현명하고 능력 있는 사람을 임명하여 직책을 맡기는 것이 주요 목표였다. 현명하고 능력 있는 사람을 어떻게 선출해서 일을 맡길 것인가? 어떻게 하면 그에게 최대의 재능을 발휘하게 할 수 있을까?

유소가 인재를 식별·분류하여 그 특성을 상세하게 밝힌 목적은 '적재적소에 맞는 인재를 등용'하기 위한 것이다. 사람이 타고난 재능과 특성은 각각 다르고 그 성취함도 다르며, 표출된 재능들은 각기 장점과 단점이 있으므로 우열을 따질 수가 없다. 단지, 각각의 재능들이 그 직책에 적합한가[宜] 아닌가[不宜]의 구별만이 있을 뿐이다. 따라서 그 장점은 주요하게 생각하여 등용하고, 그 단점은 피해 인재를 등용해야 한다.

『인물지』에 나타난 인재의 범주는 선진과 전한 시대에 형성된 성(聖人)·현(賢者)·사(士; 선비)에만 국한하지 않는다. 이보다 훨씬 범주가 넓다.

유소는 재질에 따라 12재질을 구분하였는데, 12재질은 '일을 다스리는 재질'[經事之材]로써 뛰어난 관리의 임무를 가리킨다. 각각의 재능에 따른 12재질의 유업(流業)은 국체(國體)·기능(器能)·청절가(淸節家)·법가(法家)·술가(術家)·장비(臧否)·기량(伎倆)·지의(智意)·문장(文章)·유학(儒學)·구변(口辯)·효웅(驍雄)이다. 유병은 주에서 "유업(流業)이란 삼재(三材; 德·法·術)의 근원이 되며, 능숙한 사람은 그 분파의 일을 하며, 그 분파가 근원을 잃으면 그 업종이 각기 달라진다"253)고 하였다. 이를 보면 유소가 분류한 재능에 따른 직분이 덕(德)·법(法)·술(術)에 근거한 것임을 알 수 있다.

삼재인 덕·법·술을 모두 겸한 자는 나라의 동량(國體)이 되지만, 삼재를 겸하고 있으나 힘이 미약한 재질은 기능이다. 세 가지 재능을 겸비한 이외에 각각의 지류가 있는데,254) 지류는 세 가지 재능을 근원으로 삼아 익힌 자를 말한다.255) 청절가·법가·술가

---

253) "三材爲源, 習者爲流, 流漸失源, 其業各異." 위의 책, 「流業」 劉昞 注.
254) "兼有三材, 三材皆備…… 是謂國體, ……兼有三材, 三材皆微…… 是謂器能. ……兼有三材之別, 各有一流." 위의 책.
255) "三材爲源, 則習者爲流也." 위의 책, 「流業」 劉昞 注.

는 각각 덕·법·술의 전문성을 지니고 있는 '가'(家)이며, '장비'
는 청절가의 치우친 재질이고, '기량'은 법가의 치우친 재질이며,
'지의'는 술가의 치우친 재질로 모두 그 지류를 말한다.

『인물지』에서 "12재질은 모두 신하의 임무이다."256) "치우친 재
질을 가진 사람은 모두 한 가지만 뛰어난 사람들이므로 한 가지
관직을 감당하는 데에는 우수하지만, 한 나라를 다스리는 데에는
부족하다"257)고 한 것이 그것이다. 이러한 12재질을 다스리는 사
람은 그들의 재능에 알맞은 임무를 맡길 수 있는 위치에 있는 겸
덕지인인 군주를 지칭한다.

유소는 12재질을 지닌 인재가 자신만의 뛰어난 재능으로 주어진
임무를 적극적으로 수행하고, 군주의 덕이 바르게 행해질 때 국가
가 궁극적인 목표를 향해 나아갈 수 있다는 것이다. 12재질의 재
능의 장점에 따른 직위와 직무, 일을 처리하는 능력, 정치를 시행
할 때 발생하는 득실에 대하여 알아보자.

① 국체(國體): "덕·법·술의 세 가지 재능을 두루 완전하게 겸
비한 인재를 말한다. 그 덕으로는 풍속을 힘쓰게 할 수 있고, 그 법
으로는 천하를 바르게 할 수 있으며, 그 방법으로는 종묘의 건승을
도모할 수 있는 것이니 이를 국체라고 한다."258) 이들의 언행이 일치
하는 나라의 동량급인 인재로 나라를 다스리는 데 보좌할 수 있는
삼공을 맡을 수 있다. 역사인물로는 이윤(伊尹)과 여망(呂望)이 있다.

② 기능(器能): "덕·법·술을 겸하여 소유하되 세 가지 재능이

---

256) "凡此十二材, 皆人臣之任也." 위의 책.

257) "凡偏材之人, 皆一味之美 ; 故長於辦一官, 而短於爲一國." 위의 책, 「材能」.

258) "兼有三材, 三材皆備, 其德足以厲風俗, 其法足以正天下, 其術足以謀廟勝, 是謂國
體" 위의 책, 「流業」.

다 은미하여, 그 덕으로는 한 나라를 거느릴 만하고, 그 법으로는 한 고을을 바르게 할 만하고, 그 술로는 일의 알맞음을 저울질할 만한 것을 기능이라고 한다."[259] 기능은 비록 삼재가 있기는 하지만 미약하므로 천자를 보좌하고 정무를 종리하고 육부관서를 화합하게 하며, 감독 관리를 하는 총재의 임무를 맡을 수 있다. 정치를 시행할 때의 득실을 살펴보면 번거로움을 다스리는 데에는 적합하지만 쉬운 것을 다스리는 데는 변화가 없으며, 쉬운 것을 다스리는 데는 오히려 간소화하지 못하는 단점을 가지고 있다.[260] 역사의 인물로는 자산(子産)과 서문표(西門豹)가 있다.

③ 청절가(淸節家): "덕행이 높고 아름다워서 용모와 행동거지가 본받을 만한 이를 청절가라고 한다."[261] 청절가는 스스로 책임을 맡는 자임지능(自任之能)으로 나라를 다스리는 데에 있어 왜곡된 것을 바로잡고, 왕실과 귀족자제에게 덕행을 가르치는 사씨(師氏)의 임무를 맡는 교육계의 장, 예법정돈의 정책 등을 실행한다. 청절가는 덕으로 사람들을 교화시키는 일을 하여 혼탁한 무리를 없애며, 청렴하고 결백한 사람들을 북돋아 주는 등 일 처리 방식에는 폐단이 없으며 항상 밝게 드러나기 때문에 세상 사람들에게 존경을 받는다. 역사인물로는 연릉(延陵)과 안영(晏嬰)이 있다.

④ 법가(法家): "법과 제도를 세워 나라를 강하게 만들고 백성을 부유하게 하는 이를 법가라고 한다."[262] 법가는 나라를 다스리는 데 공정하게 하는 입법지능(立法之能)으로 형벌과 치안을 관장하

---

259) "兼有三材, 三材皆微, 其德足以率一國, 其法足以正鄕邑, 其術足以權事宜" 위의 책.
260) "宜於治煩, 以之治易則無易." 위의 책, 「材能」.
261) "若夫德行高妙, 容止可法, 是謂淸節之家." 위의 책, 「流業」.
262) "建法立制, 彊國富人, 是謂法家." 위의 책.

는 사구(司寇)의 임무로 법조계의 일을 맡는다. 법가의 일 처리하는 방식은 제정된 법규에 근거하므로 처음에는 힘이 들어도 후에는 다스려져 엄격함을 가진다. 따라서 법을 만들어 통치 질서를 잘 세울 수 있는 장점도 있지만, 바르지 못한 사람들에게 원수로 여겨지는 폐단도 있으므로 성과는 크지만 끝이 좋지 못하다.[263] 정치를 시행할 때의 득실을 살펴보면 지나친 사치를 다스리는 데에는 적합하지만, 그것으로 피폐한 백성을 다스린다면 잔학한 것이 된다.[264] 역사 인물로는 관중(管仲)과 상앙(商鞅)이 있다.

⑤ 술가(術家): "생각이 도리의 변화에 통달하여 책략과 지모가 기묘한 것을 술가라고 한다."[265] 술가는 시세의 변천을 살펴 변화에 적절하게 대처하는 계책지능(計策之能)으로 천자를 보좌하는 삼고(三孤)의 임무를 맡는다. 술가의 일 처리하는 방식은 계책을 세워 변화에 대처할 수 있는 장점은 있지만, 공을 이루고 물러난 후에는 은미하게 숨어 버리기 때문에 세상에 드러나지 않는 경우도 있다.[266] 정치를 시행할 때의 득실을 살펴보면 난국을 다스리는 데에는 적합하지만, 그것으로 평온한 상황을 다스리는 데는 기묘함이 없다.[267] 역사인물로는 범려(范蠡)와 장량(張良)이 있다.

⑥ 장비(臧否): "청절가의 지류로 널리 남을 헤아리지 못하고 비방하고 흉보기를 좋아하며 시비를 분별하니 이것을 장비라고 한다."[268] 장비는 비록 덕행이 아름다우나, 너그럽지 못하고 옳고 그

---

263) "立法成治, 其弊也. 爲群枉之所讎. 故功大而不終." 위의 책, 「利害」.
264) "宜於治侈, 以之治弊則殘." 위의 책, 「材能」.
265) "思通道化, 策謀奇妙, 是謂術家." 위의 책, 「流業」.
266) "運籌通變. 其退也, 藏於隱微. 其爲業也, 奇而希用, 故或沉微而不章." 위의 책, 「利害」.
267) "宜於治難, 以之治平則無奇." 위의 책, 「材能」.

름을 따지기 좋아하기 때문에 살피고 적발하는 재능인 사찰지능(司察之能)으로 잘못을 지적하여 처분하는 교육계 보좌 임무를 맡는다. 장비가 일을 처리하는 방식은 시비를 가리는 데 근본을 두고, 원칙은 청렴하며 날카롭다. 때문에 옳고 그름을 확실하게 구분하는 장점은 있지만, 헐뜯는 사람들에게서는 원망을 받게 되는 단점이 있다. 따라서 너무 엄격하고 여유롭지 못하여 처음에는 지지를 받을 수 있지만 시간이 흐를수록 사람들의 지지를 잃기도 한다.[269] 정치를 시행할 때의 득실을 살펴보면 간교함을 바로잡는 데에는 적합하지만, 그것으로 변방을 다스린다면 민중을 잃게 되는 수가 있다.[270] 역사인물로는 자하(子夏)의 제자들이 있다.

⑦ 기량(伎倆): "법가의 지류로 생각을 창출하여 원대함을 도모하지는 못하지만 한 관직의 책임을 맡을 수 있으며 잘못된 기교나 지모를 쓰기 좋아하니 이것을 기량이라고 한다."[271] 기량은 때에 맞춰 계획을 세우는 권기지능(權奇之能)으로 법가의 특징을 구비하고 있으며 토목·건축 등의 사공(司空)의 임무와 공예·기술을 진작시키는 일을 맡는다. 기량이 일을 처리하는 방식은 일 처리 능력에 근본을 두며 정확하게 판단하면서도 신속히 처리한다. 번잡한 일을 정리하고 사악한 무리의 죄과를 규명할 수 있는 장점은 있지만, 백성을 수고롭게 하고 아랫사람을 피곤하게 하는 폐단이 있다.[272] 정치를 시행할 때의 득실을 살펴보면 부유한 상황을 다스

---

268) "清節之流, 不能弘恕, 好尙譏訶, 分別是非, 是謂臧否." 위의 책, 「流業」.

269) "變察是非, 其蔽也, 爲詆訶之所怨. 其爲業也, 峭而不裕, 故或先得而後離衆." 위의 책, 「利害」.

270) "宜於糾姦, 以之治邊則失衆." 위의 책, 「材能」.

271) "法家之流, 不能創思圖遠, 而能受一官之任, 錯意施巧, 是謂伎倆." 위의 책, 「流業」.

리는 데에는 적합하지만, 그것으로 가난한 상황을 다스린다면 힘들고 곤궁하게 될 것이다.273) 역사인물로는 장창(長敞)과 조광한(趙廣漢)이 있다.

⑧ 지의(智意): "술가의 지류로 새롭게 제도를 만들어 법칙을 전하지는 못하지만 변화를 당하여 책략을 쓸 수 있어서 임기응변의 지혜는 유여하나 공정함이 부족하니 이것을 지의라고 한다."274) 지의는 덕으로 사람을 교화하는 인사의 재능이 있어 술가의 특징을 가지고 있으며 육부의 보좌, 총재의 보좌의 임무와 여론을 조화롭게 조정하여 화합하게 하는 일을 맡는다. 지의가 일을 처리하는 방식은 남의 마음을 헤아리는 데 근본을 두며 그 도리는 순리로 거스름이 없다. 따라서 주도면밀하게 계획하여 일을 성사시키는 장점은 있지만, 명성을 구하길 좋아해 진퇴를 모르는 폐단이 있다. 순간적인 재치는 있지만 오래 지탱하기가 어렵다. 그러므로 경우에 따라 처음에는 이로울지라도 나중에는 해롭게 된다.275) 정치를 시행할 때의 득실을 살펴보면 새로운 상황을 다스리는 데에는 적합하지만, 그것으로 옛 상황을 다스린다면 헛되어 내용이 없다.276) 역사인물로는 진평(陳平)과 한안국(韓安國)이 있다.

⑨ 문장(文章): "글을 짓고 책을 지을 수 있는 것은 문장이라고 한다."277) 문장의 재능은 국가의 대사를 기록하는 국사의 임무에

---

272) "理煩絲邪 其蔽也, 民勞而下困 故爲治之末也." 위의 책, 「利害」.
273) "宜於治富, 以之治貧則勞而下困." 위의 책, 「材能」.
274) "術家之流, 不能創制垂則, 而能遭變用權, 權智有餘, 公正不足, 是謂智意." 위의 책, 「流業」.
275) "讚明計慮 其蔽也, 知進而不退, 或離正以自全, 故或先利而後害." 위의 책, 「利害」.
276) "宜於治新, 以之治舊則虛." 위의 책, 「材能」.
277) "能屬文著述, 是謂文章." 위의 책, 「流業」.

적합하다. 역사인물로는 사마천(司馬遷)과 반고(班固)가 있다.

⑩ 유학(儒學): "성인의 업을 전할 수는 있으나 일을 주관하여 정사를 베풀 수 없는 것을 유학이라고 한다."[278] 유학자의 재능이 있는 사람은 학문에는 밝으나 일을 주관하여 정사를 베풀 수 있는 재능이 없으며, 백성을 교화하고 편안하게 하는 임무와 간언, 교육에 적합하다. 역사인물로는 모공(毛公)과 관공(貫公)이 있다.

⑪ 구변(口辯): "변론하는 것이 도에 들지는 못하지만 응대에 넉넉한 것을 구변이라고 한다."[279] 논변이 원칙에 맞지 않고 성인의 도에 들어맞지는 않지만 말솜씨가 훌륭하여 외교관, 빈객이나 사신의 접대 등 외교 영업에 적합하다. 역사인물로는 악의(樂毅)와 조구생(曹丘生)이 있다.

⑫ 효웅(驍雄): "담력이 무리에서 빼어나고 재주와 계략이 남보다 뛰어난 것을 효웅이라고 한다."[280] 정치를 시행할 때의 득실을 살펴보면 반란을 토벌하는 데에는 적합하지만, 그것으로 선량한 백성을 다스린다면 포악한 정치가 되는 폐단이 있다.[281] 효웅은 위엄이 있고 담력과 모략이 뛰어난 영웅호걸의 재능으로 엄격하게 군대 통솔하는 장수의 임무로 어지러움을 평정하는 데 적합하다. 역사인물로는 백기(白起)와 한신(韓信)이 있다.

위와 같이 인재에는 대소의 구분이 있어서 그것은 인재의 유형이 다른 것처럼 재능 역시 서로 같지 않기 때문에 그에 따라 맡아야 할 임무에도 차이가 있는 것이다. 따라서 재능에 부합한 임무

---

278) "能傳聖人之業, 而不能幹事施政, 是謂儒學." 위의 책.

279) "辯不入道, 而應對資給, 是謂口辯." 위의 책.

280) "膽力絕衆, 才略過人, 是謂驍雄." 위의 책.

281) "宜於討亂, 以之治善則暴." 위의 책, 「材能」.

를 수여해야 하는데 인재를 제대로 파악을 못하고 임무를 맡기는 오류를 범한다면 인재는 자기의 재능을 마음껏 발휘할 수 없게 되므로 재능에 따라서 직임을 맡기는 원칙을 고수해야 한다.

위의 열두 가지의 재능은 모두 신하의 재질로 자신에게 주어진 임무와 언행에 능숙하게 하는 것을 능력으로 여긴다. 군주는 인재를 적재적소에 잘 쓰는 것, 다른 사람의 말을 잘 들어 주는 것, 상과 벌을 적절히 내리는 것을 덕목으로 삼기 때문에 군주는 진정으로 인재를 알아보고 그 인재를 적재적소에 배치하여 효력을 충분하게 발휘할 수 있어야 한다.

또한 인재를 등용하려는 사람은 인재의 우수성을 파악할 뿐 아니라 그들의 심리상태 및 그가 치우친 단점도 알아야만 한다. 「재리」에서는 '성유구편'(性有九偏)이라고 하여 9가지 종류의 성격을 지닌 사람들의 치우친 단점을 다음과 같이 지적하였다.

① 굳세지만 꼼꼼하지 못한 사람(강략지인: 剛略之人)은 미세한 일을 처리할 줄 모르기 때문에 큰 본체를 논함에는 넓고 고원하지만, 섬세한 이치에 대해서는 거칠게 지나치고 대충 대충 넘어간다.[282]

② 강경하고 엄격한 사람(항려지인: 抗厲之人)은 굽힐 줄을 모르므로, 법대로 곧게 함을 논함에는 포괄 처리하여 공정하지만, 임기응변을 말하는 데는 어그러져서 들어가지 못한다.[283]

③ 단단하고 굳센 사람(견경지인: 堅勁之人)은 그 사실을 시비를 따지고 공격하기를 좋아하므로, 기밀한 이치를 지적하는 데는 뛰

---

[282] "剛略之人, 不能理微 ; 故其論大體則弘博而高遠, 歷纖理則宕往而疏越." 위의 책, 「材理」.

[283] "抗厲之人, 不能迴撓 ; 論法直則括處而公正, 說變通則否戾而不入." 위의 책.

어나게 밝아서 다 통철하지만, 큰 도리에 임하여서는 곧바로 소견을 드러내어 오직 그것만을 주장한다.[284)]

④ 변론을 잘하고 구변이 좋은 사람(변급지인: 辯給之人)은 말이 번거롭고 의견이 예리하므로, 세상일을 추론할 때는 정밀하게 알아서 이치를 궁구하지만, 대의에 임하여서는 널리 거리낌 없이 말하여 주도면밀하지 않다.[285)]

⑤ 시세에 따라 변천하는 사람(부침지인: 浮沉之人)은 차분하게 생각하지 못하므로. 하찮은 사물을 서열 하는 데는 널리 통하여 오만하고 박식하지만, 일의 요체를 세우는 데는 생각만 불꽃같아서 결정하지 못한다.[286)]

⑥ 이해력이 깊지 않은 사람(천해지인: 淺解之人)은 어려운 일을 깊게 이해하지 못하므로, 변설을 듣는 데는 예리한 체하며 기뻐하지만, 정밀한 이치를 살피는 데는 이리저리 동요하여 근거가 없다.[287)]

⑦ 관대하고 인정이 많은 사람(관서지인: 寬恕之人)은 민첩하지 못하므로, 인의를 논함에는 넓고 자상하여 훌륭하지만, 時俗의 일을 따르는 데는 더디고 느려서 미치지 못한다.[288)]

⑧ 온화하고 부드러운 사람(온유지인: 溫柔之人)은 힘을 크고 굳게 쓰지 않으므로, 도를 음미하는 데는 유순하게 따라서 조화롭게 통하지만, 의심스럽고 어려운 일을 헤아리는 데는 막히고 나약하여 다하지 못한다.[289)]

---

284) "堅勁之人, 好攻其事實 ; 指機理則穎灼而徹盡, 涉大道則徑露而單持." 위의 책.
285) "辯給之人, 辭煩而意銳 ; 推人事則精識而窮理, 卽大義則恢愕而不周." 위의 책.
286) "浮沉之人, 不能沉思 ; 序疏數則豁達而傲博, 立事要則爁炎而不定." 위의 책.
287) "淺解之人, 不能深難 ; 聽辯說則擬鍔而愉悅, 審精理則掉轉而無根." 위의 책.
288) "寬恕之人, 不能速捷 ; 論仁義則弘詳而長雅, 趨時務則遲緩而不及." 위의 책.

⑨ 신기한 것을 좋아하는 사람(호기지인: 好奇之人)은 멋대로 행동하여 특이한 것을 추구하므로, 계략과 속임수를 만드는 데는 다른 것에 구애받지 않아서 뛰어나지만, 청정한 도를 살피는 데는 일반적인 도리와 달라서 실제와 거리가 멀다.[290]

이와 같이 성격에 아홉 가지의 치우침이 나타나는 것은 각각 자기 마음에 옳다고 생각하는 것을 따라서 자신의 이치로 삼기 때문이다.

양가락(楊家駱)은, "인재를 잘 임용하는 것은 진실로 인재의 현명함과 우매함을 잘 파악하는 것보다 어렵기 때문에 반드시 인재의 현명함과 우매함을 잘 파악한 후에야 임용을 잘 할 수 있는 것이다"[291]라고 주장하였다. 이처럼 올바른 인재를 등용하기란 어렵기 때문에 인재에 대한 정확하고도 객관적인 정보를 가지고 현명한 인재를 등용할 필요가 있다. 그것은 국가의 정책 수립은 물론이고 국가의 존립에까지 상당한 영향을 미칠 수 있음을 나타내고 있기 때문이다.

유소가 『인물지』에서 인재등용의 원칙과 기준을 제시한 것은 이전의 인재론과는 달리 더욱 광범위하고 상세하다. 그는 각 인재의 심리상태나 성정의 치우침으로 나타나는 장점과 단점을 분명하게 이해하고 나서 적재적소에 인재를 안배할 수 있다면 인재는 그의 장점을 최대한 발휘하여 인재등용에 최대의 효과를 얻을 수 있다는 것이다. 이러한 측면에서 유소의 인재사상은 현대에서도 인재를 식별하고 등용할 때 연구 활용할 가치가 충분하다고 생각된다.

---

289) "溫柔之人, 力不休彊 ; 味道則順適而和暢, 擬疑難則濡懦而不盡." 위의 책.
290) "好奇之人, 橫逸而求異 ; 造權譎則倜儻而瑰壯, 案淸道則詭常而恢迂." 위의 책.
291) "善任固難於知人, 然必知人而後可以善任." 楊家駱 著, 『人物志研究序』.

Ⅳ

상학(相學)에서의 실천적 인재론

01

상학의 기원과 이론체계

상학은 모든 만물의 형상을 관찰하여 그 본질을 궁구하고자 하는 것이며, '사람을 안다는 것', 즉 '지인'(知人)하는 것이 그 목적이다. 따라서 상학은 인간의 외형을 통하여 내면에 함의하고 있는 성정·재능·건강, 나아가 운명을 추론하는 수단으로 여겨졌다.

인간의 몸은 고대로부터 정신의 상대물(Counterpart) 또는 정신과 직접적 상호관계를 갖는 것으로 인지되었다. 사람에게 나타나는 형상 및 몸의 표현은 그 사람의 내면 상태를 드러내 주는 신호일 뿐아니라, 개인 자신에게는 표현의 수단이며, 의사소통의 매개체, 나아가 운명의 표지가 되기도 하였다. 겉으로 드러난 '몸'을 읽는 상학에서는 '인간의 내면이 몸을 통해 외부로 반영된다'는 원리를 기초로 외형을 관찰함으로써 사람의 재질·성격·체질·심리상태·재능과 의지를 읽어낼 수 있다고 보았으며, 나아가 부귀(富貴)·빈천(貧賤)·수요(壽夭)·길흉(吉兇) 등 운명을 추론하는 것까지도 가능하였던 것이다.[292]

---

292) 金娟希, 「相學에 나타난 長壽理論의 연구」, 원광대 석사논문, 2004, p.1.

'상'(相) 또는 '관상'(觀相)293)의 용어를 살펴보면 '관'(觀)은 『설문해자』(說文解字)에서 "관(觀)은 세밀하게 조사하여 살펴보는 것이다"294)라고 하였으며, 범어로는 아바로기다(abarogida), 즉 육안으로 보이는 견(見)의 차원을 초월하여 심안으로 본다는 의미를 함축하고 있다. '상'(相)은 『설문해자』에서 "상(相)은 자세하게 살펴보는 것이다"295)라 하여, 목(目)과 목(木)을 합친 글자로서 눈으로 나무를 살펴보는 것이라고 하였다. 이것은 싹이 트기 시작해서 자랄 때까지의 나무를 보이지 않는 부분까지 자세히 살펴봄으로써 나무의 속성까지 관찰할 수 있다는 것을 의미한다. '관'(觀)이 내면을 세밀히 들여다보는 것이라면, '상'(相)은 내면의 기운이 외부로 드러나 구체적으로 만들어진 형상을 보는 것이라고 할 수 있다. 따라서 관상(觀相)은 외부에 나타난 형상을 통해 그 내면의 상태를 파악하는 것이다.

서양에서의 관상학(physiognomy)은 어원적으로 그리스어 자연(physis) 법칙(nomos) 그리고 판단 또는 해석(gnomon)의 조합에서 나온 것이다. 이에 따르면 관상학은 인간에게 주어진 자연성 또는 자연적 질서를 나타내는 것이라고 해석할 수 있을 것이다.296) 반

---

293) 觀相이란 현대적 용어이며 古典에서는 相이란 용어를 썼다. 현대에서는 觀의 의미와 相의 의미를 복합해서 사용하고 있다. 상학을 고대에서는 '風鑑', 즉 용모나 풍채로써 그 사람의 性情을 알아보는 것이며, 相人術을 할 수 있는 자를 風鑑家라고 하였다. 사람의 面相・骨骼・體形 등의 생리와 사람의 精神・態度・聲氣・擧止 등을 관찰하여 壽夭・貴賤・賢愚・吉凶・禍福 등을 추단하는 일종의 數術 형태이다. 본서에서는 사물이나 사람의 상을 보는 것을 관상으로, 학문적인 논의에서는 상학으로 용어를 통일하고자 한다.

294) "觀, 諦視也"로 諦란 '자세히 조사하다'를 의미하는 것으로 그냥 보는 것이 아니라 자세하고 세밀하게 살펴서 보이지 않는 내밀한 부분까지 보아 깨닫는 것이라고 말할 수 있다. 東漢・許愼 撰, 段玉裁 注, 『說文解字主』.

295) "相, 省視也" 省이란 '살펴보다, 자세하다.'라는 뜻으로 막 돋아나는 풀과 같이 작은 것도 자세하게 살펴본다는 것을 의미한다. 위의 책.

면, 동양에서의 상학은 사람의 상을 천지의 형상 그대로 닮은 자연계의 일부로 생각하여 자연의 이치를 인체에 그대로 적용시켜 판단하였다. 이는 서양의 관상학에서 말하는 '인간에게 주어진 자연성' 또는 '자연적 질서를 나타내는 것'이라고 해석하는 것과 기본적 의미를 같이한다고 볼 수 있다.

1) 상학의 성립과 발전

인류의 역사에서 상학이 정확히 언제 시작되었는지는 분명치 않다. 상고 시대 고대인들은 자신들의 생활을 영위하기 위해 천지자연의 변화와 주위 환경을 관찰하고 예측하지 않을 수 없었다. 자연의 변화에 어떻게 대처하느냐에 따라서 길흉이 따를 수밖에 없었기 때문이다. 따라서 그들은 하늘의 상에 나타나는 천문의 관계, 땅의 상에 나타나는 지리적 조건 등을 관찰할 수밖에 없었다.

복희씨는 '하늘을 우러러 일월성신의 변화를 관찰하였고, 아래로 구부려 땅을 관찰한 관법(仰則觀象于天, 俯則觀法于地)'으로 괘를 작성하였는데, 역의 팔괘는 상형자로 자연 제반의 형상을 관찰한 사유로 만든 것이라고 할 수 있다. 『주역』의 비괘(賁卦) 단전(象傳)에 "천문을 관찰하여 시절의 변화를 살피고, 인문을 관찰하여 천하를 교화하여 이룬다"[297]라는 기록은 하늘의 일월성신의 상황을 관

---

296) Melissa Percival, *The Appearance of Character: Physiognomy and Facial Expression in 18th Century France*, London, 1999, p.8.

297) 賁卦 象曰 "且如觀乎天文 以察時變 觀乎人文 以化成天下." 『周易』.

찰하면 시절의 변화를 알아 적절하게 대처할 수 있고, 인간의 인륜과 예악의 상황을 관찰하면 사람의 마음을 이해할 수 있어 천하를 교화시킬 수 있다는 것이다.

이와 같이 형상을 살피게 된 까닭은 자연경관을 관찰하고 사유하여 얻은 종합적인 결과로 삶에 대처하기 위한 것이었다. 자연에 대한 관찰은 점점 발전하여 자연 속에서 뛰노는 동물들에게서 상을 취하였고, 가까이는 서로 상대하는 사람을 비롯해 만물들의 상을 보기 시작하였다. 따라서 고대인들은 형상에 대한 사유를 대단히 중요하게 여겨왔으며, 그 형상을 취하여 사물의 의미를 감지하는 것이 상학의 보이지 않는 시작이 되었다고 짐작할 수 있다.

상학이 어느 시기부터 성립했는지는 분명하지 않지만 고대로부터 상술이라는 이름으로 인사의 기본 척도로 활용되어 왔다. 상학에서 인재란 단어가 직접적으로 언급되어 있지는 않았지만 상고시대의 요·순 제왕 이후 하·은·주 삼대의 개국 군주가 인재를 선발할 때, 그 사람의 용모·안색·언어·목소리·풍채·태도 등을 통하여 인재를 심사하고 선정하였다는 것을 문헌상의 기록을 통해서 상학이 인재 품평에 적용되었음을 알 수 있다.

『대대례기』(大戴禮記)「소한」(少閒)의 기록을 보면 매우 이른 시기부터 관상은 사람을 파악하는 방법 중 하나로 활용되었던 것으로 보인다. 『대대례기』「소한」의 기록에 의하면,

> 옛날 요임금은 용모(狀)를 보고 사람을 선발하였고, 순임금은 안색을 보고 사람을 선발하였으며, 우임금은 언어를 보고, 탕임금은 목소리를 듣고, 문왕은 풍도를 보고 사람을 선발하였다.[298]

이미 상고시대부터 사람의 관상은 인재선발의 중요 참작 원칙으로 삼았으며, 관상을 볼 때에는 얼굴만 국한하지 않고 신체 전반을 살폈음을 알 수 있다. 인재를 평가하고 선정하는 일종의 방법으로서 아직 상학이라고 할 수 없을지는 모르겠지만 그것이 후에 상학의 발전에 확실히 깊은 영향을 끼쳤음을 알 수 있다.

이와 같이 고대인들은 사람의 관상을 보고 인재선발의 중요 참작 원칙으로 삼았는데, 선진 시대에서는 군왕과 신하의 제휴 관계, 왕가의 길흉 등 군왕을 위한 상법이 있었고, 춘추전국시대에는 사대부 귀족계층에서 중시되다가 동주시대부터 본격적으로 적용되기에 이른다.

『인물지』가 찬술된 위진 시대까지 상학의 성립 전개를 개략적으로 살펴보면 다음과 같다.[299]

춘추전국시대에는 관상을 통해 사람을 파악하는 중요한 수단으로 삼았을 뿐 아니라 그 사람의 길흉을 예측하기 시작하였다. 관상을 판단하는 기준으로는 목소리, 얼굴의 특징과 기색을 살피는 것이었다. 자문(子文)이라는 관상가는 초나라 사마 자량(司馬 子良)이 자월초(子越椒)을 낳자 그 아이의 관상을 보고 말하기를,

"반드시 이 아이를 죽여야 한다. 이 아이는 곰과 호랑이 용모에 승냥이와 이리의 소리를 지니고 있으니 죽이지 않으면 반드시 약오씨(若敖氏) 집안이 멸망할 것이다. 속담에 이르기를, '낭자야심'(狼子野心)이라 했는데, 이 아이가 이리와 같으니 양육할 수 있겠는가?"[300]

---

298) "昔堯取人以狀, 舜取人以色, 禹取人以言, 湯取人以聲, 文王取人以度." 『大戴禮記』 「少間」第76.

299) 金娟希, 앞의 논문, Ⅱ. 相學이론의 성립과 발전 참조.

300) 宣公 4년, "子文曰, '必殺之! 是子也, 熊虎之狀而豺狼之聲. ; 弗殺, 必滅若敖氏矣.

라고 했는데, 어린 아이의 목소리와 용모를 보고도 그 아이의 미래를 예측할 수 있었다. 목소리 또한 중요한 판단 기준으로 이리나 승냥이 소리(시랑지성; 豺狼之聲)와 비슷한 것을 가장 흉한 소리로 보았다. 고대에 '시'(豺)와 '랑'(狼) 두 동물은 탐욕이 많고 잔인한 동물의 상징으로 악독한 사람을 비유할 때 쓰는 표현이었다.[301] 따라서 이러한 동물의 울음소리와 비슷한 목소리는 타인을 해할 뿐 아니라 자신도 타인에게 해를 당한다고 보았다. 기원전 578년 왕손설(王孫說)이란 사람이 숙손교여(叔孫僑如)의 관상을 보고 평가한 기록을 보면, 얼굴의 특정 부위의 형세를 보고서 판단하기도 하였다.

> 간왕(簡王) 8년에 노나라 성공(成公)이 조빙하기 위해 먼저 숙손교여(叔孫僑如)에게 조빙의 예를 행하게 한 후 곧 성공이 조빙할 것을 아뢰게 했다. 왕손설(王孫說)을 만나 그와 함께 대담을 하였다. 왕손설이 왕에게 말하기를, "노나라 숙손(叔孫)이 온 것은 반드시 다른 뜻이 있어서일 것입니다. ……또한 그 사람(叔孫僑如)의 용모가 상정(上停)은 반듯하지만 하정(下停)은 예리하니 사람을 해할 것입니다. ……"고 하였다.[302]

왕손설은 숙손교여의 관상이 "상정(上停)은 반듯하지만 하정(下停)은 예리하니 사람을 해할 것"이라 한다. 상학에서 상정과 하정은 사람의 얼굴을 살피는 데 중요한 부분인데, 이 시기에 이미 얼굴을 세부적으로 나누어 사람을 판단하였다는 것을 알 수 있다.

맹자는 눈동자를 통해서 선한 마음과 악한 마음을 살필 수 있다고

諺曰, <狼子野心.> 是乃狼也, 其可畜乎?"『左傳』「宣公」.

301) "嫂溺不援, 是豺狼也."『孟子』「離婁上」. ; 董卓乃豺狼也, 引入京城, 必食人矣."『三國演義』第3.

302) "簡王八年, 魯成公來朝, 使叔孫僑如先聘且告. 見王孫說, 與之語. 說言於王曰. ; '魯叔孫之來也, 必有異焉. ……且其狀方上而銳下, 宜觸冒人. ……'"『國語』「周語」.

한다. 물론 맹자는 전문적인 관상가는 아니지만 그의 말을 통해 전국 시대 사람들이 사람을 어떤 방식으로 판단했는지 살펴볼 수 있다.

맹자가 말하기를, "사람을 관찰할 때에는 눈동자를 살피는 것보다 좋은 것이 없다. 눈동자는 그 사람의 악한 마음을 감출 수 없기 때문이다. 마음이 바르면 눈동자는 밝으며, 마음이 바르지 않으면 눈동자도 어둡다. 그 사람의 말을 들을 때 그 눈동자를 관찰한다면 사람이 어찌(선악을) 감출 수 있겠는가?"고 하였다.[303]

이처럼 사람을 판단하는 하나의 방식으로 관상은 일반화된 것이었으며 당시 매우 유행했다는 것을 알 수 있다. 관상을 볼 때 용모와 목소리, 기색을 통하여 사람의 길흉을 예측한 점 등은 이 시기에 이미 어느 정도 관상 이론이 정착되었을 것으로 생각된다. 이러한 경향들은 양한 시대에도 계속 이어졌다.

양한 시대의 상학은 이미 일반인들에게 많이 보급 되었으며 형상과 기색, 육친(六親)의 단계, 오악(五岳)의 개념, 음성, 경(頸), 견(肩)의 상법까지 형성되어 진전을 가져왔다.

한(漢) 고조(高祖)는 관상에 대한 관심이 많았는데, 『전한서』(前漢書) 「고제기」(高帝紀)에 보면 고조가 군주가 되기 전에 앞으로 자신과 자신의 가족들이 모두 귀한 신분이 될 것이라는 소리를 어떤 관상가로부터 듣게 된 고사가 기록되어 있다.

고조(高祖)가 전렵에서 곧 돌아온다는 소식을 듣고 여후(呂后)와 두 아이들이 사냥터에 머물러 있었다. 어떤 노인이 지나다가 마실 것을 청하자 여후가 먹을 것을 주었다. 노인이 여후의 관상을 보고 말하기를, '부인께

---

303) "孟子曰, '存乎人者, 莫良於眸子. 眸子不能掩其惡. 胸中正, 則眸子瞭焉, 胸中不正, 則眸子眊焉. 聽其言也, 觀其眸子, 人焉廋哉?'" 『孟子』「離婁上」.

서는 천하의 귀인입니다.'고 하였다. 두 아들의 관상을 보았는데, 효혜제
(孝惠帝)를 보고 말하기를, '부인께서 귀인이신 이유는 바로 이 아이 때
문입니다.'고 하였다. 노원공주(魯元公主)의 관상을 보고 모두 귀하다고
하였다. 노인이 떠난 후 고조가 막 방사로 돌아오자 여후가 이 사실을 모
두 말하기를, '어떤 객이 지나다가 저와 자식들의 관상을 보고 말하기를
모두 대귀하다 하였습니다.'라고 하였다. 고조가 묻자 '멀리 가지는 못하
였을 것입니다.' 하였다. 곧 그 뒤를 쫓아가 노인에게 물었다. 노인이 말
하기를, '부인과 자식들이 모두 귀한 이유는 군주 때문인데, 군주의 관상
은 더욱 귀하십니다.'라고 하였다. 고조가 사례를 하며 말하기를, '노인의
말이 사실이라면 그 은혜를 잊지 않겠습니다.'라고 하였다. 고조가 마침
내 귀하게 되었으나 노인이 어디에 살고 있는지 알 수 없었다.[304]

한(漢) 문제(文帝)와 무제(武帝) 또한 관상 보는 일을 좋아하였는데,
이 역시 관상이 당시 상당히 유행하는 술수 분야였음을 의미한다.

이릉(李陵)이 전투에 패배한 곳은 변방 요새에서 100리가량 떨어져 있다
는 소식을 변방 요새로부터 알려 오자 한 무제는 이릉이 전사하기 원했
다. 이릉의 모친과 처를 불러 관상가에게 보이니 상을 당할 기색이 없었
다. 후에 이릉이 항복했다는 소식이 들렸다. 한 무제가 매우 노하여 진보
락(陳步樂)을 질책하자 진보락이 자살하였다.[305]

서한 초기의 유명한 관상가인 허부(許負)[306]는 하내지방의 관리

---

304) "高祖嘗告歸之田. 呂后与兩子居田中, 有一老父過, 請飮, 呂后因餔之. 老父相后
曰, '夫人天下貴人也.' 令相兩子, 見孝惠帝, 曰, '夫人所以貴者, 乃此男也.' 相魯
元公主, 亦皆貴. 老父已去, 高祖适從旁舍來, 呂后具言, '客有過, 相我子母皆大
貴.' 高祖問, 曰, '未遠' 乃追及, 問老父. 老父曰, '鄕者夫人兒子皆以君, 君相貴不
可言.' 高祖乃謝曰, '誠如父言, 不敢忘德.' 及高祖貴, 遂不知老父處."『前漢書』
卷1上,「高帝紀」第1上.

305) "陵(李陵)敗處去塞百餘里, 邊塞以聞. 上(漢武帝)欲陵死戰, 召陵母及婦, 使相者視
之, 無死喪色. 後聞陵降, 上怒甚, 責問陳步樂, 步樂自殺."『漢書』卷54,「李廣蘇
建傳」第24.

306) 許負의 행적이『漢書』『史記』등에 실려 있다. 許負는 후한시대의 관상가로 耳目
口鼻 모형을 최초로 기록한 책인『人倫識鑑』을 저술하였다. 허부는 진나라 말경 당
대의 韓信의 관상을 보아 준 후 그의 운명을 정확하게 예견하였으며, 許負는 叔服,
姑布子, 唐擧와 더불어 4대 관상학자이다.

였던 아부(亞夫)의 관상을 보고 말하기를,

> 앞으로 3년 이후에 제후가 될 것이며, 제후로 봉해진 지 8년 후에는 장
> 상이 되어 나라의 권력을 장악할 것이니 귀함이 많을 것이며, 견줄 만한
> 사람이 없을 것입니다. 9년 후에는 굶게서 굶어 죽을 것입니다. ······허부
> 가 아부의 입을 가리켜 말하기를, 법령(法令)이 입으로 들어가는데 이것
> 은 굶어 죽는 암시가 있습니다.[307]

　과연 3년이 지나자 아부는 제후로 봉해졌으나 한 경제(漢景帝)
때 옥사하여 5일 동안 먹지 못하고 피를 토하고 죽고 말았다. 여
기서 '법령(法令)이 입으로 들어가면 굶어 죽을 암시'가 있다는 언
급은 후대 상학이론에서 궁핍하게 될 수 있거나 소화 기능의 장애
를 암시하는 것으로 해석된다.
　한대 역시 춘추전국시대와 마찬가지로 관상을 판단하는 주요 항
목으로 얼굴의 생김새와 목소리, 기색, 풍모였다.

> 왕망(王莽)은 큰 입에 오그린 턱을 지니고, 돌출된 눈에 적색을 띠고 있
> 으며, 큰 목소리에 쉰 소리를 하며, 키는 7척 5촌이고, 두터운 신발을 신
> 고 높은 관을 쓰기를 좋아했으며, 털이 달린 옷으로 치장하고, 가슴을 펴
> 고 시선을 높이 두며, 좌우를 내려 보았다. 이때 중앙[黃門]에 방기술(方
> 技術) 관직인 대조(待詔)에 등용된 자가 있었는데, 어떤 사람이 왕망의
> 형모에 대해 물었다. 대조가 말하기를, '왕망은 올빼미 눈과 호랑이 입,
> 시랑의 목소리를 지닌 것이라 할 수 있습니다. 따라서 사람을 해할 수 있
> 으며, 또한 다른 사람들에게 해를 당할 수 있습니다.'고 하였다. 질문자가
> 그것을 고하자 왕망이 대소를 죽이고 그 사실을 알린 자에게 관직을 하
> 사하였다. 후에 왕망은 항상 부채 비슷한 가리개로 얼굴을 숨겨 가까운
> 사람조차 그의 얼굴을 볼 수 없었다.[308]

---

307) "曰君, '後三歲而侯. 侯八歲爲將相, 持國秉, 貴重矣, 於人臣無兩. 其後九歲而君餓
　　死.' ······許負 指其口曰, '有從理(法令)入口, 此餓死法也.'" 『史記』 卷57, 「絳侯周
　　勃世家」 第27.

위의 기록에서 보듯이 왕망의 입 모양과 턱의 모양, 눈의 형태와 눈빛, 목소리의 음색, 키, 풍모 등 비교적 자세하게 묘사되어 있는 것으로 보아 관상을 보는 방법이 이전과는 달리 비교적 정교해졌음을 알 수 있다. 특히 얼굴 중 이마에 나타나 있는 골격 또한 관상의 중요한 판단 기준이기도 했다. 『후한서』「주경왕두마류부견마열전」(朱景王杜馬劉傅堅馬列傳)에 보면 이마의 '일각'(日角)이 두드러지면 귀한 관상이라는 언급이 보인다.

> 세조는 (주우를) 대사마로 삼아 하북을 토벌하게 하였고, 다시 주우를 호군으로 삼아 항상 옆에 두고 중앙에 머물게 했다. 주우가 연나라와 대치하면서 말하기를, '장안에 정난이 일어날 것입니다. 공께서는 이마에 일각이 뚜렷한 상이 있으니 이는 천자의 명입니다.'고 하였다.[309]

이처럼 한대에는 춘추전국시대와 동일한 기준으로 관상을 보긴 했어도 이전 시대보다는 좀 더 세밀하게 관상을 보았다는 점과, 다른 점술 방법과 병행하여 종합적으로 판단하였다는 점이 두드러진 특징이다.

삼국시대의 상법은 양한 시대에 비해 진일보하였으며, 위나라의 유명한 관상가인 주건평(朱建平)과 관로(管輅)가 있었다. 『삼국지』「위서·방기전」에 보면 주건평은 특히 사람의 수명을 잘 본 관상가로 유명하며,[310] 관로 역시 당시 유명한 관상가였다.

---

308) "莽(王莽)爲人侈口蹙顄, 露眼赤精, 大聲而嘶, 長七尺五寸, 好厚履高冠, 以氂裝衣, 反膺高視, 瞰臨左右. 是時有用方技待詔黃門者, 或問以莽形貌, 待詔曰, '莽所謂鴟目虎吻豺狼之聲者也, 故能食人, 亦當爲人所食.' 問者告之, 莽誅滅待詔, 而封告者. 後常翳雲母屏面, 非親近莫得見也." 『漢書』 卷99,「王莽傳第」第69.

309) "及世祖爲大司馬, 討河北, 復以佑爲護軍, 常見親幸, 捨止於中. 佑侍燕, 從容曰, '長安政亂, 公有日角之相, 此天命也.'"『後漢書』 卷22,「朱景王杜馬劉傅堅馬列傳」第12.

관로(管輅)의 자는 공명(公明), 평원인이다. ……관로의 족형 효국(孝國)은 척구에 살았는데 관로는 그를 따라가 두 명의 손님과 어울렸다. 손님이 떠나자 관로가 효국에게 말하기를, '저 두 사람은 천정(天庭 ; 이마 윗부분)과 입과 귀 사이가 모두 흉한 기운이 있어 모두 이변이 일어날 조짐이 있으며……' 수십 일이 지난 후 함께 수레를 타고 가다가 소가 놀라 길 아래 장하로 떨어져 모두 익사하였다. ……관로가 말하기를, '내 이마 위에는 뼈가 솟지 않았으며, 눈에는 정기(精氣)를 지키지 못하고, 코에는 양교(梁校)가 없으며, 다리에는 천근(天根)이 없고, 등에는 삼갑(三甲)이 없으며, 배에는 삼임(三壬)이 없는데, 이 모두가 오래 살지 못할 조짐이다. ……나의 전후 상과 같은 사람 중 죽은 자가 100명을 넘으니 대체로 착오가 없었다.'고 하였다. 이 해 8월 소부승(少府丞)이 되었고, 그 이듬해 2월 죽었으니 그의 나이 48세였다.[311]

관로는 족형인 효국의 두 손님의 관상을 보고서는 '저 두 사람은 천정(天庭)과 입과 귀 사이가 모두 흉한 기운이 있어 모두 이변이 일어날 조짐이 있다'고 판단하였는데, 눈썹과 입과 귀 사이에 나타난 기색을 통해 그들에게 일어날 재앙을 미리 예측하였다. 특히 자신의 관상을 보고, '이마 위에는 뼈가 솟지 않았으며, 눈에는 정기(精氣)를 지키지 못하고, 코에는 양교(梁校)가 없으며, 다리에는 천근(天根)이 없고, 등에는 삼갑(三甲)이 없으며, 배에는 삼임(三壬)이 없기 때문에 자신이 오래 살지 못할 것이라 예견'하기도 하였다. 얼굴의 기색과 이마의 뼈, 눈의 정기, 비량, 신체 전체 등

---

310) "朱建平, 沛國人也. 善相術, 於閭巷之間, 效驗非一. 太祖爲魏公, 聞之, 召爲郞. 文帝爲五官將, 坐上會客三十餘人, 文帝問己年壽, 又令遍相衆賓. 建平曰, '將軍當壽八十, 至四十時當有小厄, 願謹護之.' ……文帝黃初七年, 年四十, 病困. 謂左右曰, '建平所言八十, 謂晝夜也, 吾其決矣.' 頃之, 果崩." 『三國志·魏書』 卷29, <方技傳> 第29.

311) "管輅字公明, 平原人也. ……輅族兄孝國, 居在斥丘, 輅往從之, 與二客會. 客去後, 輅謂孝國曰, '此二人天庭及口耳之間同有兇氣…… 複數十日…… 夜共載車…… 皆卽溺死也…… 輅曰, '吾額上無生骨, 眼中無守精, 鼻無梁校, 脚無天根, 背無三甲, 腹無三壬, 此皆不壽之驗…… 吾前後相當死者過百人, 略無錯也.' 是歲八月, 爲少府丞. 明年二月卒, 年四十八." 위의 책.

을 종합적으로 살피는 일은 이미 앞서 언급한 문헌에 나타나 있다. 그러나 특징적인 부분은 '다리의 천근(天根)', '등의 삼갑(三甲)', '배의 삼임(三壬)' 등을 언급한 것이다. 이것은 신체 각 부위의 특징 또한 관상을 보는 중요 항목이었다는 것을 보여 준다. 따라서 삼국시대에는 상학 이론이 이전 시대보다 더욱 구체화되었고 정밀해졌음을 알 수 있다.

위진남북조시대는 면상·수상에 나타난 문양도 중요시하였다. 특히, 위진남북조시대는 달마대사가 인도로부터 중국으로 건너오게 되면서 불교와 접목되었다. 달마대사의 관상비법이 제자들에게 비전되면서 선가에서는 도교 쪽으로, 불가에서는 불교 쪽으로 각각 연구되었으며, 새로운 상학 용어들이 나타나기 시작하였다. 위진남북조시대의 유명한 관상가로는 진훈(陣訓)이라는 사람이 있었는데, 그는 어려서부터 신비한 학문을 좋아하였고, 천문·산력(算曆)·음양·점후(占候)·풍각(風角)에 능통하였다.[312] 또한, 진훈 외에도 사규(師圭)라 불리는 관상가가 있었는데, 그는 관상과 함께 수상을 잘 보았다고 한다.

> 관상을 잘 보는 사규(師圭)가 도간(陶侃)에게 말하기를, '군께서는 좌수 중지에 수리(豎理 ; 수직으로 난 문양)가 있어 공후(公侯)가 될 것입니다. 만약 그 문양이 위로 향한다면 매우 귀하게 될 것입니다.'라고 하였다. 도간이 침으로 그것을 찔러 피를 내고는 벽에 뿌려 '공'(公) 자를 만들어 종이에 스며들게 하자 '공'(公) 자가 더욱 분명해졌다. 마침내 팔주의 도독이 되었고, 높은 자리에 올라 병권을 장악하였다. 은밀하게 제위에 오르려는 야심을 감추고 있었으나 날개가 꺾긴 조짐을 생각하고는 스스로 뜻을 꺾었다.[313]

---

312) "陳訓字道元, 歷陽人. 少好祕學, 天文·算曆·陰陽·占候無不畢綜, 尤善風角." 『晉書』「列傳」第65.

위의 기록으로 보아 수상은 넓은 의미에서 상학의 한 분야에 속했다. 양무제(梁武帝) 고조(高祖)는 태어날 때부터 특이한 관상을 지니고 있었는데, 특히 그의 수상에 '무'(武) 자 문양이 있었다고 한다.

고조는 태어날 때 기이했다. 두 사타구니에 병골(駢骨)이 있었는데 머리 쪽으로 융기하고 있었고, 우수에 '무'(武) 자 문양이 있었다.[314]

따라서 다리에 나타난 특징과 손에 나타난 특별한 문양 역시 관상을 보는 중요한 요소였음을 알 수 있다. 이 또한 상학 이론이 발전한 증거이다. 진훈과 사규 이외에도 이 시기에 유명한 관상가들이 많았는데, 당문(唐文)[315]이라는 관상가가 있었으며, 목소리만으로 관상을 잘 보았던 맹인 오사(吾士)가 있었고, 황보옥(皇甫玉), 해법선(解法選) 등이 유명했다.[316]

수·당 시대에는 다양한 술수 분야가 체계를 갖춘 시기로 일차적 상법의 교체시기이다. 상학 이론이 학문적 체계를 본격적으로 갖추게 된 것도 바로 이 시기라 할 수 있다. 따라서 상학 관련 서적이 역사서[317]에 대량 나타나는데, 이것은 이때 상학 이론이 거의

---

313) "有善相者師圭謂侃曰, '君左手中指有豎理, 當爲公. 若徹於上, 貴不可言.' 侃以針決之見血, 灑壁而爲「公」字, 以紙裹,「公」字愈明. 及都督八州, 據上流, 握强兵, 潛有窺窬之志, 每思折翼之祥, 自抑而止." 위의 책,「列傳」第36.

314) "高祖…… 生而有奇異, 兩胯駢骨, 頂上隆起, 有文在右手曰「武」."『梁書』卷1,「本紀」第1 <武帝上>.

315) 『魏書』卷22,「列傳」第30에 그의 행적이 기록되어 있다.

316) 吾士, 皇甫玉, 解法選의 행적에 대해서는『北齊書』卷49,「列傳」第41 <方伎>편을 참조.

317) 『隋書』卷34,「志」第29「經籍」3에 수록된 相書 ;『相書』46卷 ; 蕭吉 撰『相經要錄』2卷 ;『相經』30卷 ; 鐘武隷 撰『相書』11卷 ; 樊, 許, 唐氏『武王相書』1卷 ;『雜相書』九卷 ;『相書圖』7卷 ;『相手板經』6卷 ; 梁『相手板經』;『受版圖』; 韋氏『相板印法指略抄』; 魏徵東將軍 程申伯『相印法』各1卷.『新唐書』卷59「志」

확립되었음을 의미한다. 송·원 시대는 상법의 이차적 교체시기로
상학 문헌318)이 다양하게 나왔으며, 명·청 양대의 상법319)은 역대
적 상법을 종합한 서민적 상법으로 일반 서민에게까지도 폭 넓게
수용되었으며, 귀족·지식인의 심도 있는 상법은 미미하게나마『빙
감』(冰鑑)에 전해지고 있다.320)

　상학이 한대에서 왕성하게 발전할 수 있던 원인 중의 하나는 오
행학설, 상수역, 수술계통이 성행하였기 때문이라고 할 수 있다.『마
의상법』·『신상전편』·『유장상법』321) 등의 상학서를 보면 이론적
인 기초가 천지인 삼재·음양오행·팔괘 등으로 형성되었는데, 이
러한 관념은 한대의 보편적인 사상으로 상학과 서로 융합되어 발
전했으리라는 추측을 할 수 있다. 유소의『인물지』가 성립된 후한
말·삼국·위진 시대에는 인물품평이 성행하였으며, 이미 일반인

第49에 수록된 相書 ; 袁天綱『相書』7卷.

318)『宋史』卷206, 「志」第159「藝文」5에 수록된 相書 ;『靈骨經』1卷 ;『月波洞中龜鑑』
1卷 ; 袁天綱『相書』7卷 ;『相氣色詩』1卷 ;『察色相書』1卷 ;『女仙相書』3卷 ;
『相氣色圖』5卷 ;『十七家集相書』1卷 ;『形神論氣色經』1卷 ;『相書』2卷 ;『相
書』七卷 ;『相氣色詩』1卷 ;『始(姑)布子卿相法(書)』1卷 ;『朱述相氣色面圖』1
卷 ;『玄靈子祕術骨法圖』1卷 ;『相祿歌』2卷 ;『察色相書』1卷 ;『人鑑書』7卷
;『女仙相書』3卷 ;『相氣色圖』5卷 ;『雲蘿通眞神相』;『柳淸風相歌』2卷 ;『郭
峴述顯光師相法』1卷 ;『十七家集相書』1卷 ;『占氣色要訣圖』1卷 ;『柳陰(隨)
風占氣色歌』1卷 ;『形神論氣色經』1卷 ;『元解訣』1卷 ;『相書』2卷 ;『六神相
字法』1卷 ;『相笏經』3卷 ;『陳混掌相笏經』등.

319)『明史』卷98, 「志」第74 <藝文>에 수록된 相書 ;『袁忠徹古今識鑑』8卷 ;『鮑
栗之麻衣相法』7卷 ;『李廷湘人相編』12卷 등.
『永樂大典』에 수록된 相書 ; 貴賤定格三世相書』一卷(永樂大典本) ;『貴賤定格
五行相書』一卷(永樂大典本).
『欽定四庫全書總目』卷一百十一「子部」二十一 <術數類>에 수록된 相書 ;『月
波洞中記』二券, 一冊, 不著撰人 ;『玉管照 神局』三券, 三冊, 舊題 南唐 宋齋丘
撰 ;『太淸神鑑』六券, 三冊, 舊題 後 周 王 朴撰 ;『人倫大統賦』二券, 二冊,
金, 張行簡撰, 元 薛廷年注.

320) 金娟希, 앞의 논문, Ⅱ. 相學이론의 성립과 발전 참조.

321) 明의 柳莊·袁忠散의 저서로 永樂大帝와 상학에 대한 문답한 永樂百聞이 있다.

들에게 많이 보급되어 상학의 이론이 많이 활용되었음을 가늠할
수 있다.

　이러한 사실들을 감안하여 볼 때 『인물지』에서는 관상에 대한
직접적인 언급을 한마디도 하지 않았다 하더라도 고대로부터 전승
되어 오는 상학 이론에서 결코 이탈되지 않았으며, 실질적인 내용
면에 있어서는 한대에 극성했던 상학과 음양오행설을 원용하여 인
물품평 및 인재의 식별을 이론적으로 체계화시켰을 가능성이 크다.

2) 상학이론의 형성과 전개

　상학은 자연의 이치를 인간에게 적용시켜 인간을 파악하고 그
미래를 유추하는 학문이다. 상학은 천지인 상응 관념과 음양오행설
에 근거를 두고 있다. 이제 상학의 천지인 상응 관념과 음양오행
설에 대해 살펴보자.

(1) 천지인 상응 관념

　천지인 상응 및 음양오행설은 동중서의 천인감응설을 비롯하여
천인합일 등과 함께 기화우주론(氣化宇宙論)322)은 전국시대 말부

---

322) "天地之氣, 合而爲一, 分爲陰陽, 判爲四時, 列爲五行.(天地의 氣가 합하여 하나가
　　되고, 나누어 陰陽이 되고, 四時가 되고 五行이 된다.)" 董仲舒, 『春秋繁露』「五行
　　相生」. ; 班固는『白虎通義』에서 오행의 기를 인의예지신 五常과 배합하여 사람의
　　재질을 논하였다. "五常者, 何謂仁義禮智信也. 仁者, 不忍施生愛人也. 義者宜也,

터 한대에 정립된 사상이다. 특히, 상학에서는 천인합일, 천지인 상응 등 형상과 관련하여 『황제내경』(黃帝內經)의 이론을 다양하게 채택한다. 따라서 『황제내경』과 연계하여 검토할 필요가 있다.

천지인 상응에 대해 『황제내경』에서 '사람과 천지는 서로 응한다(人與天地相應)'라 하였는데, 이는 인간과 자연계가 서로 상응한다는 것을 의미한다. 구조적인 측면에서 인간은 소우주로써 대우주의 축소판이기 때문에 자연계의 모든 변화는 직접적으로 인체에 영향을 미치고 이에 따라 상응하는 변화가 나타나게 된다. 상학에서는 이러한 관점에 의거해서 천지인 상응관계를 폭 넓게 수용하게 되었고, 이를 바탕으로 자연 속에 인간을 대비한 비유방법으로써 사람의 상을 보았다.

『내경』(內經) 「영추・사객」(靈樞・邪客)에는 천지와 인의 상응관계를 아래와 같이 기록되어 있다.

> 황제가 백고(기백)에게 묻기를 '인체의 지절(肢節)이 천지에 상응함이 어떠한 것인지를 듣고 싶습니다' 백고가 말하기를, '하늘은 둥글고 땅은 방(方)한데, 사람은 머리가 둥글고 발이 네모져 있음으로써 천지와 상응합니다. 하늘에는 해와 달이 있고 사람에게는 두 눈이 있으며 ; 땅에는 구주(九州)가 있고 사람에게는 구규(九竅)가 있는 것이며 ; ……하늘에는 우뢰와 번개가 있고 사람에게는 음성이 있으며 ; 하늘에는 사시가 있고 사람에게는 사지가 있으며 ; 하늘에는 오음이 있고 사람에게는 오장이 있으며; 하늘에는 육률이 있고 사람에게는 육부가 있으며 ; ……땅에는 산석(山石)이 있고 사람에게는 높이 솟은 골이 있으며 ; 땅에는 임목(林木)이 있고 사람에게는 모근(募筋)이 있으며 ; 땅에는 취읍이 있고 사람에게는 군육(䐃肉; 기육과 지방이 모인 곳)이 있으며 ; ……사람과 천지가 서로 상응하는 것입니다'라고 하였다.[323)]

斷決得中也. 禮者履道成文也. 智者知也. 獨見聞不惑於事見微者也. 信者知也, 專一不移也. 故人生而應八卦之體, 得五行以爲常仁義禮智信也."(漢 班固 撰, 『白虎通義』, 四庫筆記小說叢書) pp.858－50～51.

사람의 머리는 양(陽)의 상(象)으로 양은 둥근 형상이고 위에 위치하기 때문에 하늘에 응한 것이요, 사람의 발은 음(陰)의 상(象)으로 음은 모난 형상이고 아래에 위치하기 때문에 땅에 응한 것이다. 그러므로 사람의 머리는 하늘을 상징하고 발은 땅을 상징하니, 머리는 하늘처럼 높고 둥글어야 하며, 발은 땅처럼 모가 나고 두터워야 한다는 것이다.

이와 같이 사람의 몸에서까지 자연의 형상을 찾아 부합시키려 했던 천지인 상응 관념은 『내경』의 주된 흐름이었다. 이러한 『내경』의 천지인 상응관념은 상학에서도 그대로 적용된다. 인간의 모습은 자연을 본받으며 인간의 정신 및 신체적 특징들은 자연의 기를 본받는다. 따라서 인간에게 나타나는 신체적 특징들은 자연의 현상과 그 운행을 본받는다. 장행간(張行簡)의 『인륜대통부』(人倫大統賦)에 보면,

> 사람은 음양의 조화를 받고 천지의 형상을 닮았으니 발이 모난 것은 아래의 땅을 본받고 머리가 둥근 것은 위로 하늘을 닮은 것이며, 음성은 우레 소리의 멀리 진동함을 본뜨고, 눈은 해와 달의 서로 바라봄과 같으며, 코와 이마는 산악의 높이 솟음과 같고, 혈맥은 강하의 출렁임과 같으며, 모발은 초목의 수려함과 같고, 골절은 금석의 튼튼함과 같다.[324]

인간은 음양의 정기를 받아 태어났으니 천지와 더불어 살아간다. 하늘은 높고 땅은 낮으니 건곤(乾坤)이 정해졌다. 그러므로 발이

---

323) "黃帝問於伯高曰 : '願聞人之肢節以應天地奈何?' 伯高答曰 : '天圓地方, 人頭圓足方以應之. 天有日月, 人有兩目 ; 地有九州, 人有九竅 ; ……天有雷電, 人有聲音 ; 天有四時, 人有四肢 ; 天有五音, 人有五臟 ; 天有六律, 人有六腑 ; ……地有山石, 人有高骨 ; 地有林木, 人有募筋 ; 地有聚邑, 人有䐃肉…… 人與天地相應者也.'" 『黃帝內經』 「靈樞·邪客」.

324) "惟人稟陰陽之和, 肖天地之狀. 足方兮象地於下, 頭圓兮似天爲上. 音聲比雷霆之遠震, 眼目如日月之相望. 鼻額若山嶽之聳, 血脉如江河之漾. 毛髮兮草木之秀. 骨節兮金石之壯." 張行簡 撰, 『人倫大統賦』(『四庫全書術數類全編·子部』).

모가 난 것은 땅을 본받은 것이고, 머리가 둥근 것은 하늘을 본받은 것이다. 소리로서 인간에게 영향을 줄 수 있기 때문에 우레처럼 멀리 울려야 하고, 양쪽 눈은 태양과 달에 해당하니 만물을 비추어 만물의 정을 알 수 있으므로 눈빛은 맑고 빛나야 한다. 코는 땅의 산악의 땅에 해당하므로 풍륭하게 솟아야 하고, 몸에는 혈맥이 주야로 순환하므로 강하의 흐름과 같다고 한다. 머리카락과 수염 등 인체의 모든 털은 나무와 풀을 상징하므로 맑고 수려해야 하고, 골절은 금석을 상징하니 단단해야 천지인 상응에 따른 자연의 이치에 부합되는 상이다. 따라서 자연의 순리에 따른 상이면 선상(善相)이고 그렇지 못하면 악상(惡相)이라 할 수 있다. 이러한 자연과 인체와의 배합에 대한 관점은 천지인 상응 관념으로부터 형성된 것이라고 볼 수 있다.

(2) 상학에서의 음양오행론

음양오행설은 '자연의 질서와 그 질서에 상응하는 인사 관계를 음양의 소식(消息)과 오행의 순차(順次)를 통하여 해명하려는 학설'325)이다. 춘추시대의 원시 오행학설이 발전하여 진·한시기에 음양오행설이 광범위하게 활용되었다. 이러한 음양오행설은 동양사상에 있어 세계관의 기초일 뿐 아니라 문화적 기초라고 볼 수 있다. 물론 음양오행설은 과학의 발달수준이 매우 저급한 단계에서 형성되었기 때문에 그 속에는 과학적 인식과 비과학적 인식이 혼

---

325) 박정윤, 「陰陽五行說의 성립과 그 理論的 배경」, 고려대 석사논문, 2001, p.94.

재되어 있는 것이 사실이다. 하지만 고대인들은 '음양'과 '오행'을 통하여 자연의 질서를 통일적으로 설명하려 했다는 점에서 단순히 비과학적인 요소라고 단정하기는 어렵다. 또한 음양오행설은 그 세계관 속에서 살아갔던 사람들의 삶의 태도를 결정짓는 기초였다는 점에서 그 시대의 문화현상을 이해하는 데 중요한 요소로 간과되어서는 안 된다.

고대인들의 이러한 관념적인 틀 속에서 음양오행설은 점차 이론화되었으며 자연 현상과 인사의 관계를 설명하는 기본적인 관념으로 자리 잡았던 것이다. 이 때문에 한대에 성립된 음양오행설은 큰 저항 없이 유가, 도가, 불교, 의학, 천문학 등에 폭넓게 수용되어 각각의 사상적 틀을 형성하는 데 큰 영향을 미치게 된 것이다.

이처럼 동양철학의 근저를 이루고 있는 음양오행설은 술수(術數) 분야에서도 폭넓게 활용되었다. 술수란 '자연의 현상에 근거하여 인간의 미래를 예측 하는 것'[326]이다. 『한서』(漢書), 「예문지」(藝文志)에 따르면 술수 분야는 천문(天文)・역보(曆譜)・오행(五行)・시구(蓍龜)・잡점(雜占)・형법(形法) 등을 말한다. 이 가운데 형법은 오늘날 풍수와 상학을 다루는 분야인데, 형법 부분에는 『상인』(相人) 24권의 상서명(相書名)이 기록되어 있다.

이제 음양오행설이 상학에서는 어떻게 응용, 활용되고 있는지 살펴보기로 하자.

「태극도설」(太極圖說)에 "남성과 여성으로서 음양의 양극을 세운다"[327]는 말이 있듯이 소통천(小通天)의 『면상비급』(面上秘笈)에

---

326) 곽위, 「음양오행가의사상」(양계초, 풍우란 외 저, 김홍경 편역, 『음양오행설의 연구』, 서울 ; 신지서원, 1993) p.163.

서는 "양은 남이요, 여는 음인데 이것이 남녀의 음양이다. 남녀의 음양은 고정되어 정해져 있다. 그러나 음양은 남녀의 음양만을 논하는 것이 아니다. 형상에 따른 음양이 따로 있는데, 즉 성격·기색·성음·거동·사상·유형·무형 등 음양이 한 가지만은 아니다"[328]라고 한다. 이 말은 인간의 외면에서부터까지 내면에 이르기까지 그 성정에 따라 다양하게 음양으로 구분된다는 것이다. 그러므로 남자는 비록 양에 속하지만 반드시 음을 겸해서 조화와 균형을 이루어야 하고, 여자는 음이지만 또한 양이 있어 중화를 이루어야만 음양 상제의 조화를 이룰 수 있는 상이 된다. 『면상비급』에서는 상학적인 관점에서 인체의 음양 관계, 양화(陽和)와 음덕(陰德) 등을 상세히 다루고 있다.

> 사람에 있어 음양이란 어느 한 부분만을 말하는 것이 아니다. ……사람에 있어 남녀가 다르다. 남자는 몸 전체는 음인데 생식기만 양(진양)이요, 여자는 모두 양인데 하부만 음(진음)이다. 또한 뼈는 양이고 살은 음이며, 얼굴 좌측은 양이요 우측은 음이다. ……면골이 돌출되어 나타나면 양이요, 면부가 함몰되면 음이다. 음자의 기는 함장 되어 아래로 내려가고, 양자의 기는 노출되어 위로 올라간다. 음의 성정은 정(正)하고 양의 성정은 和(화)한다. 음의 근본은 부드러움을 따르고 양의 근본은 강한 것을 따른다. 음양은 和(화)하지 않거나 순(順)하지 않으면 안 된다.[329]

---

327) "二五之精, 妙合而凝, 乾道成男, 坤道成女. 二氣交感, 化生萬物, 萬物生生, 而變化無窮焉.(음양오행의 精이 묘합하여 응결되면 乾道는 남성을 이루고, 坤道는 여성을 이룬다. 二氣가 서로 감화하여 만물을 낳고, 만물이 계속 생성함으로써 변화가 무궁하게 된다.)" 周敦頤, 『太極圖說』.

328) "陽爲男, 陰爲女, 此男女之陰陽也. 男女之陰陽, 固然有定. 然則所謂陰陽者. 不論男女相中, 亦有形相之陰陽, 及 性格, 氣色, 聲音, 擧動, 思想, 有形, 無形, 無一不有陰陽." 小通天, 『面相秘笈』, 臺北: 小通天相舘, 1982, p.25.

329) "人之陰陽者, 非指某一部份而言也. ……人有男女之別, 男人全體是陰, 生殖器爲陽. 女人周身純陽, 下部一點眞陰. 又曰. 骨爲陽, 肉爲陰, 面左爲陽, 面右爲陰…… 面骨凸顯處爲陽, 面部凹暗處爲陰, 陰者氣藏形而下, 陽者氣露形而上, 陰性宜正, 陽性宜和, 陰本趨柔, 陽本趨剛, 陰陽不可不和不順." 위의 책, p.21.

인용문은 상학적으로 인체 내에서 구분되는 음양을 설명하는 내용으로 음양 조화의 중요성을 강조하고 있다. '음양은 화하지 않거나 순하지 않으면 안 된다(陰陽不可不和不順)'라고 하였는데, 화(和)란 기운이 편안하고 고요하면서 안정된 상태로서 골격이 단정한 것을 말하고, 순(順)이란 살이 고르게 있으면서 색이 윤택한 것을 말한다. 음양이 순하여 못하여, 음이 성하고 양이 쇠하면 육부종(肉浮腫)이 되거나 뼈가 약하게 되며, 양이 성하고 음이 쇠하면 뼈가 노출되고 살이 부족하게 된다. 따라서 음양이 서로 조화를 잃으면 기운이 편안하지 못하여 살과 뼈가 균일하지 못하고 색이 윤택하지 못하여 그 형상이 미흡하다. 이는 음양의 기운이 조화와 균형을 가져서 중화를 이루어야지 어느 한쪽으로 치우쳐 양기만이 태왕하거나 음기만이 태왕한 상태가 되면 안 된다는 것이다.

오행이란 음양의 기운이 활동하는 가운데 생겨난 목화토금수를 말한다. 이 다섯 가지 기운은 우주공간에 충만하여 끊임없이 유동하며 순환한다. 오행의 기운에 따라 사시가 번갈아 바뀌며, 오행의 운행은 음양의 이치에 따라 이루어진다. 상학에서는 오행을 사람의 체상·면상 및 수상 등 전반에 걸쳐 결부시켜 해석하고 있다.

『태극도설』에 "오직 사람만이 빼어난 기를 얻어 가장 영특하니 형체가 생기고 나면 신이 지혜를 발한다. 오행이 감동하여 선악이 나누어지고 만사가 나오는 것이다."[330] "오행이 생성할 때 각각 그 성을 하나씩 가져서…… "[331]라고 하였는데, 이는 각각의 사물에

---

330) "惟人也, 得其秀而最靈, 形旣生矣. 神發知矣, 五性感動而善惡分, 萬事出矣." 周敦頤, 『太極圖說』.
331) "五行之生也 各一其性." 위의 책.

는 오행의 생겨남과 형질이 비록 같지는 않지만 오행이 각각 그 성을 하나씩 간직하면 인의예지신의 이치가 되어 그 하나를 오로지 한다는 것이다.

상학에서는 오행의 기운과 형상에 따른 상을 구분하였는데, 이를 오행형상법(五行形象法)이라고 한다. 오행형상법의 기원이 되는 『내경』 「영추」에서는 오형인을 건강과 질병을 중심으로 설명하고 있다면, 상학에서는 오형인의 형상을 분별하여 인간의 외면에서 내면까지 주요한 성품을 결정짓는 요소들을 사람의 체상·면상 및 수상 등 전반에 걸쳐 결부시켜 구체적으로 해석하고 있다. 예를 들면 면상에서 오악(五岳)을 논할 때에는 오방위에 의거하고 있으며, 오성(五星)은 목화토금수 오행의 별로 명명한다. 외모·성격·음성·행동거지 등 면상에 드러나는 기색도 오행의 색을 적용하였으며, 그 기색을 관찰하여 인체 내의 각 장부에서 발생하는 질병 판단에 활용하는데, 오행의 상생·상극이론을 바탕으로 가감승제를 해서 판단한다.

02

상학의 '지인지감법'(知人之鑑法)

상학에서 사람을 관찰하고 인지해 나가는 방법을 '지인지감법' (知人之鑑法)이라고 한다. 상학의 '지인지감법'은 외부에 나타나는 유형·무형의 상, 즉 몸 전체의 외모인 골격·성음·정신 등 행동의 양태를 관찰하여 인물의 본질을 파악하고 이해하려고 하는 방법이다. 지인하는 목적은 사람의 타고난 본질을 이해하여 각각 타고난 적성에 부합하는 삶을 영위하려는 것이다.

1) 상학의 기본이론

상학은 앞서 살펴본 천지인 상응, 음양오행설 외에도 정(精)·기 (氣)·신(神) 개념과 골상법(骨相法)을 기초로 사람을 식별하는 방법을 제시한다. 상학에서의 정·기·신 개념과 골상법에 대하여 살펴보자.

(1) 형상과 정기신(精氣神)론

정(精)·기(氣)·신(神)은 무형으로서 그 형상을 볼 수는 없으나 정(精)이 있어야 기(氣)를 기를 수 있고, 기(氣)가 있어야 신(神)이 존재할 수 있어 그 빛을 발할 수가 있으므로 형상은 이러한 정·기·신을 바탕으로 이루어진다.

상학에서의 형(形)은 실체·신체332)를 말하는 것으로 『여씨춘추』(呂氏春秋) 「선식람」(先識覽)에서는 "사람이 늙으면 형체가 더욱 쇠하여지니……"333)라고 하였다. 이는 사람의 형상을 보고서 그 상태를 파악할 수 있음을 보여 준다. 형은 유형으로서 실체·신체를 말하는 것이지만, 그 실체를 이루는 기운은 정·기·신은 무형으로서 작용을 하기 때문에 유형과 무형은 서로 떨어질 수 없는 불가분의 관계라 할 수 있다.

정·기·신론은 한대의 『황제내경』이나 『태평경』에서 그 단초가 나타나고 육조시대를 전후로 널리 일반화된 것으로 추측되는데 이상의 세 가지 요소를 종합한 것으로 생각된다. 정·기·신 세 개념이 유기적 관계를 지니며 거론될 때 정(精)은 생명력의 근원을, 기(氣)는 생생 약동한 생명활동을, 신(神)은 생명력에서 나오는 정신적 활동을 의미한다고 할 수 있다.334)

---

332) "形 實體, 身體." 本辭典由教育部國語推行委員會所編錄, 『國語辭典』.

333) "人之老也. 形益衰……" 『呂氏春秋』 「先識覽」.

334) 精은 『管子』 「內業」 등에서는 순일 무잡한 마음의 의미로 사용되었다. 『莊子』 등에서 주로 氣의 순수한 상태를 精으로 표현한 경우가 많음이 발견된다. 漢代에 이르면 房中家를 중심으로 精은 精液이라는 유형한 액체와 동일시되는 경향이 나타난다. 精氣神은 唐末~宋初에는 三奇라 부르고, 조선시대에는 남궁두에 이르러 精氣神을 필수적인 三寶로 보았다.(金洛必, 「權克中의 內丹思想」, 서울대 박사논문, 1990) pp.133 – 134.

『황제내경』「소문」에서 "정은 인체의 근본이다."[335] 「영추·본신」에서 "생명의 내원(來源)을 정이라 하고, 남녀 양정이 교합하여 발현되는 것을 신이라고 한다."[336] 「영추·결기」에서 "양신이 교합하여 형체를 이루는데 항상 형체보다 먼저 생성되는 것을 정이라고 한다."[337] 등등의 표현은 바로 정이 생명의 근원이 된다는 것을 보여 준다. 「본신」에서는 정으로 신을 화생함을 말하고, 「결기」에서는 신으로 정을 화생함을 말하고 있다. "정·기·신은 나누면 삼원(三元)이 되지만 합하면 일물(一物)이다. 신은 기에 의존하고 기는 정에 의존하므로 정이 충족되면 기가 온전하고 기가 온전하면 신이 안정되므로 정이 근본이 된다."[338] 정·기·신은 다른 것 같지만 유기적으로 연결된 하나임을 밝힌 것이다.

「영추·천년」에서는 "신을 잃는 자는 사(死)하고 신을 얻는 자는 생(生)한다. 무엇을 신이라고 하는가? 혈기가 이미 조화되고 영위가 이미 통하고 오장이 이미 이루어져 신기가 심에 합하고 혼백이 다 갖추어지면 비로소 사람이 된다"[339]고 한다. 사람의 생명은 반드시 음양의 기를 합하고 부모의 양정이 교합되어야 형체와 신이 이루어진다는 것을 의미한다.

『회남자』에서는 형과 신의 관계에 대하여 다음과 같이 말하고 있다. "형은 생명이 머무는 집이고, 기는 생명을 충실하게 하는 것

---

335) "夫精者, 身之本也." 『黃帝內經』「素問·金匱眞言論」.
336) "生之來謂之精, 兩精相搏謂之神." 위의 책, 「靈樞·本神」.
337) "兩神相搏, 合而成形, 常先身生, 是謂精." 위의 책, 「靈樞·決氣」.
338) 金洛必,「權克中의 內丹思想」, 서울대 박사논문, 1990, p.136.
339) "失神者死, 得神者生也. 何者爲神? 血氣已和, 榮衛已通, 五藏已成, 神氣舍心, 魂魄畢具, 乃成爲人." 『黃帝內經』「靈樞·千年」.

이며, 신은 생명을 제어하는 것이다. 하나라도 위치를 상실하면 형·기·신 모두 상처를 받게 된다."[340] 형과 신의 관계는 서로 상호 보완 통제하는 관계로 이루어진다는 것이다.[341]

상학에서는 형과 정·기·신을 어떻게 보는가. 『옥관조신국』(玉管照神局)에서는,

> 사람이 생함에 수(水)에서 기(氣)를 받고, 화(火)에서 형(形)을 받는다. 수는 곧 정이고 의지이며, 화는 곧 신이고 마음이다. 정이 합한 후에 신이 생기고, 신이 생긴 후에 형이 온전해지고, 형이 온전한 후에 색이 갖추어진다. 밖으로 드러나 알 수 있는 것은 '형'이라 하고, 심에서 생겨나는 것은 '신'이라 하고, 혈육에 있는 것은 '기'라 하고, 피부에 있는 것은 '색'이라 한다.[342]

고 하였다. 즉 정→신→형→색의 순으로 형상이 갖추어지는데, 형상은 외형으로 드러나고, 신은 마음의 상태이며, 기는 혈육에 있는데 정에서 기를 받으므로 정은 혈이 되며, 색은 피부에서 나타난다. 따라서 정·기·신이 인간 형상의 기본 바탕이 되는 것이다. 『신상전편』에서는 형과 정·기·신에 대하여 다음과 같이 언급하고 있다.

> 기는 기름과 같고 신은 등불과 같으며 형상은 기를 바탕으로 길러지는 것이다. ……형으로서 혈(정)을 기르고 혈(정)로서 기를 기르고, 기로서 신을 기르니, 형이 온전하면 기 또한 온전하다. 기가 온전하면 신 또한

---

340) "夫形者生之舍也, 氣者生之充也, 神者生之制也, 一失位則三者傷矣." 『淮南子』「原道訓」.
341) 자세한 내용은 Ⅲ. 1. 『人物志』의 사상적 연원 참조.
342) "人之生也, 受氣於水, 稟形於火. 水則爲精爲志, 火則爲神爲心. 精合而後神生, 神生而後形全, 形全而後色具. 是知顯於外者謂之形, 生於心者謂之神, 在於血肉者謂之氣, 在於皮膚者謂之色." 宋齋邱 輯, 『玉管照神局』「陳搏先生風鑑」(『四庫全書術數類全編·子部』).

온전하다.[343]

여기에서의 혈(血)은 정(精)을 의미한다. 왕충은 『논형』에서 "정신의 근본은 혈기로서 주를 삼고, 혈기는 형체를 항상 따라다닌다. 혈이란 태어날 때의 정기이다"[344]라고 하였다. 정·기·신은 무형으로서 그 형상을 볼 수는 없지만, 정이 있어야 기를 기를 수 있고, 기가 있어야 신이 존재할 수 있으므로 정이 근본이 된다.

형상은 이러한 정·기·신을 바탕으로 이루어지며, 이루어진 형상은 혈(정)을 기르고, 그 혈(정)은 기를 기르고, 기는 신을 기르는 것이기 때문에 기가 온전하면 신이 온전하고 신이 온전하면 형이 온전하다는 것이다. 형상과 정·기·신은 각각 독립적이면서도 상호 유기적 작용으로 하나의 인체를 형성해 가는 불가분의 관계를 가지고 있다고 볼 수 있다. 따라서 정·기·신이 충만해야 형상도 그 빛을 발할 수가 있게 된다.

『장자』에서는 "기가 모이면 사람이 살고 기가 흩어지면 사람이 죽는다"[345]고 하였으며, 왕충은 『논형』에서 형과 정신에 관하여 "형체는 기에 의지하여 완성되고, 기는 형체에 의지하여 의식을 지니는데 천하에 연료 없이 홀로 타는 불꽃이 없거늘 세상에 어찌 형체 없이 홀로 존재하는 정신이 있겠는가?"[346]고 하였다. 인간의 형체는 정·기·신이 있어야만 이루어질 수 있지만, 인체의 근본

---

343) "氣似油兮神似燈. 形資氣以養之. ……形以養血. 血以養氣. 氣以養神, 故形全則氣全, 氣全則神全." 陳希夷, 『神相全編』「唐擧相神氣」(『古今圖書集成』), 唐擧는 전국시대의 관상가이다.

344) "精神本以血氣爲主, 血氣常附形體…… 血者 生時之精氣也." 『論衡』「論死」.

345) "人之生, 氣之取也, 聚則爲生, 散則爲死." 『莊子』「知北遊」.

346) "形須氣而成, 氣須形而知. 天下無獨燃之火, 世間安得有無體獨知之精?" 『論衡』「論死」.

이 되는 정·기·신 역시 형체가 있어야만 활동을 할 수 있다는 것이다. 정·기·신이 온전하면 형상도 온전하며, 정·기·신이 온전하면 형상도 온전하다는 것으로 무형인 정·기·신은 유형인 형상을 이루는 바탕이 되어 인체를 이루는 근본으로 서로 떨어질 수 없는 관계임을 명백히 밝혔다.

상학에서는 '인체 내에서 형상을 이루는 근본물질인 정·기·신의 상태가 어떠한가'에 따라 부귀·빈천·수요·현우 등을 판단한다. 정·기·신이 인체에 충만한지의 여부가 사람의 정신력·건강 등을 좌우하며, 사람의 형상 또한 정·기·신에 의하여 좌우된다는 것이다.

사람의 형상은 산의 형세처럼 복잡하고 다양할 수는 없다. 하지만 사람의 형상도 한결같지 않으므로 형은 풍족한데 신이 부족한 사람, 신은 풍족한데 형이 부족한 사람, 신은 풍족한데 기가 부족한 사람, 기는 풍족한데 형이 부족한 사람 등등 여러 유형이 있다. 이에 대하여 『마의상법』에서는 다음과 같이 설명하고 있다.

> 신이 여유가 있고 형이 부족한 것은 괜찮지만 형이 여유가 있고 신이 부족하면 안 된다. 신이 여유가 있으면 귀하게 되고, 형이 여유가 있으면 부유하다. 신은 놀라지 말아야 하는데, 신이 놀라면 수명이 감소한다. 또한 신은 급하지 않아야 하는데 신이 급하면 잘못을 저지른다.[347]

위의 내용은 형상과 정·기·신이 모두 중요하지만 형상의 근본이 되는 정·기·신이 더 중요하다는 것을 강조하고 있다. 『회남자』에

---

347) "凡相, 寧可神有餘而形足, 不可形有餘而神不足也. 神有餘者貴, 形有餘者富, 神不欲驚, 驚則損壽, 神不欲急, 急則多誤." 金赫濟 校閱, 『麻衣相法』, 서울: 명문당, 1988, p.16.

서 "신으로써 주를 삼는 자는 형이 신을 따르므로 이롭지만, 형으로써 신을 제어하는 자는 신이 형을 따르게 따르므로 해롭다"[348]라고 한 것과 같은 견해이다. 형신은 모두 여유롭게 조화가 이루어져야 하지만, 만약 무엇 하나가 부족하다면 신이 부족한 것보다는 형이 부족한 것이 낫다는 것이다.

「달마조사상결비전」(達摩祖師相訣秘傳)에는 상을 볼 때는 먼저 신을 보고, 신을 보려면 눈을 보아야 한다고 하였다.[349] 상에서 가장 중요한 것은 그 사람의 신기로 신기는 눈과 아울러 모든 행동에 나타나지만 신은 눈을 주로 하여 판단한다. 눈빛이 맑고 밝으면 신이 맑다고 볼 수 있으며 눈빛이 혼미하면 신이 탁하다고 말할 수 있다. 사람의 형상과 자태가 맑고 수려하면 마음과 신이 밝은 것이고 기와 혈이 조화를 이루고 있다는 것을 미루어 알 수 있다.

유형의 상에는 골상·육상·면상·체상·수상 등이 속하는데 이 중 신체의 근본을 이루는 골상에 대하여 살펴보고자 한다.

(2) 골상(骨相)

『옥관조신국』에서 "골은 인체의 근본이므로 반드시 수려하고 맑아야 한다"[350]고 하였는데, 골은 부모의 '선천지정'(先天之精)에서 형성되는 선천적인 것으로 인체의 근본이 되는 것이므로 수려하고

---

348) "以神爲主者 形從而利 以形爲制者 神從而害."『淮南子』「原道訓」.
349) '相主神·神主眼'이란 '神'이 지녀야 할 일곱 가지 德目과 눈을 보고 神을 판단하는 일곱 가지의 법으로 설명하였다.(Ⅳ. 3. 상학에서의 인재론 중 '神과 骨' 참조.)
350) "骨乃人根本, 須還秀更淸." 宋齋邱 輯,『玉管照 神局』(『四庫全書術數類全編·子部』).

맑아야 한다는 것이다. 골은 천지의 금석을 상징하고, 근육은 혈액과 영양을 생성하여 순환시키며 뼈를 보호하고 있는 것으로 만물을 생성하고 자양하는 흙을 의미한다. 따라서 골절은 강하고 단단하며 맑아야 하고, 근육은 단단하면서도 부드러우며 후중해야 한다. 『신상전편』에서 "사람의 몸을 볼 때는 골을 위주로 하고 살을 보좌로 한다. 골로써 체를 이루고, 살로써 용을 이룬다. 골을 임금으로 삼고, 살을 신하로 삼는다"[351]라고 한다. 이를 보면 상을 관찰하려면 먼저 골의 형태를 보고서 상의 기본을 판단하는 것이 순서임을 알 수 있다. 『인륜대통부』에 골육의 상에 대한 구체적인 내용이 보인다.

> 골절은 몸에 있어서 금석의 상으로 마치 준열하게 솟아오르고 옆으로 뻗으려 하지 않는 것과 같이 둥글고 거칠지 않아야 한다. 비만한 사람은 노육(露肉)되지 않아야 하고, 여윈 사람은 노골(露骨)되지 않아야 한다. 뼈와 살이 어울리고 기와 혈(색)이 조화가 되어야 복상이다.[352]

산이 웅장하지만 옆으로 삐죽 나오면 안 되고 흙이 풍부한 토(土)산이 되어야 좋듯이, 인체를 자연에 비교하면 산천과 같으니 인체의 형상도 웅장하고 수려한 산천과 같이 생김을 으뜸으로 한다고 할 수 있다. 뼈는 웅장하여야 하지만 너무 강하면 오히려 그 형세가 수려하고 준엄한 것이 아니라 거칠고 사나워져 버린다. 또한 살이 너무 지나치게 쪄서 뼈가 파묻힐 정도가 되면 습탁이 되어

---

351) "相人之身, 以骨爲主, 以肉爲佐.以骨爲形, 以肉爲容.以骨爲君, 以肉爲臣." 陳希夷, 『神相全編』「論骨肉」(『古今圖書集成』).

352) "骨節象全石, 欲峻不欲橫, 欲圓不欲粗, 肥者不欲露肉, 瘦者不欲露骨. 骨與肉相称, 氣與色相和者, 福相也." 張行簡 撰, 『人倫大統賦』(『四庫全書術數類全編‧子部』).

기혈의 소통이 안 된다. 그러므로 살이란 어느 정도 실하게 뼈만 잘 감싸 주는 것이 좋다. 『태청신감』「논골육」(論骨肉)에 의하면,

> (살은) 풍만하되 지나치지 않아야 하고, 말랐다 해도 뼈가 튀어 나오면 안 된다. 살이 너무 찌면 음이 양을 이기는 것이고, 너무 마르면 양이 음을 이기는 형국이 된다. 음이 양을 이기거나 양이 음을 이기는 것을 한쪽으로 치우친 상이라 한다.[353]

라고 골육과 음양 관계를 정의한다. 이를 통해 보면 살은 혈을 만들고 뼈를 감추어 주니, 마치 토가 만물을 낳아 육성하는 것을 본받은 것과 같다. 살은 음이고 뼈는 양을 의미하는데, 골육은 모두 풍족해야 하지만 유여하거나 부족해서는 안 된다. 유여하면 음이 양을 이긴 것이고, 부족하면 양이 음을 이긴 것이 되므로 음과 양이 어느 한쪽으로 치우치는 상이 되기 때문이다. 그러므로 뼈와 살이 50 대 50으로 서로 충분히 감싸 주어 양자가 평화롭고 기와 혈이 응하여 서로 조화가 되어야 건강하고 귀한 상이라 할 수 있다.

면상에서는 육부(六府), 삼정(三停), 오악(五岳), 四瀆(사독), 오관(五官), 십이궁(十二宮) 등을 관찰한다. 얼굴에 대하여 『신상전편』에서 "얼굴은 신령스럽다고 할 만한 백 가지 부위가 있고 오장과 기맥이 통하며 삼재를 이룬 모습으로 한 몸의 득실을 정하는 곳이다"[354]고 한다. 얼굴의 성곽이라 할 수 있는 육부[355]가 모두 충실

---

353) "人之有骨肉者, 亦若是矣. 故肉丰而不欲有余, 骨少而不欲不足. 有余則陰胜于陽, 不足則陽胜于陰, 陽陰相反, 謂之一偏之相." 王朴 撰, 『太淸神鑑』「論骨肉」(『四庫全書術數類全編 · 子部』).

354) "列百部之靈居, 通五臟之神路, 推三才之成象, 定一身之得失者." 陳希夷, 『神相全編』「論面」(『古今圖書集成』).

355) "六府者 兩輔骨 兩觀骨 兩頤骨, 欲其充實相補, 欲支離底露. 靈台秘訣 云. 上二府, 自輔角至天倉, 中二府, 自命門至虎耳, 下二府, 自肩骨至地閣.(六府란 양 輔

해야 하고, 삼정356)의 여러 부위가 풍만해야 한다. 각각의 부위에서는 오악357)과 사독358)이 서로 마주 보며 응하고 오관359)은 밝고 단정해야 하며, 조화를 이루지 못하고 노출되거나 기울어서는 안 된다. 용모가 단정하면 신이 고요하며 기가 조화로우므로 심신이 안정되지만 비뚤거나 부족하고 부위가 꺼져 있거나 색이 어두우면 안 된다는 것이다. 얼굴의 12부위인 십이궁360)에서는 자신을 포함하여 육친 및 사회생활에서의 인간관계, 주변 환경의 길흉을 판단한다.

骨, 양 觀骨, 양 頤骨(턱뼈)인데, 충실하고 서로 보완되어야 하며, 외롭게 노출되거나 흩어지는 것을 바라지 않는다. 靈臺秘訣에서 말하기를 上二府는 補角에서부터 天倉에 이르는 곳이고, 中二府는 命門에서부터 虎耳에 이르는 곳이며, 下二府는 頤骨에서부터 地閣에 이르는 곳이다.)" 위의 책.

356) 三停者, 額門準頭地閣, 此面部三停也. 又爲三才, 又爲三主, 又名三表, 具要平等. (三停이란 이마·코·턱으로 이것이 面部 三停이다. 또한 三才라고 하고, 또한 三主라고도 하며, 三表라고도 하는데 모두 평등하게 조화를 이루어야 한다.)" 위의 책.

357) "五岳者, 上座天之五星, 下鎭地之五方…… 額爲衡山, 頦爲恒山, 左觀爲泰山, 右觀爲華山, 鼻爲嵩山.(五岳이란 위로는 하늘에 있는 五星이며, 아래로는 땅에 위치하는 五方이다. ……이마는 衡山, 턱은 恒山, 좌 관골은 泰山, 우 관골은 華山, 코는 嵩山이 된다.)" 王朴 撰, 『太淸神鑑』(『四庫全書術數類全編·子部』). 다른 문헌들과 비교해 볼 때 『麻衣相法』에는 左觀爲華山, 右觀爲泰山되어 있다. 『麻衣相法』에만 좌우가 바뀐 것으로 볼 때 이 기록은 잘못된 것으로 보인다.

358) "四瀆最宜深且闊. 四瀆者, 耳爲江, 口爲河, 眼爲淮, 鼻爲濟. 四瀆須宜深闊.(四瀆은 깊고 넓어야 한다. 四瀆이란 귀를 江瀆, 입을 河瀆, 눈을 淮瀆, 코를 濟瀆이라 한다. 四瀆은 반드시 깊고 넓어야한다.)", 張行簡 撰, 『人倫大統賦』(『四庫全書術數類全編·子部』). 이 책에서는 귀를 江瀆, 눈을 河瀆, 입을 海口, 코를 濟瀆이라 하여 하천·강·바다 등의 물길에 비유하였으며, 『太淸神鑑』『月波洞中記』에서도 『人倫大統賦』와 같이 口爲河, 眼爲淮으로 구분되었지만, 『神相全篇』『麻衣相法』에서는 眼爲河, 口爲淮으로 되어 있다. 『相學辨蒙』의 「四瀆之辨」에서는 眼河瀆, 人中濟瀆, 口淮瀆, 耳江瀆라 하였다. '코' 대신 '人中'을 四瀆으로 보았으며 眼과 口는 『麻衣相法』과 같다. 이는 상학이론이 성립해 가는 과도기적 현상으로 보인다.

359) 五官은 귀·눈·입·코·눈썹[耳目口鼻眉]으로서, "귀를 採聽官, 눈썹을 保壽官, 눈을 監察官, 코를 審辨官, 입을 出納官이라 한다.

360) 一十二宮은 命宮·財帛宮·兄弟宮·田宅宮·男女宮·奴僕宮·妻妾宮·疾厄宮·遷移宮·官祿宮·福德宮·相貌宮을 말한다.

2) 상학의 인물 관찰법

상학에서는 사람을 관찰하는 방법을 어떻게 제시했으며 무엇을 기준으로 분류했는지 살펴보도록 하자.

상학에서 사람을 관찰하는 방법으로 형상법(形象法)과 추상법(抽象法)으로 구분할 수 있다. 형상법은 상을 보는 기준을 '형의 상'에 둔 것으로 오행형상법·동물형상법·글자형상법 등이 있다. 추상법은 그 기준을 '형모', '기질', '정신상태'의 특징에 두고 분류한 것으로 관인팔상법(觀人八相法)·관인십법(觀人十法)·상분칠자법(相分七字法)[361]·구성지술(九成之術) 등이 있으며, 부·귀·수·요·빈천·고고(孤苦)의 운명을 판단하는 데 기준을 두고 구분한 육분법(六分法)도 있다.

관인팔상법은 사람의 외재적 형상과 기질, 정신 상태에 따라 팔상(八相)으로 분류하여 논하였고, 관인십법은 사람을 관찰하는 열 가지 방법이다. 『신상전편』에 기록된 관인팔상법을 살펴보면 다음과 같다.

① 위상(威相)[362]은 위엄이 있는 강맹한 상으로 정신과 기색이

---

361) 相分七字法은 형상을 淸·古·秀·怪·端·異·嫩의 7종류로 구분하여 관찰하는 방법으로, '奇形聖相'의 聖人과 貴人의 예를 들어 묘사하였다. 예를 들자면 '漢高祖는 準頭가 솟고 龍顔을 가졌으며, 唐太宗은 龍鳳의 자태에 天日之表를 가졌고, 李玨은 月角庭珠를 가졌는데 이것이 淸이다.'라고 묘사한다. '奇形聖相'의 思想이라고 할 수 있다. "一曰: 淸, 漢高祖隆準龍顔, 唐太宗龍鳳之姿, 天日之表, 李玨月角庭珠是也. 二曰: 古, 老子身如喬木, 孔子面如蒙淇, 閎夭面無見膚是也. 三曰: 秀, 張良美如婦人, 陳平潔如冠玉是也. 四曰: 怪, 唐盧杞鬼貌, 靑色, 龍脣, 豹首, 趙方眼望地觀天, 鬼谷子露齒結喉是也. 五曰: 端, 皐陶色如削瓜, 李白形自秀曜, 張飛環眼虎鬚是也. 六曰: 異, 堯眉八彩舜目重瞳, 大禹參漏, 文王四乳, 蒼頡四目, 李嶠龜息是也. 七曰: 嫩, 顔淵山庭日角, 岑文夷眉過目, 肉不稱骨是也." 陳希夷, 『神相全編』 「相分七字法」(『古今圖書集成』).

엄숙하며 의태가 당당하여 사람들이 스스로 조심하며 절로 두려워한다. 성정이 강맹하고 행동거지가 과감하여 주로 권세를 가진 사람들이 많으며 강한 결단력과 행동력을 지니고 있다. 권력기관의 우두머리 또는 군 장성에 많이 있으며 성격이 너무 급하면 사나워보이지만 덕을 기르면 유여의 상이 된다.

② 후상(厚相)363)은 돈후하고 지중한 상으로 도량과 가슴이 넓으며 후중하여 어떤 일을 당해도 동요하지 않는다. 의태는 평정하고 성정은 온화하며 신색이 장중하고 행동이 신중하다. 돈후한 것은 복록을 의미하며 부귀의 상에 속한다. 그러나 살이 들뜨거나 너무 탄력이 없어 보이면 길상이라고 할 수 없다.

③ 청상(淸相)364)은 정신이 맑고 빼어나게 명석해 보이며 얼굴도 수려한 문수지상(文秀之相)으로 지혜롭고 총명하며 기지가 뛰어나다. 고상하고 맑아 세속에 티끌 한 점 물들어 보이지 않는 상을 말한다. 지도자나 선각자들에게 많이 나타나는 상이며 창의력과 진취적인 마음을 지니고 있다. 그러나 너무 청하기만 하고 두텁지 못하면 포용력이 부족하여 자신의 아집 속에서 각박한 면이 있을 수가 있다.

---

362) "一日威 尊嚴可畏 謂之威 主權勢也. ……神色嚴肅 而人所自畏也.(威는 존엄이 있고 위압감을 주는 것을 威라고 한다. 이는 권세를 가진 것이다. ……神色이 엄숙하여 사람들이 절로 두려워한다. 威猛之相이라고도 부른다.)" 陳希夷, 『神相全編』 「觀人八相法」(『古今圖書集成』).

363) "二日厚, 體貌敦重, 謂之厚, 主福祿也. 其量如滄海, 其器如萬斛之舟, 引之不來, 而搖之不動也.(형체와 면모가 두텁고 무게가 있는 것을 厚라고 한다. 이는 복록을 가진 것이다. 이런 사람은 바다처럼 넓은 도량과 더할 나위 없는 큰 그릇을 지녀 작은 일에 추호의 흔들림도 없다. 厚重之相이라고도 부른다.)" 위의 책.

364) "三日淸, 淸者, 精神翹秀, 謂之淸. ……灑然高秀, 而塵不染, 或淸而不厚, 則近乎薄也.(精神이 빼어나고 맑은 것을 淸이라고 한다. ……맑고 때가 묻지 않은 것이다. 그러나 맑기만 하고 후(厚)한 것이 없으면 박복하다. 淸秀之相이라고도 한다.)" 위의 책.

④ 고상(古相)365)은 뼈의 기세가 마치 바위 같아 서슬이 푸른 모양을 고(古)라고 하는데 바위와 같이 울퉁불퉁하게 생긴 상을 말한다. 형모가 괴이하고 심지어는 견디기 어려울 정도로 추하며 성품도 괴팍한 면이 보인다. 하지만 고상이 정신이 맑아 청수한 기운이 넘치면 대기를 이룰 수 있다. 만약 정신이 맑지 못하고 청수한 기운이 부족하면 속탁의 무리에 가깝다고 할 수 있다. 따라서 고괴한 상은 신의 청탁이 특히 중요하다.

⑤ 고상(孤相)366)은 형모와 골격이 외롭고 차가워 보이는 상을 말한다. 목이 길고 어깨가 위축되어 추운 듯이 보이며 앉은 자세가 안정되어 있지 못하다. 대부분 생활이 고독하고 쓸쓸하게 지내는 경우가 많다. 내성적이고 도리에 어긋나는 일을 하여 스스로 골격과 그 진기를 손상시키거나 행동의 조화가 이루어지지 않는 경우가 많으며, 능력이 부족한 편이다.

⑥ 박상(薄相)367)은 형모가 연약하고 부족한 상으로 의지가 약하고 지혜가 부족하여 경솔한 면이 많다. 심성이 부족하고 겁이 많으며 내성적인 성격이다. 정신이 노출되어서 저장하지 못하기 때문에 알맹이는 없으면서도 겉으로 똑똑한 척하는 경우가 많다. 대

---

365) "四曰古, 古者, 骨氣岩稜, 謂之古. 古而不淸, 則近乎俗也.(뼈의 기세가 마치 바위 같아 서슬이 푸른 모양을 古라고 한다. 그러나 성정이 맑지 않으면 속되다. 古怪之相 또는 古樸之相이라고도 부른다.)" 위의 책.

366) "五曰孤, 孤者, 形骨孤寒. 而項長肩縮, 脚斜腦偏, 其坐如搖, 其行如攫…… 孤獨也.(孤는 자태가 쓸쓸하고 빈한하다. 목이 길고 어깨가 좁으며 다리는 휘어졌다. 몸이 어느 한편으로 비틀린 듯하고, 앉은 모습은 흔들리는 듯하며, 걷는 모습은 휘청거려…… 고독해 보인다. 孤寒之相이라고도 부른다.)" 위의 책.

367) "六曰薄, 薄者, 體貌劣弱. 形輕氣怯, 色昏而暗, 神露不藏, 如一葉之舟. 而泛重波之上. 見之皆知其微薄, 主貧下.(薄은 형체와 면모가 빈약하다는 것이다. 형체가 가볍고 겁이 있으며, 색이 흐리고 어두우며 신이 노출되어 감추어지지 않음이 마치 일엽편주가 만경창파에 떠 있는 것과 같다. 보는 사람마다 그 미박함을 알 수 있으며 주로 빈곤하다. 薄弱之相이라고도 부른다.)" 위의 책.

개 빈한하며 윗자리보다는 아랫자리에 있는 사람들이 많다.

⑦ 악상(惡相)368)은 험상궂고 완고하며 용렬한 상으로 음성 역시 화윤하지 못하고 사나운 소리를 낸다. 마음 씀이 독하고 성정이 거칠고 포악하며 지혜가 부족하여 이성보다는 감정으로 일을 해결한다. 예의가 없으며 신용을 지키지 못한다.

⑧ 속상(俗相)369)은 투박하고 미련하며 저속한 상으로 형모가 혼탁하고, 신이 부족한 만큼 사물에 대한 인식이나 분석이 짧고 얕으며, 일에 부딪치면 정함이 없어 흔들림이 많다. 정신력이 부족하여 눈앞의 일만 생각하며 저속한 생활에 안일하게 지내는 것을 즐기는 편으로 한때 일의 성사에 기뻐할 줄만 알지 곧 역경이 있음을 알지 못하는 경우가 많다.

이와 같이 관인팔상법은 사람의 외재적 형상과 기질, 정신 상태에 따라 팔상으로 분류하여 논하였는데, 그중에서 가장 중요하게 여긴 것은 신(神)이다. 『신상전편』에는 신에 대한 특성이 잘 나타나 있는데 아무리 맑고 기이하며 수려한 상이라고 해도 신이 없으면 탁하고 저속한 상이다.

> 맑으면서 신이 없으면 한(寒)이라고 하며, 기이하면서 신이 없으면 어찌 벼슬이 있겠는가. 고괴하면서 신이 없으면 속(俗)되다고 한다. 괴상하면서 신

---

368) "七曰惡, 惡者, 體貌凶頑. 如蛇鼠之形, 豺狼之狀, 性暴神驚, 骨傷節破, 皆主其凶暴, 不足爲美也.(惡은 형체와 면모가 흉완하다는 것이다. 마치 뱀이나 쥐의 형상 같거나 승냥이 우는 소리와 같아서 성질이 포악하여 神이 놀라며 골절이 훼손되어 흉포하므로 좋은 상이 될 수 없다. 神精氣가 훼손되었다고 할 수 있다. 惡頑之相이라고도 부른다.)" 위의 책.

369) "八曰俗, 俗者, 形貌昏濁. 如塵中之物而淺俗, 總有衣食, 亦多迍也.(속되다는 것은 형체와 면모가 흐리고 탁하다는 것이다. 마치 먼지 속에 놓인 물건과 같이 천박하고 속된 것이다. 비록 의식이 있다고 하지만 풍족하지 못하다. 俗濁之相이라고도 한다.)" 위의 책.

이 없으면 이로 인하여 욕됨이 있다. 수려하면서 신이 없으면 박(薄)이라고
하며, 특이하면서 신이 없으면 약(弱)하다고 한다. 단정하면서 신이 없으면
조(粗)라 하고 일곱 가지에 신이 있으면 반드시 달리 봐야 한다.[370]

위와 같이 청(淸)·기(奇)·고(古)·괴(怪)·수(秀)·이(異)·단(端)
등 사람의 외재적 형상이 맑고 수려하며, 고괴하거나 단정하다 하
더라도 신(神)이 있는가, 없는가에 따라 한(寒)·속(俗)·박(薄)·약
(弱)·조(粗) 등의 상으로 변모되는 수가 있다. 다시 말하면 내면에
정이 충만해야 외부로 맑은 신이 나타날 수 있기 때문에 인물을
관찰할 때에는 마음과 정신 상태를 제대로 파악할 수 있어야 한다
는 것이다.

사람을 관찰하는 열 가지 방법으로 『신상전편』에 기록된 관인십
법의 십관은 다음과 같다.

① 위의(威儀)를 취한다.[371] 위엄은 눈에만 있는 것이 아니라 관골과 신기에
서도 얻어진다. ② 돈후함과 정신 상태를 본다.[372] 앉거나 눕는 기거에 있어
서 신기가 청령하여야 한다. ③ 청탁을 본다.[373] 맑은 사람은 비록 여위었을
지라도 정기가 있으면 반드시 귀함으로 미루어 보아야 한다. ④ 머리가 둥글
고 정수리와 이마가 높아야 한다.[374] ⑤ 오악과 삼정을 본다.[375] 오악이 풍

---

370) "淸而無神謂之寒, 奇若無神焉有官. 古而無神謂之俗, 怪若無神仍主辱. 秀而無神
謂之薄, 異而無神謂之弱. 端而無神謂之粗, 有神七者與常殊." 위의 책, 「風鑑歌」.

371) "一取 威儀…… 不但在眼 亦觀顴骨神氣取之" 위의 책, 「十觀」.

372) "二看 敦重及精神…… 坐臥起居 神氣淸靈" 위의 책.

373) "三取 淸濁 ; 但人體厚者. 自然富貴. 淸者縱瘦神長. 必以貴推之. 濁者有神謂之……
濁而無神 謂之軟.(체구가 후한 사람은 자연히 부귀하게 된다. 맑은 사람은 비록 여
위었을지라도 정기가 있으면 반드시 귀함으로 미루어 보아야 한다. 흐린 사람에게 정
기가 있으면 후하다고 하며…… 흐리면서도 정기가 없으면 軟이라고 한다.)" 위의 책.

374) "四看 頭員頂額高, 頭方者頂高. 則爲居尊天子, 額方者頂起, 則爲輔佐良臣……
額闊者 貴亦堪誇.(머리가 둥글고 정수리와 이마가 높아야 한다. 머리가 方하고 정수
리가 솟은 사람은 천자의 자리에 앉을 수 있고, 이마가 方하고 정수리가 솟은 사람은
훌륭한 신하가 되어 보필할 수 있으며…… 이마가 넓으면 귀함이 뛰어나다.)" 위의 책.

륭하게 융기하여 방하고 바르고 모두 조응하면 귀함이 조정의 동료를 누를
것이고…… 삼정은…… 모두 평등하여야 한다. ⑥ 오관과 육부를 본다.376)
오관은 보수관, 눈썹·감찰관, 눈·채청관, 귀·심변관, 코·출납관 입을 말
하며, 육부는 양 보골(輔骨), 양 관골(觀骨), 양 이골(頤骨)로 천부, 인부, 지부
를 말한다. ⑦ 허리·등·가슴·배를 본다.377) 허리가 둥글고 등이 두터우며
가슴은 편편하고 배가 드리워 삼갑(三甲), 삼임(三壬)이 되어야 한다. ⑧ 수족
을 본다.378) 수족은 마땅히 부드럽고 두터운 것을 봐야 한다. ⑨ 음성과 심
전을 본다.379) 마음속의 일을 알려면 눈의 정기가 맑은가를 살펴야 하며, 용

---

375) "五看 五岳及三停…… 五岳俱朝, 貴壓朝班…… 三停者…… 俱要平等." 위의 책.

376) "六取 五官六府, 眉爲保壽官, 喜淸高疏秀, 灣長亦宜, 高目一寸, 尾拂天倉, 主聰
明富貴, 機巧福壽, 此保壽官成也. 眼爲監察官, 黑白分明…… 神藏不露, 黑如漆,
白如玉, 波長射耳, 自然淸秀有威. 耳爲採聽官, 不論大小, 止要輪廓分明…… 輪
厚廓堅, 紅潤姿色, 內有長毫, 孔小不大. 鼻爲審辨官, 亦宜豐隆, 聳直有肉…… 端
正不歪, 不偏不粗, 不小此審辨官成也. 口爲出納官, 脣紅齒白, 兩脣齊豐, 人中深
長, 仰月灣弓 四字口方…… 六府者, 天庭, 日月二角爲天府, 宜方員明淨, 不宜露
骨…… 兩顴爲人府, 宜方正挿鬢, 不粗不露…… 地角邊腮, 爲末景地府…… 不昏
不慘, 不尖不歪, 不粗大大.(눈썹은 맑고 높고 드물고 환하며 굽고 길어야 한다. 눈
보다 한 치 높고 그 꼬리가 천창(天倉)을 건드리는 모습이라야 총명하고 부귀하며
재주와 복이 있고 장수한다. 이래야만 보수관이 이루어졌다고 한다. 눈은 흑백이 분
명해야 한다.…… 신기가 함장되어 보이지 않고, 검기는 칠흑 같으며 희기는 옥 같
고, 눈까풀 주름이 길어서 귀까지 나가며 자연적으로 청수하다면 이런 눈은 감찰관
이 이루어진 것이다. 귀는 크고 작은 것은 관계없으나 모두 윤곽이 분명해야 하는데
빛깔이 희어야 한다. 귓바퀴는 두텁고 탄탄하며 붉고 윤기가 있으며, 안에는 긴 털
이 있고 귓구멍은 작고 크지 않아야 한다. 코는 풍만하고 곧게 솟아올라 살이 있어
야 한다. 단정하고 기울거나 비뚤지 않으며, 거칠거나 작지 않으면 심변관이 이루어
진 것이다. 입술은 붉고 풍만하며, 치아는 희고, 인중이 깊고 길며, 달을 보는 듯 활
이 굽은 듯하여야 하며, 四 자처럼 입이 모나야 한다. 六府란 天庭 日月 이각이 天
府로 반듯하고 둥글며 밝고 맑아야 하며, 뼈가 드러나지 않아야 한다. ……양쪽 관
골은 人府로 반듯하고 빈발이 거칠거나 드러나지 않아야 한다. ……地閣 옆의 볼
아래 부위는 地府로 어둡지 않고 참담하지 않아야 하며, 뾰족하거나 비뚤지 않고
거칠거나 크지도 않아야한다.)" 위의 책.

377) "七取 腰員背厚, 胸坦腹隆, 三甲三壬…… 三甲, 項後肉厚, 兩肩緔肉厚, 腹如三
壬, 臍下肉長, 兩腿邊肉長.(등은 三甲같이 목덜미에 살이 많아야 하며, 두 어깨의
살은 두터워야 한다. 배는 三壬 같아야 하는데 배꼽 아래는 살이 많고 두 허벅다리
의 살도 많아야 한다.)" 위의 책.

378) "八取 手足宜, 細嫩隆厚. ……腫節漏縫, 神昏神懶, 浮筋露骨, 身樂心憂, 掌紅噀
血, 富貴綿綿, 手軟如綿, 閒且有錢.(마디가 굵어 손가락 사이에 틈이 생긴다면 신
기가 흐리거나 연약하다. 힘줄이 드러나고 뼈가 보인다면 몸은 편하나 심기에 걱정
이 있으며, 손바닥이 피를 뿜는 듯 붉으면 부귀가 면면하고, 손이 솜같이 부드러우
면 한가하면서도 돈이 생긴다.)" 위의 책.

379) "九取 聲音與心田…… 要知心裡事, 但看眼神淸. 眼乃心之門戶, 觀其眼之善惡,

모를 보기 전에 먼저 심전부터 반드시 살펴야 한다. 소리는 단전에서 흘러나와 우렁차고 멀리 울려나가야 한다. ⑩ 형국과 오행을 보아야 한다.[380)

관인십법은 사람을 관찰하는 열 가지 방법으로 ①, ②, ③은 사람의 정신 상태를 ④~⑧은 형체와 외모를 ⑨음성과 마음을 관찰하였고 ⑩은 앞의 9법을 총결하여 실제적으로 대상을 파악하는 방법을 논하였고, 여기에서의 형국은 동물의 상을 비유한 것이며, 오행은 오행에 근거한 오형인을 의미한다.

상학에서는 내면세계를 파악하는 외형적 표징인 유형·무형의 상으로 사람의 성품과 감정의 상태, 소질과 재능을 파악하고 있다. 특히, 유·무형의 상에서 발현되는 인물의 덕행·기개와 도량을 중요시하고, 인물의 총명함과 재능에 따라 문인, 즉 인재의 상을 구분한다. 정·기·신을 중심으로 한 무형의 상인 심상(心相)·성음상(聲音相)·정태상(情態相)에 대하여서는 상학의 인재관에서 구체적으로 논하고자 한다.

必知心事之好歹. 其心正則眸子瞭焉, 心不正則眸子眊焉. ……未觀相貌, 先看心田, 有相無心, 相從心滅, 有心無相, 相從心生. ……聲音宜響, 喨出自丹田. 聲響如雷灌耳…… 聲長尾大, 如鼓之響, 俱要淸潤. ……或人小聲大, 人大聲雄. 俱要深遠, 丹田所出.(마음속의 일을 알려면 눈의 정기가 맑은가를 살펴야 한다. 눈은 마음의 창으로 눈의 선악을 살펴보면 반드시 그 심사의 좋고 나쁨을 알 수 있다. 그 마음이 바르면 눈동자가 맑고, 그 마음이 바르지 않으면 눈동자가 흐리다. ……용모를 보기 전에 먼저 심전부터 살펴야 한다. 용모가 있으나 심전이 없으면 용모도 심전을 따라 사라지고, 심전이 있고 용모가 없다면 심전을 따라 용모가 생기게 된다. ……소리는 마땅히 우렁차야 하고 단전(丹田)에서 나와야 한다. 소리는 우레가 울 듯 귓전을 울려야 하며…… 소리가 길고 여운이 있어 마치 북소리 같은데 모두 맑고 윤택해야 한다. ……어떤 사람은 왜소하나 소리가 크고, 어떤 사람은 체구가 크면서 소리가 웅장하다. 소리는 모두 멀리 울려 나가야 하고 단전에서 흘러나와야 한다.)" 위의 책.

380) "十觀形局與五行 形局者乃人一身之大關也. ……五行者 金木水火土也. ……金得金, 剛毅深, 木得木, 資財足, 水得水, 文章貴, 火得火, 見機果, 土得土, 厚豐庫.(形局은 사람의 일생에서 큰 관문이다. 五行이란 金木水火土이다. "金이 金을 얻으면 더없이 강의하고, 木이 木을 얻으면 자산이 족하며, 水가 水를 얻으면 문장이 귀하고, 火가 火를 얻으면 기미를 보는 것이 과감하고, 土가 土를 얻으면 창고가 찬다.)" 위의 책.

《03》

상학에서의 인재론

상학은 고대로부터 사람을 파악하는 방법 중 하나이다. 상술이라는 이름으로 인사의 기본 척도로 활용되어 왔으며, 인재를 선발할 때 중요 참작 원칙으로 삼았다.[381] 인재란 학식과 능력이 뛰어나고 덕과 재능을 겸비하거나 어떤 특기를 가지고 있는 사람을 의미한다. 고대 중국에서 의미하는 인재는 대부분 성현·사상가·문관·무관 등으로 그들의 능력은 대개 나라를 다스리기 위해 사용되었다. 인재라는 의미는 동일하지만 인재를 적용하는 범위가 한정되어 있다는 점에서 현대사회에서 말하는 인재와는 그 의미에 차이가 있다고 할 수 있다.

상학에서는 인재라는 말 대신 귀천(貴賤)이란 용어를 많이 사용하는데 "귀천은 골법에서 정해진다. 귀는 높은 것으로 작위가 있고, 천은 낮은 것으로 작위가 없다"[382]고 한 것을 보면 고대 중국

---

381) "昔堯取人以狀, 舜取人以色, 禹取人以言, 湯取人以聲, 文王取人以度.(옛날 堯임금은 용모(狀)를 보고 사람을 선발하였고, 舜임금은 안색을 보고 사람을 선발하였으며, 禹임금은 言語를 보고, 湯임금은 목소리를 듣고, 文王은 風度를 보고 사람을 선발하였다.)"『大戴禮記』「少間」第76.

에서 '귀하고 천함은 벼슬을 가지는가, 못 가지는가'로 판별한 것으로 보인다. 상학에서의 '귀'(貴)는 성현, 정신이 맑은 사람, 벼슬하는 관리 등을 의미한다.[383] 청대에 이르러서는 문인이라는 용어도 상학 문헌에서 간간이 보이고 있는데, 문인은 중국 전통사회의 문화와 지식을 갖춘 유사, 즉 선비, 지식인들을 뜻하는 것으로 인재를 의미한다. 문인은 일반적인 지식인으로 재능을 중심으로 한 인재라고 표현한다면, 귀인은 덕행과 재능을 구비한 뛰어난 인재라고 할 수 있다.

상학의 인재관을 고찰하는데 『빙감』(氷鑑)을 중심으로 기타 상학 문헌을 참고하려고 한다. 『빙감』은 청대 중국번(曾國藩)의 상학서로 중국 고대 상학의 갈래[384] 가운데 '서방파'(書房派)의 대표작이다. 남회근(南懷瑾)은 『논어별재』(論語別裁)에서 "청대의 중흥명신 증국번의 13부문의 학문 중 전해지는 것은 다만 한 가지만 있으니 그것은 다름 아닌 『증국번 가서』(曾國藩 家書)[385]이다. 그러

---

382) "貴賤定於骨法. 貴尊也, 有爵位也 賤卑也, 无爵位也" 張行簡 撰, 『人倫大統賦』(『四庫全書術數類全編・子部』).

383) "貴相也…… 求功名者, 官高職顯.(貴相이 공명을 구하려 한다면 관직이 높게 드러난다.)" 陳希夷, 『神相全編』「貴格例」(『古今圖書集成』). ; "看官貴在眼有神, 有骨聳秀.(벼슬이 귀함은 눈에 신이 있어야 하고 뼈가 솟아야 한다.)" 위의 책, 「貴相口訣」. ; "幾輩堂堂相貌淸, 幾人相貌太輕盈.(조정에 몇몇 사람은 당당한 면모에 맑은 기를 띠었으며, 몇몇 사람은 경솔한 면모에 神氣가 넘친다.)" 위의 책, 「相德器」. ; "骨細皮膚滑, 應知是貴人, 坐時神氣穩, 須作大功臣. ……古貌淸奇怪 聲沉骨更隆…… 作國三公.(뼈는 가늘고 피부에 윤기가 있으면 귀인인 줄 알아야 한다. 앉았을 때 신기가 온정하면 반드시 대공신이 된다. ……예스러운 용모는 괴이해도, 맑으며 목소리가 무거운데 골격이 더욱 솟았다면…… 삼공이 된다.)" 위의 책, 「貴相」. 이를 통해 보면 상학에서의 貴는 성현, 정신이 맑은 사람, 벼슬하는 관리 등을 의미하는 것을 알 수 있다.

384) 書房派(또는 文士派)와 江湖派로 구분할 수 있으며, 江湖派의 관상술이 相을 논할 때 形을 중시하고 神을 경시하며, 奇를 중시하고 常을 경시하며, 術을 중시하고 理를 경시하는 것과 같지 않다.(曾國藩, 歐陽相如 解譯, 『氷鑑』, 台北 ; 捷勁出版社, 2003) p.7.

나 실제로 전해지는 것이 두 가지가 있으니 다른 한 가지는 증국
번의 상을 보는 학문인『빙감』이 그 한 부분의 책이다"386)고 하였다.

『청사고·증국번전』(青史稿·曾國藩傳)에는 "증국번은 한결같
이 장수를 선택할 적에 반드시 먼저 얼굴로 시험하고 눈으로 헤아
렸는데, 곧 그것을 위하여 상을 보았으니 사람의 상모에 대한 것
을 지극히 중시하였다"387)고 기재되어 있는데, 이것은 증국번이 모
든 인재를 선발할 때면 상을 보았다는 사실을 보여 준다.

『장씨 왕조 흥쇠사』(蔣氏 王朝 興衰史)에 의하면 "장개석은 풍
수 감여에만 정교할 뿐 아니라 또 한 분야의 독특한 상인술이 있
었다. 중요한 인사배치가 있게 되면, 반드시 명부에 이름이 올라가
있는 자를 불러 그의 상모와 기색을 관찰한 연후에 다시 선용할지
가부의 결정을 하였다. 그 상인법은 증국번의 학설에서 얻은 것이
매우 많다. 증국번의 저서는『빙감』한 책이 있으니, 이것은 기를
말하고 상을 보는 한 시대의 종사이다. 말하는 바에 의하면 장위
국이 3군 대학교장을 담임한 기간에『빙감』한 책이 학생들의 중요
한 참고 서적으로 지정된 적이 있었다"388)고 하였으며, 정치에 있

---

385) 증국번이 전쟁터에서 자식들에게 보낸 편지 묶음을 '曾國藩 家書'라고 부른다.『曾
國藩家書』는 修身篇·勸學篇·治家篇·理財篇·交友篇·爲政篇·用人篇 등으
로 구성되어 있다. 매일 자신의 내면을 들여다보는 신독을 해야 마음이 안정되고,
마음이 안정되어야만 사회생활에서 시비와 선악을 판단할 때 실수가 적다는 내용이
다. 用人 편에 보면 사람을 뽑을 때는 觀相도 참고해야 한다는 말이 나온다.

386) "淸代中興名臣曾國藩十三套學問, 流轉下來的只有一套, 那就是曾國藩家書. 其實
傳下來的有兩套, 別一套是曾國藩看相的學問,『氷鑑』這一部書." 南懷瑾 著,『論
語別裁』, 臺北 ; 老古出版社, 1978, p.95.

387) "曾國藩但凡選史擇將, 必先面試目測, 卽爲之看相, 對於人的相貌極爲重視."『淸史
稿·曾國藩傳』.

388) "蔣介石不但精於風水堪輿, 也有一套獨特的相人之術. 凡有重要人事按排, 他必先
召榜上有名者, 觀察其相貌氣色, 然後再主選用與否的決定. 其 '相人之法' 得目曾
國藩學說之處甚多. 曾國藩著有『氷鑑』一書, 是談氣觀想的一代宗師. 據說蔣緯

어선 라이벌이었던 모택동은 자신의 『치려금희서』(致黎錦熙書)에서 "나는 가까이 있는 사람 중에 오직 증문정만을 믿고 따른다"[389]고 하였다. 이러한 사실들을 살펴보면 중국의 지도자들 중에는 인재를 선발하고 등용할 때 상학을 매우 중요시했다는 것을 알 수 있다. 구양상여(歐陽相如)는 『빙감』에 대하여 다음과 같이 논술하고 있다.

> 『빙감』은 상을 논할 때에 신(神)을 중시하고 형(形)을 겸하여 보며, 상(常)을 중시하고 기(奇)를 버리며, 리(理)를 중시하고 술(術)을 경시하여…… 사람을 논하는 것은 그 신에 의하여 동태(動態)와 정태(靜態)를 강구하여 결합하되, 중요한 것은 동태 가운데서 파악하여 균형과 대칭, 상칭과 상합, 중화와 적도, 화합과 협조를 강구하여 취합에 이르는 등등이 모두 일정하나 변증 정신이 있다. 그는 문인의 상격을 논하는 데 중점을 두었다고 말할 수 있으니, 이 한 책은 오로지 문인의 상을 논한 상학 작품이다.[390]

여기에서 문인이라 함은 중국 전통사회의 문화와 지식을 갖춘 유사, 즉 선비 또는 지식인들을 뜻하는 것으로 인재를 의미한다. 문인의 상을 볼 때 신을 중요하게 생각하거나 형을 겸하여 본다는 것은 외부적으로 나타나는 형상보다는 사람의 기질, 풍모, 태도, 의지력, 주의력, 음성, 미소 등으로 내재적인 정신 상태를 중요하

國在擔任三軍大學校長期間,『氷鑑』一書曾被指定爲學生重要參考書籍"『蔣氏 王朝 興衰史』.

389) "愚干根因, 獨復曾文正"(曾國藩, 淸代名臣, 謚 '文正', 世稱曾文正公) 毛澤東,『致黎錦熙書』.

390) "『氷鑑』論相, 重神而兼顧形, 重常而棄奇, 重理而輕術…… 尤其就神論人 ; 講究動態與靜態結合, 主要從動態中把握 ; 講究均衡與對稱, 相稱與相合, 中和與適度, 和諧與協調以及主次與取合, 等等, 具有一定的辯證精神. 它着重論文人相格, 可以說, 是一部專論文人之相的相術作品."(曾國藩, 歐陽相如 解譯, 앞의 책) p.7 - 8.

게 본다는 것이다.

『빙감』이란 '그 얼음을 거울삼아 가을 짐승의 털끝도 살필 수 있다는 뜻'으로 외부의 형상뿐 아니라 내면의 상태까지 거울에 비추듯이 자세히 살핀다는 것을 의미한다. 『빙감』은 신골(神骨)・강유(剛柔)・용모(容貌)・정태(情態)・수미(鬚眉)・성음(聲音)・기색(氣色) 등 7장으로 이루어졌으며 특히 「신골」, 「강유」, 「정태」, 「성음」 부분은 외부의 형상으로부터 내면의 정신세계를 파악하기 위하여 논술된 부분으로 문인의 상을 살피는 데 중점을 두었다.

1) 상학 문헌에서의 인재관

『빙감』을 중심으로 기타 상학 문헌에 나타난 인재관을 살펴본 후, 일반적인 인재라고 할 수 있는 문인의 상과 뛰어난 인재라고 할 수 있는 귀인의 상을 알아보고자 한다.

(1) 신(神)과 골(骨)

『빙감』에서 "'곡식을 방아 찧어 겨를 벗겨내도 골수는 그대로 존재한다.' 이것은 '신'(神)을 말한 것이며, '산은 이지러져도 붕괴되지 않는 것은 오로지 돌이 지탱하기 때문이다.' 이것은 '골'(骨)을 말한 것이다"391)고 했다. 여기에서의 '신'(神)은 만물의 정신 곧 사람의 정신세계를 의미하며, '골'은 인체 형상의 근간이 되는 '골'(骨)을 의미하는 것으로 곧 사람의 형을 말한다.

'형'(形)은 상대적으로 형체, 외모 등 외재적인 것이라면, '신'(神)은 정신상태, 즉 의지력·주의력·생명력·행동력 등의 내재적인 것을 말한다. 신은 기질이나 풍모·태도·음성·행동거지 등에서 파악할 수 있다. 『마의상법』의 신을 논한 부분 중 '마의 칠언율시'(麻衣 七言律詩)가 있다.

> 신은 안에 있어 그 형상을 볼 수 없고, 기는 신을 길러 생명의 근본을 이루네. 기가 튼튼하고 혈이 알맞으면 신도 편안하고, 혈이 마르고 기가 흩어지면 신광이 달아나네. 형상(英標)이 맑고 수려하면 심신도 상쾌하고, 기혈이 조화되면 신도 어둡지 않네. 신의 청탁이 겉으로 드러나니, 귀천을 정하여 가장 잘 논할 수 있네.[392]

이와 같이 내면의 정신 상태인 신은 외부의 형상으로 나타나기 때문에 형은 신의 표출이 되는 것이다. 눈빛이 맑고 밝으면 신이 맑다고 볼 수 있으며, 눈빛이 혼미하면 신이 탁하다고 말할 수 있다. 따라서 사람의 형상과 자태가 맑고 수려하면 마음과 신이 밝은 것이고, 기와 혈이 조화를 이루고 있는 것이다. 일반인들의 상을 볼 때에는 형상을 중심으로 골(체격조건)을 같이 논하고 있지만 문인, 즉 인재의 상을 볼 때에는 신과 골을 먼저 관찰해야만, 그 안에 감추어 있는 성품과 재능, 지혜 등 내면의 정신 상태를 파악할 수 있다는 것이다.

---

391) "'脫穀爲糠. 其髓斯存.' 神之謂也. '山騫不崩. 惟石爲鎭.' 骨之謂也." 曾國藩, 『氷鑑』「神骨」.

392) "神居內形不可見, 氣以養神爲命根 ; 氣壯血和則安固, 血枯氣散神光奔. 英標淸秀心神爽, 氣血和調神不昏 ; 神之淸濁爲形表, 能定貴賤最堪論." 『麻衣相法』「論神」.

사람의 정신 상태를 알 수 있는 신을 어떻게 살필 수 있는가?
『빙감』에서는 "일신의 정신은 양 눈에 갖추어 있으며, 일신의 골상
은 면부에 갖추어 있다"[393]고 한다. 「달마조사상결비전」에는 '상주
신(相主神)・신주안(神主眼)'이라 하여 신이 지녀야 할 일곱 가지
덕목과 눈을 보고 신을 판단하는 일곱 가지의 법이 논술되어 있다.

> 신은 깊이 감추어져 드러나지 않아야 하지만 어두워서는 안 되고…… 안
> 정되어 어리석지 말아야 하며…… 활발하고 경쾌해야 하나 밖으로 노출
> 되면 안 된다. ……맑지만 메마르지 말아야 하고…… 친근하지만 약하면
> 안 되며…… 강해야 하지만 다투지 말아야 한다. ……강해야 하지만 외
> 롭지 않아야 한다. ……(눈은) 수려하고 모양이 바르게 생겨야 하며……
> 가늘고 길어야 한다. ……안정되어 신이 드러나지 않으며…… 신이 나타
> 났다 바로 들어가야 하며…… 눈 위아래 흰자위가 보이지 말아야 하
> 며…… 오래 보아도 신이 흩어지지 않는 것은 신이 풍족한 것이요, 눈을
> 움직여도 흐려지지 않으면 신을 잘 기르는 것이다.[394]

신은 눈과 아울러 모든 행동에 나타나지만 눈동자에서 가장 잘
드러난다. 눈을 보면 그 사람의 정신 상태를 알 수 있는 것이다.

> 신기를 살피려면 먼저 눈동자를 보아야 한다. 어질고 훌륭한 사람은 매우
> 맑고 뛰어나고, 재주와 지혜가 뛰어난 사람은 밝고 빼어나다. ……신기를
> 살피려면 거짓과 진실이 마음에 있어 반드시 선악과 부합하니 먼저 그
> 눈을 살펴야 한다. 그러므로 그 외형을 보면 그 내면을 알 수 있다. 어질
> 고 훌륭한 사람은 신이 물과 같이 맑고, 재주와 지혜가 뛰어난 사람은 신
> 이 온화하고 인자하며 흑백이 분명하다.[395]

---

393) "一身精神. 具乎兩目. 一身骨相. 具乎面部." 曾國藩, 『氷鑑』「神骨」.
394) "藏不晦藏者不露也…… 安不愚…… 發不露. ……淸不枯…… 和不弱…… 怒不
爭…… 剛不孤…… 秀而正…… 細而長…… 定而出…… 出而入…… 上下不
白…… 視久不脫…… 遇變不眨" 金赫濟 校閱, 『麻衣相法』「達摩祖師相訣秘傳」
서울 ; 명문당, 1988, p.54.
395) (原文) "欲察神氣, 先觀目睛, 賢良澄澈, 豪俊精英.", (注) "欲察神氣, 虛實心術, 善

'신존어심'(神存於心), 즉 신은 마음에 존재한다. 때문에 신을 본다는 것은 실제로 사람의 내면세계를 보는 것과 같다. 신을 관찰하면 사람의 내면상태인 현우·재능·지혜·선악 등 정신 상태를 파악할 수 있다. 신을 관찰한다는 것은 신의 청(淸)·탁(濁)·사(邪)·정(正)을 자세히 살펴보는 것을 말한다. 청·탁은 눈빛이 맑게 빛나는지 아니면 혼탁한지를 보는 것이고, 사·정은 눈빛의 동정(動靜)을 파악하는 것이다. 동정이란 사람이 사물을 관찰할 때와 관찰하지 않을 때를 살피는 것이다. 눈빛이 사물을 보지 않는 정(靜)할 때는 진광을 안에 함유하고 있어야 하며, 사물을 접하여 동(動)할 때에는 민첩하고 날카로워져서 물이 처음 파도를 일으키는 것처럼 생기발랄해야 정신상태가 건강하고 바른 것이다.

『인물지』에서는 "공정하거나 사특한 자질은 신에 달려 있다"[396]고 하였으며, 『빙감』에서 "신에는 청탁의 분별이 있다. 청탁의 분별은 쉽지만 사정(邪正)의 분별은 어렵다. 사정을 분별하려면 먼저 동정을 살펴야 한다"[397]고 하였다. 사람의 마음속에 품고 있는 사정(邪正)을 파악하려면 신을 관찰하여야 한다는 주장이 서로 일치한다.

"성정이 단정한 자는 똑바로 바라보고 치우침이 없으며, 감정이 이리저리 흔들리는 자는 눈동자를 굴려 안정되지 못하다."[398] 타고난 본성이 단정하다면 똑바로 보고 곁눈질이 없지만 마음에 품은 생각이나 감정 등이 불안하면 눈동자를 이리저리 굴리게 되는 것

惡必當, 先視其目, 故觀其外者, 則知其內. 賢良之士, 眼神澄澈若水, 豪俊之流, 神和惠而黑白分明." 張行簡 撰, 『人倫大統賦』(『四庫全書術數類全編·子部』).

396) "平陂之質在於神." 『人物志』「九徵」.

397) "有淸濁之辨. 淸濁易辨, 邪正難辨. 欲辨邪正, 先觀動靜." 曾國藩, 『氷鑑』「神骨」.

398) "性端正者, 平視無頗, 情流蕩者, 轉盼不寧." 張行簡 撰, 앞의 책.

을 묘사한 예이다. 이것은 신에 여유가 있는 사람[399]인지 아니면 신이 부족한 사람[400]인지에 따라 성정의 변화가 나타나는 것을 의미한다.

그렇다면 골을 본다는 것은 무엇을 말하며, 골로 판단할 수 있는 것은 무엇인가? 『인륜대통부』에서는 "귀천은 골법에서 정해지고, 기쁨과 근심은 형용에서 나타난다. 사람들의 현우·귀천·수단(修短)·길흉·성패·이둔(利鈍)은 모두 골법에 의해 결정된다. 뼈는 임금이고 살은 신하이며, 뼈와 살이 서로 돕기를 원해야만 귀하다"[401]라고 하여 골의 중요성을 강조한다. 왕충은 『논형』「골상」에서 골에 대하여 다음과 같이 논술하고 있다.

> 사람들은 명(命)을 알기가 어렵다고 말하지만 사실 명은 매우 알기가 쉽다. 어떻게 사람의 명을 알 수가 있는가. 그것은 사람의 골격과 체형에 의거한다. 사람이 하늘에서 명을 받는다면 몸에 드러나는 것이 있다. ……몸에 나타나는 명의 상징을 골법이라고 한다. 골절의 법을 고찰하고 피부의

---

399) "神之有餘者, 眼光淸瑩, 顧盼不斜, 眉秀而長, 精神聳動, 容色澄徹, 擧止汪洋……
性不妄躁, 喜怒不動其心, 榮辱不易其操, 萬態紛錯於前而心常一, 則可謂神有餘
也.(神이 여유가 있는 사람은 눈빛이 맑고 빛나며, 눈썹이 수려하고 길며, 얼굴빛이
맑으며, 행동이 바다처럼 풍족하고 의젓하며, 일을 할 때는 강단 있고 의연하다.
……성품은 거짓되거나 조급하지 않으며, 기쁘고 화가 나도 마음이 동요하지 않고,
영욕에 지조를 움직이지 않으며, 만 가지 태도가 항상 차분하여 단정하며, 마음이
한결같이 변함이 없으면 神이 유여하다고 말할 수 있다.)" 陳希夷, 『神相全編』「論
神有餘」(『古今圖書集成』).

400) "神不足者…… 不愁似愁…… 不睡似睡…… 不畏似畏, 容止昏亂, 色濁似染……
色初鮮而后暗, 語初快而后吶, 此皆謂神不足也.(神이 부족한 사람은…… 근심하지
않는데도 근심하는 것 같고, 졸리지 않는데도 조는 것 같으며…… 두렵지 않아도
두려운 것 같고, 기거동작이 혼란하며 얼굴빛이 혼탁하여 물 들은 것 같으며……
얼굴빛은 처음에는 선명했다가 뒤에 어두워지고, 말은 처음은 쾌활했다가 뒤에는 기
어들어가는 것은 모두 神이 부족함을 말하는 것이다.)" 위의 책, 「論神不足」.

401) "貴賤定於骨法, 憂喜見於形容. 凡人賢愚·貴賤·修短(수명의 장단)·吉凶·成
敗·利鈍(예리함과 둔함) 皆定於骨法也. 骨爲君, 肉爲臣. 骨肉欲其相, 輔爲貴."
張行簡 撰, 앞의 책.

이치를 살펴서 사람의 품성과 명을 판단하면 증명되지 않는 것이 없다. ……부귀와 빈천에 골법과 체격의 법칙이 있을 뿐 아니라, 행실의 청탁에도 그러한 것이 있다. 부귀와 빈천은 명에 달려 있고, 행실의 청탁은 성에서 나온다. 명에 골법이 있을 뿐 아니라 성에도 골법이 있다. ……따라서 명이 나타내는 징조는 보면서도 성이 드러내는 징표는 보지 못한다.[402]

명(命)과 성(性)이 신체에 나타나는 징표가 골상이며, 골상이 다르면 거기에 나타난 빈부와 귀천, 수명의 장단 그리고 덕성에도 차이가 있다고 생각하여 골상을 매우 중요시하였다. 『빙감』에는 나라의 동량지재가 될 수 있는 골상의 특징이 잘 설명되어 있다.

골에는 구골(九骨)의 솟아남이 있다. 천정골(天庭骨)은 불룩하게 두드러져 일어나고, 침골(枕骨)은 강하게 일어나고, 정골(頂骨)은 넓고 평평하게 일어나고, 좌관골(佐串骨)은 뿔처럼 일어나며, 태양골(太陽骨)은 선처럼 일어나고, 미골(眉骨)은 엎드려 있는 물소처럼 일어나고, 비골(鼻骨)은 싹이 트는 것처럼 봉긋하게 일어나고, 관골(顴骨)은 풍만하게 일어나며, 항골(項骨)은 넓고 평평하게 엎드린 거북처럼 일어나야 한다. 두상에는 천정골, 침골, 태양골을 위주로 삼고, 면상에서는 미골, 관골을 위주로 삼는다. 천정골, 침골, 태양골, 미골, 관골의 다섯 골상을 갖추어지면 나라의 동량지재로 첫째, 궁하지 않고 둘째, 천하지 않으며 셋째, 행동하고 일하는 것이 점점 뜻이 발달해 나가고 넷째, 귀함이 있을 것이다.[403]

골의 귀천은 '잘 솟아 있는가(起)', '튀어나왔는가(露)', '함몰되어 있는가(陷)' 하는 세 가지 기준을 가지고 구분한다. 골격은 금석을

---

402) "人曰命難知, 命甚易知? 知之何用? 用之骨體人, 命稟於天 則有表候於體…… 表候者骨法之謂也. ……骨節之法, 察皮膚之理以審, 人之性命無不應者…… 非徒富貴貧賤有骨體也, 而操行淸濁亦有法理, 貴賤貧富命也, 操行淸濁性也. 非徒命有骨法, 性亦有骨法. ……此見命之表證, 不見性之符驗也." 王充, 『論衡』「骨相」(『古今圖書集成』).

403) "骨有九起. 天庭骨隆起. 枕骨强起. 頂骨平起. 佐串骨角起. 太陽骨線起. 眉骨伏犀起. 鼻骨芽起. 顴骨豐起. 項骨平伏起. 在頭以天庭骨·枕骨·太陽骨·爲主. 在面以眉骨·顴骨爲主. 五者備. 柱石器也. 一則不窮. 二則不賤. 三動履小勝. 四貴矣." 曾國藩, 『氷鑑』「神骨」.

형상하였으므로 단단하여 풍만하게 솟아야 하는 것이지, 뼈가 옆으로 불거져 가로 지른 것은 좋지 않으며, 둥글고 넓어야 하는 것이지 모나고 날카로운 것은 좋지 않다. 귀골은 뼈마디가 가늘고 길며, 둥글고 단단하게 짜여 중화를 이루고, 신체에서도 배합이 잘 되어야 한다. 골이 맑고 투명한 자는 기가 밝고, 기가 밝은 자는 살에 윤이 나며, 살에 윤이 나는 자는 살갗이 풍성하고, 살갗이 풍성한 자는 혈색이 화사하다. 따라서 살이 윤택하고 혈색이 화사한 자가 곧 기가 아름답고 골이 맑은 자임을 알 수 있는 것이다.

『월파동중기』(月波洞中記)「영악」(靈嶽)의 기록에 보이는 구성지술(九成之術)은 정신력, 의지력, 행동력, 재능, 덕행 등을 논한 내용으로 그 핵심은 구골(九骨)의 귀천과 구행(九行)의 훌륭함을 배합하여 구성(九成)을 편성한 점에 있다.

> 정채(精彩)가 분명한 것은 일성이 되고, 혼신(魂神)이 분발한 것은 이성이 되고, 형모(形貌)가 머무르고 안온한 것은 삼성이 되고, 기색(氣色)이 밝고 청정한 것은 사성이 되고, 동지(動止)가 편안하고 차분한 것은 오성이 되고, 행장(行藏)이 의에 합당한 것은 육성이 되고, 첨시(瞻視)가 맑고 바른 것은 칠성이 되고, 재지(才智)가 대응함이 빠른 것은 팔성이 되고, 덕행(德行)이 본받을 만한 것은 구성이 된다.[404]

구성 지술로서 사람의 지혜와 선악을 관찰하고, 운명적 판단으로는 부귀와 빈천을 살필 수 있다고 주장한다. 이어서 구성과 사람의 명록(命祿)을 직접 연관하여 덕과 재를 중시하는 인재관을 제시하였다.

---

404) "精彩分明爲一成, 魂神慷慨爲二成, 形貌停穩爲三成, 氣色明淨爲四成, 動止安詳爲五成, 行藏合義爲六成, 瞻視澄正爲七成, 才智應速爲八成, 德行可法爲九成." 佚名 撰, 『月波洞中記』「靈嶽」(『四庫全書術數類全編·子部』).

덕행과 총명한 재능을 이루면 신중존(臣中尊)이고, 행동거지가 편안하고 진퇴의 행장을 갖추면 신중신(臣中臣)이며, 형모가 편안하고 기색이 밝으면 오품인(五品人)이며, 형체가 분명하고 의분을 참지 못하여 고요하지 못하면 공이 적으며, 구성이 있지만 이루어지지 못하면 벼슬을 하지 못하고, 구성이 없고 골이 이루어지지 못하면 오래도록 침윤한 상태에 있게 된다.405)

정채·혼신·형모·기색·동지·행장·첨시·재지·덕행의 구성이 얼마나 이루어졌나에 따라 문인의 격이 달라진다고 볼 수 있다.

(2) 강(剛)·유(柔)

강유(剛柔)란 음양의 기운으로 성질을 말한다. 사물의 양면에서 강은 양으로 밖으로 드러나고, 유는 음으로 안으로 쌓인다. 강유는 외강유와 내강유로 구분하는데 외강유는 강유의 기가 외부로 표현된 것이며, 내강유는 강유의 기를 내면에 간직한다. 따라서 내강유는 사람의 정신세계라고 할 수 있다.

> 오행은 곧 외면의 강유이며, 내면의 강유는, 곧 희로(喜怒)의 감정, 복도(伏跳)의 정서, 심천(深淺)의 심기가 그것이다. 희로의 감정이 지나치게 높고 중하여, 한 번 훑어보고 문득 잊어버리면, 조(粗)에 가까우며, 엎드려 있어도 굳세지 않고, 뛰어도 드날리지 않으며 준(蠢)에 가까우며, 처음에 먹은 생각이 매우 얕으나, 고처먹은 생각이 매우 깊으면, 간(奸)에 가깝다.406)

외강유는 밖으로 드러나 오행의 형상을 이루며, 내강유는 신으

---

405) "九成八成臣中尊, 五成六成臣中臣, 三成四成五品人, 一成二成有微動, 有之不成不白身, 無成無骨永沉淪." 위의 책.

406) "五行爲外剛柔, 內剛柔則喜怒伏跳深淺者是. 喜高怒重, 過目輒忘, 近粗. 伏亦不优, 跳亦不揚, 近蠢. 初念甚淺, 轉念甚深, 近奸." 曾國藩, 『氷鑑』「剛柔」.

로 안에 간직한 내면의 정신적인 음양이다. 강유의 기는 '희로'(喜怒)를 드러내는 사람의 정감을 말하고, '복도'(伏跳)는 평정과 격동을 나타내는 사람의 정서를 의미하며, '심천'(深淺)은 깊고 얕음을 보여 주는 사람의 심기를 뜻한다. 다시 말하면 내면에 간직되어 있는 정신세계의 양강과 음유의 기가 사람의 정감, 정서, 심기를 이루게 되는 것이다.

정감이 지나치게 강하여 마음을 다스리지 못하는 것을 '조'(粗)라고 하는데, '조'는 감정이 섬세하지 못하고 거칠어서 모든 일을 접할 때 대충 대충 넘어가는 경우가 많다. 따라서 핵심을 파악하지 못하고 주도면밀하지 못한 것을 말한다. 정서란 편안하고 조용할 때에는 감정이 일어나지 않아야 하고, 흥분되어 움직임이 있을 때에는 그에 따라 고조되어야 한다. 정서가 평정함을 유지하지 못하거나 흥분할 때에도 고조되는 않으면 '준'(蠢)이라고 하는데, '준'은 정서가 느리고 둔하여 어리석음에 가까운 것을 뜻한다. 심기의 심천은 생각의 깊고 얕음으로 처음에 먹은 생각이 얕다는 것은 '유(柔)'를 의미하며, 전념하여 생각한 것이 깊다는 것은 '강'(剛)을 의미한다. 심기가 강유를 겸하면 처음에는 간단하게 생각하지만, 다시 깊게 사려할 줄 아는 것으로 '간'(奸)이라고 한다. 따라서 '간'은 심기의 강유를 능수능란하게 다룰 줄 아는 심오한 계략에 가까운 것이라고 할 수 있다.

> 내면이 간한 자는 공명을 기대할 수 있으며, 조와 준이 각각 반반인 자는 장수로서 남을 이기며, 내외가 모두 간사하여 마음이 넓고 작은 일에 구애되지 않을 수 있는 자는 그러한 사람은 마침내 성공하며, 오로지 거칠고 상스럽기만 하여 주도면밀함이 없는 자는 중도에 반드시 포기한다.[407]

내면이 '간'(奸)한 사람은 심기의 강유를 같이 가지고 있어 진퇴 굴신에 능하므로 반드시 한 번의 공명은 얻을 수 있음을 뜻한다.

'조'(粗)와 '준'(蠢)이 각각 반반인 사람은 감정의 속되고 거칠음과 정서의 느리고 둔함의 강유가 자신의 내면인 정신세계를 지배하고 하고 있기 때문에 '강'(剛)이 나타나면 거칠어지고, '유(柔)'가 나타나면 느긋해지므로 상황에 따라 알맞게 대처하므로 장수(長壽)로서 남을 이길 수 있다는 것이다.

내외에 모두 '간'(奸)을 얻은 사람은 내면과 외면에 모두 강유를 가지고 있기 때문에 도량이 넓고 활달하여 행동거지가 너그러워 작은 일에 구애되지 않고 자유스럽다. 자신의 정신세계가 강유를 지배할 수 있어 마음속의 감정이 얼굴에 색으로 나타나지 않으며, 행동은 마음이 하고 싶은 대로 따르기 때문에 활달하고 성공하여 명성을 취할 수 있다.

'순조'(純粗)는 오로지 거칠고 강하기만 하여 세밀함이 없는 사람은 지혜가 부족하여 일이 발생하면 조리 있게 말을 하지 못하고, 주도면밀한 계획을 세우지도 못하고 행동하지 못하여, 무엇을 하든지 도중에 그만두려고 하는 경향이 있기 때문에 중요핵심을 논하기가 어렵다.

내강유는 내면의 음양을 말하며 내간자(內奸者)·조준각반자(粗蠢各半者)·순조(純粗)는 음양의 치우침을 뜻하며, 순간능활달자(純奸能豁達者)는 음양이 조화됨을 의미한다. 이러한 내강유는 감추어져 파악하기가 쉽지 않고, 더구나 사람에 따라 정감, 정서, 심기가 서로 각각 다르기 때문에 사람을 대할 때나 사람을 분별할

---

407) "內奸者功名可期. 粗蠢各半者, 勝人以壽. 純奸能豁達者, 其人終成. 純粗無周密者, 半途必棄." 위의 책.

때 소홀히 해서는 안 된다.

(3) 정(情)·태(態)

정태(情態)는 정신의 영향을 받아 겉으로 표현된 감정이다. 『빙감』에서는 "용모는 골격의 나머지이니, 항상 골격의 부족함을 보좌할 수 있어야 하고, 정태는 신의 나머지이니, 항상 정신의 부족함을 보좌할 수 있어야 하며……"[408]라고 하였다. 용모는 골의 외부적인 표현이며, 정태는 신의 외부적인 표현이다. 신과 정태는 비슷하지만 신은 내부에 쌓여 있고 정태는 신이 외부에 감정으로 드러나는 것이다. 정태에는 '항태'(恒態)와 '시태'(時態)가 있는데, '항태'는 항상 변함이 없는 감정과 태도이고, '시태'는 때에 따라 변하는 태도이다. '항태'는 그 종류에 따라 그 특색이 다르게 나타난다.

> 사람에게는 약태(弱態), 광태(狂態), 소라태(疎懶怠), 주선태(周旋態)가 있다. ……모두 그의 심정에 근원하여 교왕(矯枉)에 연유하지 않는다. 약하지만 남의 비위를 맞추지 않으며, 광하지만 무리하게 소란을 피우지 않으며, 나태하지만 참되고 성실하며 주선하지만 원칙에 따라 행동한다면 모두 쓸모 있는 그릇을 이룰 수 있으나, 이와 반대라면 쓸모없는 무리이다.[409]

감정의 형태에는 변하지 않는 항태가 있는데, 약태(弱態), 광태(狂態), 소라태(疎懶怠), 주선태(周旋態)를 말한다. '약태'(弱態)는 공

---

408) "容貌者, 骨之餘, 常佐骨之不足. 情態者, 神之餘, 常佐神之不足." 위의 책, 「情態」.
409) "人有弱態, 有狂態, 有疎懶怠, 有周旋態. ……皆根其情, 不由矯枉. 弱而不媚, 狂而不譁, 疎懶而眞誠, 周旋而健擧, 皆能成器, 反此敗類也." 위의 책.

손하고 유약한 정태를 말한다. "길들인 새가 주인을 의지하여 정겨운 홍취로 여전히 주위를 빙빙 도는 것과 같다면 이것은 약태이다."[410] '약태'를 지닌 사람은 성격이 부드럽고 잘 감동하여 사람이 가까이하기 쉽다. 약하지만 남의 비위를 맞추는 데 급급하지 않는다면 양강한 기가 부족하더라도 괜찮지만, 남의 비위만 맞추려고 한다면 아첨의 무리가 된다.

'광태'(狂態)는 멋대로 행동하여 속박당하지 않는 정태를 뜻한다. "옷도 입지 않고 신도 신지 않고 곁에 사람이 없는 것처럼 함부로 거동하면 이것은 광태이다."[411] '광태'를 지닌 사람은 남과 다른 정서를 가지고 있으며 예스럽고 소박하지만 외형이 단정하지 못하고 분개를 잘하는 편이다. 때문에 무리하게 소란을 피우지 않는다면 기이함이 뛰어나 자신의 이상을 이룰 수 있지만, 광태가 만약 시끄럽게 날뛰고 대책 없이 난폭하다면 저속한 무리로 과대망상인 경우가 많다.

'소라태'(疎懶怠)는 거동이나 생각에 구속받지 않는 거칠고 나태한 정태를 의미한다. "가만히 앉아 있거나 거동하는 데 구애받지 않고 태연하여 묻고 대답하는 데 생각나는 대로 하면, 이것은 나태이다."[412] '소라태'를 지닌 사람은 나태하고 산만하여 윤리규범에 구속받기를 싫어하지만, 재능과 신의가 있다. 때문에 진실되고 성실함이 있으면 관련된 일에 전력을 다할 수 있는 장점이 있다. 만약 소라태가 진실되고 성실함이 없다면 외골수로 방자하고 교만

---

410) "飛鳥依仁, 情致婉轉, 此弱態也." 위의 책.
411) "不衫不履, 傍若無人, 此狂態也." 위의 책.
412) "坐止自如, 問答隨意, 此懶態也." 위의 책.

해지는 경향이 있다.

'주선태'(周旋態)는 두루두루 상대와 교제를 잘하는 정태를 말한다. "자신의 마음속의 움직임을 꾸며서 말하거나 우는 것을 구차하게 하지 않으며, 남의 말을 살피고 안색을 보아서 길함을 따르고 흉함을 버리면 이것은 주선태이다."413) '주선태'를 지난 사람은 지혜가 높고 심성이 기민하여 사물을 관찰할 때나 대인 관계에도 여유 있는 태도를 나타낸다. 때문에 자유분방하면서도 원칙에 벗어나지 않는다면 모든 일을 충분하게 감당할 능력이 있으며, 용맹하고 호걸다운 영웅의 기까지 가미된다면 상대를 설득하여 큰 공업을 세울 수 있다. 만약 주선태가 건전하지 못하여 원칙을 벗어나는 생각과 행동을 한다면, 교활함과 계략이 뛰어난 위험한 무리가 될 수 있다.

이와 같이 '항태'에는 각각 장점과 단점이 있어 약하면서도 남의 비위를 맞추지 않고, 광하면서도 무리하게 소란을 피우지 않으며, 나태하면서도 참되고 성실하고, 주선하면서도 건전하고 원칙에 부합되는 거동을 한다면 모두 인재가 될 수 있지만, 이와 반대라면 패류가 된다. 따라서 그 올바름을 얻는 경우에는 큰 그릇이 되고, 그 치우침을 얻는 경우에는 모두 쓸모없는 무리밖에 되지 못한다고 풀이된다. 이러한 '항태'는 기본적으로 자신의 심정에 뿌리를 두고 나타나는 태도이지만 '항태'만 가지고서는 사람의 내면을 파악하기가 어렵다.

위의 논술한 사태는 일정하여 변하지 않는 '항태'이고, 때에 따라 변하는 '시태'가 있다.

---

413) "飾其中機, 不苟言笑, 察言觀色, 趨吉避凶, 此周旋態也." 위의 책.

(시태란) ①사람과 대면하여 이야기 할 때에, 신이 홀연히 다른 데로 옮겨가거나, 많은 사람들이 칭찬하여 말하는데, 홀로 냉소 짓는다면 마음이 잔인하고 음험하여 가까이하기 어려운 사람…… ②다른 사람의 말이 타당하지 못한데도 극구 옳다고 말하면 이런 사람과는 사귀지 못할 것이니, 고의적으로 남을 비방하거나 비열하고 용렬하여 부끄러워할 만한 사람…… ③만연하여 가부가 없어서, 일에 임하여 꾸물대고 결정을 내리지 못하거나, 어떤 일에 감정 단속을 두터이 하지 못하여, 또한 그를 위해 눈물을 흘리는 부인네의 인함이 있는 사람…… 앞의 세 가지는 그 사람의 평생 동안 변하지 않음이 없으니 이 세 가지와 반대로써 구한다면 그것으로서 천하의 선비와 교유할 수 있다.[414]

‘시태’는 때에 따라 변하는 사람들의 감정의 형태이므로 주의해서 관찰해야 한다. ①의 경우는 무관심한 사람 또는 홀로 냉소 짓는 사람으로 ‘성부’(城府)가 깊은 사람들이다. 성부란 마음에 숨기는 것이 많아서 비밀이 많은 것으로 말하며, 상학의 입장에서 보면 면부의 성곽이 깊은 것을 의미한다. 이러한 사람과는 감정을 터놓고 이야기할 수 없다. ②의 경우 자기 견해가 없는 사람은 생각이 부족하여 주관이 없고, 고의적으로 남을 비방하는 사람은 생각에 용렬하고 비열하므로 함께 일을 논하기가 힘들다. ③의 경우 자기 멋대로 하는 사람은 옳고 그름에 객관성이 없어서 결단을 잘 내리지 못하므로 변화에 대응하기가 어렵다. 정이 많은 사람은 마음이 여린 온정파로 적합한 절도가 없어서 현상을 판단하는 데 논리적이고 이지적인 판단을 하기가 어렵다. 그 인자함이란 부인지심, 즉 부적절한 인애심으로 감정 단속을 못하기 때문에 객관적인 판단을 하기가 어려우므로 함께 속마음을 이야기할 수 없다. 이러

---

414) "方與對談, 神忽他往, 衆方稱言, 此獨冷笑 深險難近. ……言不必當, 未交此人, 故意詆毀, 卑庸可恥…… 漫無可否, 臨事遲回, 不甚關情, 亦爲墮淚 婦人之仁…… 三者不必定人終身, 反此以求, 可以交天下士." 위의 책.

한 사람들과는 각각 감정과 일 그리고 속마음을 같이 하기가 어려운 사람들이다.

내면의 정신세계는 타고난 성품과 기질에 따라 외부에 정태로 드러나는데 '항태'보다는 '시태'에서 더욱 잘 나타난다. 세 가지 '시태', 즉 '심험난근'(深險難近), '비용가치'(卑庸可恥), '부인지인'(婦人之仁)은 변하기 어려운 감정으로 세 가지와 반대인 사람, 즉 감정을 논할 수 있고, 일을 논할 수 있고, 속마음을 이야기할 수 있는 사람을 구한다면 그것만으로도 천하의 인사를 사귀었다고 할 수 있다고 강조한 것이다. 따라서 인물을 품평하거나 인재를 선발할 때에는 반드시 주의를 하여 미세한 곳에서부터 분별하고 판단해야만 한다.

(4) 성(聲) · 음(音)

성음(聲音)에는 두 종류가 있는데 하나는 물체의 마찰 등으로 진동하여 소리이며, 다른 하나는 발음기관을 통과하면서 나오는 소리인데 상학에서는 후자를 말한다. 상학에서는 "상등의 관상법은 소리만 듣고도 알 수 있고, 중등의 관상법은 정신을 잘 살펴보며, 하등의 관상법은 형체를 살펴보는 것이다"[415]라고 하면서 성음의 중요성을 강조하였다.

> 언(言)은 마음의 소리이며, 성(聲)은 肺의 기운이 표현되는 것이다. 언어
> (言語)는 화복이 출입하는 문이 되는 것이다.[416]

---

415) "上相聽聲 中相察神 下相觀形." 陳淡埜 著,『相理衡眞』, 臺北: 武陵出版社, 1987, p.251.

말을 한다는 것은 마음의 상태를 드러내는 것이며, 소리는 내면에 간직되어 있는 기운이 겉으로 표현된다. 즉 성음은 그 사람의 심기를 드러내는 것과 마찬가지이며, 사람의 몸에서 발하는 내기의 발출이므로 사람의 기를 직접적으로 판단할 수 있는 중요한 기준이 된다고 할 수 있다. 때문에 상학에서는 "심(心)이 동하는 것이 성(性)이 되어 '신'과 '기'를 포괄하니 성(性)이 발하는 것이 성(聲)이다"[417]고 하였는데, 이는 본성이 드러나는 것을 성음이라고 간주한 것이다. 『신상전편』「논성」(論聲)에는 소리가 발생하여 밖으로 드러나는 상태가 논술되어 있다.

> 귀인의 소리는 대부분 단전 가운데에서 나와 성(聲)과 기(氣)와 서로 통하고 섞여서 밖으로 도달하는 것이니, 단전은 소리의 근(根)이고 혀끝은 소리의 표(表)이다. 근이 깊으면 표가 무겁고 근이 얕으면 표가 가벼운 것이니, 이것은 소리가 근에서 발생하여 표에서 나타남을 아는 것이다.[418]

단전에서부터 소리가 나온다는 것은 신수(腎水)가 충분하다는 것을 의미한다. 단전의 음은 깊고 두터워서 소리가 멀리까지 울려 퍼져 운치가 있기 때문이다. 따라서 귀인의 소리이고 성음의 상에 해당되며, 겉에 드러난 특징으로는 귀와 수를 주장한다. 성음의 하는 기가 허약하고 여운이 없어 신수의 부족함을 나타낸다. 『상리형진』에 성음의 상중하에 대한 설명이 보인다.

---

416) "夫言者 心之聲也 聲者肺之表也 言語爲禍福之門." 위의 책, p.254.

417) "心動爲性 包括 '神' 和 '氣' 性發爲聲." 曾國藩, 『氷鑑』「聲音」注.

418) "貴人之聲多出於丹田之中, 與聲氣相通, 混然而外達, 丹田者, 聲之根也, 舌端者, 聲之表也. 夫根深則表重, 根淺則表輕, 是知聲發於根而見於表也." 陳希夷, 『神相全編』「論聲」(『古今圖書集成』). ; 『太淸神鑑』.

하단전에서 소리가 나오는 사람은 그 뿌리가 깊어서 그 표면이 무겁고, 마음이 온화하고 음성이 윤택하며, 그 소리가 멀리까지 들려 원만하고 화창하게 느껴지는 것이니, 이런 사람은 총명하고 통달한 선비가 될 것이고…… 중단전에서 소리가 나오는 사람은 그 뿌리가 얕고 표면이 미미하며, 가볍고 무거운 것이 균등하지 못하여 그 소리가 맑거나 멀리 들리는 것이 절도가 없고, 한때는 성공도 하지만 실패도 하며…… 상단전에서 소리가 나오는 사람은 혀끝에서 소리가 나는 것과 같아 기운은 너무 급박하고 촉박하여 화합하지 못하고, 음성이 건조하거나 축축하여 잘 조절되지 못한다. 놀라서 우는 것 같거나 초조해서 깨뜨려지는 것과 같아서 반드시 고생이 많고 애환이 많으며……[419]

하단전은 아랫배에서부터 소리가 발생하는 것으로 상등이고, 중단전은 가슴 부위에서 소리가 발생하는 것이며, 상단전은 머리 부분, 즉 혀끝에서 소리가 발생하는 것으로 하등이 된다는 것을 묘사한 예이다.

소리는 "단전에서 시작하여 인후에서 소리를 내고, 혀에서 변화되고, 치아에서 청탁이 분별되어, 입술을 통하여 밖으로 나오는 것이니 실제로 오음과 서로 배합된다."[420] 성음은 마지막에 입술을 거쳐 외부로 펼쳐져 오음과 서로 배합한다고 하였는데, 오음은 궁(宮)·상(商)·각(角)·치(徵)·우(羽)를 말한다. 사람은 자연으로부터 오행의 형상을 품부받고, 그 소리 역시 오성(五聲)의 상이 있다. 『상리형진』「오음론」에서는 정상적인 오음의 상을 "금성(金聲)은 소리에 울림이 일어나고, 목성(木聲)은 높고 화창한 소리이며, 수성(水聲)은 둥글둥글하면서도 급한 면이 있고, 화성(火聲)은 타는

---

419) "出下丹田, 根深表重, 和而聲潤, 遠而圓暢, 聰明達士…… 出中丹田, 根淺表微, 輕重不均, 嘹喨無節, 或有成有敗…… 出上丹田者 發於舌端 急促不和, 乾濕不齊, 震而鳴, 焦而破, 必勞苦……" 陳淡埜 著, 『相理衡眞』「聲論」 p.281.

420) "始於丹田. 發於喉. 轉於舌. 辨於齒. 出於脣. 實與五音相配." 曾國藩, 『氷鑑』「聲音」.

듯이 맹렬하며, 토성(土聲)은 침착하고 중후한 소리이다. 이것이 오음의 정상적인 모양이다"[421]고 하였으며, 『신상전편』의 성음시 (聲音詩)에도 정상적인 오음의 상이 제시되어 있다.

목성은 높고 화창하고 화성은 초조하며, 화답하듯 윤택한 금성은 가장 부유하고 넉넉한 소리이네. 토성은 깊은 독 속에서 우러나오듯 하며, 수성은 둥글고 급하면서 여운이 회오리 부는 것같이 표표하게 나타나네. 귀인의 목소리는 단전에서 흘러나오며 기가 넓고 후두가 넓어 우렁차고 튼튼하네. 빈천한 자의 목소리는 입술과 혀끝에서 울리고 일생 동안 분주하니 말로 다할 수 없네.[422]

성음의 오행적 속성과 사람 형상의 오행적 속성은 형과 특징이 서로 부합하여 곧 길상·부귀·양선을 만들고, 그렇지 않으면 불길·빈천·흉악을 만든다.

'성음' 또는 '음성'이라는 용어를 많이 사용하는데, "성과 음은 똑같지 않으니 성은 펼치는 것을 주관하므로, 소리가 발생하는 곳을 따라 나타나고, 음은 수렴하는 것을 주관하므로 소리가 멈추는 곳을 따라 들린다."[423] 성과 음은 생리학과 물리학에서 동일 개념으로 본질이 다르지 않지만, 상학에서는 성과 음을 같다고 생각하지 않는다. 성은 말문을 여는 것을 주관하므로 소리가 발생하는 곳을 따라 들리고, 음은 말문을 닫는 것을 주관하므로 소리가 멈추는 성대가 진동한 뒤의 여운을 따라 들린다. 소리가 발생하는

---

421) "金聲響, 木聲燥, 水聲急, 火聲烈, 土聲沉, 此五音之正象也." 陳淡埜 著, 『相理衡眞』「五音論」 p.282.

422) "詩曰, 木聲高唱火聲焦, 和潤金聲最富饒, 土語卻如深甕裡, 水聲圓急又飄飄. 貴人音韻出丹田, 氣實喉寬響又堅, 貧賤不離脣舌上, 一生奔走不堪言." 陳希夷, 『神相全編』「許負聽聲編」(『古今圖書集成』). 許負는 후한시대의 관상가이다.

423) "聲與音不同. 聲主張. 尋發處見. 音主歛. 尋歇處見." 曾國藩, 『氷鑑』「聲音」.

곳을 따라 나타나는 성의 특색을 살피면 성을 분별할 수 있다.

성을 분별하는 법은 반드시 희로애락을 표현하는 상태를 분별해야 하니, 기뻐하는 소리는 바람을 만나 대나무가 꺾일 때 나는 소리 같으며…… 대체로 가볍고 맑은 것을 으뜸으로 여긴다. ……먼 곳에서 들으면 소리가 웅장 강건하고, 가까이에서 들으면 소리가 부드럽고 먼 데서 들려오는 듯하며, 소리가 시작될 때에는 바람을 타고 날아 움직이는 것과 같고, 소리가 멈출 때에는 거문고 박자 맞추듯 하는 것이 최상이 되며 큰소리로 말할 때 입술을 크게 벌리지 않고, 작은 소리로 말할 때 이가 없는 듯한 것이 최상의 성이다.424)

성은 감정을 표현하는 상태로 구별할 수 있는데, 이것은 사람의 희로애락의 정은 같지 않으므로, 말할 때의 표정, 기류의 속도와 밀도, 성대 등 진동하는 정도가 다르기 때문이다.

먼 곳에서 들을 때 소리가 웅장 강건한 것은 양강지기가 충만한 것을 나타낸 것이고, 가까이에서 들을 때 소리가 부드럽고 먼 데서 들려오는 듯한 것은 음유지기가 충만하여 풍치가 있음을 표현한 것이다. 소리가 시작될 때 바람을 타고 날아 움직이는 것과 같은 것은 사람의 마음을 즐겁게 해 주며, 소리가 멈출 때 거문고 박자 맞추듯 하는 것은 온화한 마음으로 자유스러움을 묘사한 예이다. 큰소리로 말할 때 입술을 크게 벌리지 않는 것은 건강하고 기가 충족하여 엄중한 사람이며, 작은 소리로 말할 때 이를 드러내지 않고 말하는 것은 정신이 맑고 밝은 것으로 재능과 경험이 많은 노련한 사람이다. 따라서 이러한 성이 최상의 성이 되는 것임을 알 수 있다.

---

424) "辨聲之法. 必辨喜怒哀樂. 喜如折竹當風…… 大槩以輕淸爲上. ……遠聽聲雄. 近聽悠揚. 起若乘風. 止若拍瑟土上. 大言不張脣. 細言若無齒. 上也." 위의 책.

음(音)은 소리가 멈추는 곳을 따라 나타나는 성(聲)의 여운으로 소리가 사라진 뒤에도 남아 있는 음향을 말한다.

음은 성의 여운으로…… 빈천한 자는 성은 있으나 음이 없으며, 첨예하고 교묘한 자는 음은 있으나 성이 없으니, 이른바 '새소리에는 성이 없고 짐승의 울음소리에는 음이 없다'는 것이 이것이다. 보통 사람들이 말하는 것은 성이며, 그것이 전후좌우 흩어지는 것이 음이다. 입을 열고 말할 때 만약 정을 담아 말하면 여향이 많으니, 우아한 사람일 뿐 아니라 겸하여 저명한 인사로 일컬어지며, 넓은 입에 소리가 넘쳐 나옴이 없고, 뾰족한 혀에 경박한 음이 없으면 진실하고 돈후할 뿐 아니라 겸하여 명성이 높아진다.[425]

성음을 다 구비하고 있는 경우도 있지만 성만 있고 음이 없는 경우도 있고, 음만 있고 성이 없는 경우도 있다. 예를 들어 새의 울음소리는 부드럽고 느려 씩씩한 기운이 없어 무성(無聲)에 속하고, 짐승이 우는 소리는 거칠고 예의가 없어 고상함이 없는 소리로 무음(無音)에 속한다. 빈궁하고 비천한 사람과 짐승의 울음소리는 성만 있고 음이 없으며, 교묘하게 아첨하거나 약삭빠른 사람과 새의 소리는 음만 있고 성이 없는 경우로 대별하여 서로의 정의 형태, 모습 등이 유사한 경향이 있는 것으로 묘사하였다.

'성은 있으나 음이 없다는 것'[有聲無音]은 소리가 난 후 귀를 맴도는 여운이 없다는 것으로 말소리가 거칠고 사람에게 주는 느낌과 인상이 품위 있는 운미와 온화하고 예의 바른 정감이 결핍된 사람들에게서 나타나는 현상이라고 할 수 있다. '음은 있으나 성이 없다는 것'[有音無聲]은 말의 내용보다 뒤에 남은 여운만 느껴지

---

425) "音者, 聲之餘也. 與聲相去不遠…… 貧賤者有聲無音. 尖巧者有音無聲. 所謂禽無聲. 獸無音是也. 凡人說話是聲. 其散在左右前後是音. 開談若含情話. 終多餘響. 不惟雅人. 兼稱國士. 闊口無溢出. 尖舌無寃音. 不惟實厚. 兼獲名高." 위의 책.

는 경우가 많다. 위장과 꾸밈을 교묘하게 잘하거나 처세술에 능한 사람들은 대인관계가 원만하고 사교성이 있지만 말을 할 때에는 유음무성(有音無聲)인 경우가 많다.

'음, 즉 소리의 여운이 강하다는 것'은 소리에 정이 포함되어 있다는 것을 의미한다. 성은 마음의 움직임에서 나오므로 말하는 태도에 자연히 진실성이 담겨 있다. 이미 말을 다하였는데도 맑은 여운의 향이 멀리까지 퍼진다면 이러한 사람은 온화하고 예의 바르며 고상하다는 것이다. 아름다운 성의 특징은 정을 담고 있으며, 아름다운 음의 특징은 여향이라고 볼 수 있다.

'넓은 입에 소리가 넘쳐 나옴이 없다는 것'은 그 사람의 수양이 깊어 안으로 원기를 굳게 할 수 있어 야무지고 신중하다는 것을 알 수 있고, '소리가 먼저 넘쳐 나오는 것'은 성이 아직 움직이지도 않았는데 기가 먼저 튀어나오는 현상이기 때문에 그 사람은 방약무인하고 과장이 심함을 알 수 있다. '뾰족한 혀에 경박한 음이 없다는 것'은 그 사람의 내면의 소양이 깊고 중후하며 재주가 있고 덕이 있는 사람이다. 내면으로 기를 함장하여 돈독함이 있으면 진실한 감정이 깊고 두터워 정을 따르고 이치에 알맞게 언행을 하므로 명성을 얻을 뿐 아니라 명예를 드날릴 수 있다는 것을 암시한다.

성음은 사람마다 다르기 때문에 건강의 상황도 다르다. 선천적으로 품부받음이 다르고, 후천적으로 수양함이 다르며, 생존 환경도 같지 않은 등으로 매우 큰 차이가 있다. 목소리에는 개인의 건강상태, 현명함과 어리석음, 인격의 수양 등 그 사람의 내면적인 상태를 나타내기 때문에 상을 볼 때 성음을 중요하게 생각한다. 예를 들어 성공한 성악가는 일반적으로 모두 힘들여 배우고 고된 훈련의 경력을 가지고 있다. 다만 타고난 천부적인 재능이 높지 않은데도 고된 훈련만으로 뛰어난 성악가로 성공하기는 어렵다. 이것은 타고난 천부적인 재능에 속하기 때문에 사람의 명(命)과 일정한 관계가 있다고 볼 수 있다.

2) 인재의 상

(1) 문인의 상

문인은 중국 전통사회의 문화와 지식을 갖춘 유사, 즉 선비, 지식인들을 뜻하는 것으로 인재를 의미한다. 고대에서는 누구든지 상을 보는 것이 아니고 문인, 즉 인재들의 상을 위주로 보았다고 할 수 있다. 그래서 『신상전편』에서는 "대단히 귀히 될 사람이라야 비로소 상을 볼 수 있으니 중하의 사람들을 어찌 평가할 수 있으랴"[426]고 한다.

일반에서 보는 상들은 인간의 미래에 대한 길흉화복으로 위주로 하였지만, 문인 및 사대부 계층의 상은 신(神)을 주요하게 생각하여 사람의 덕과 성품, 재능 그리고 지위까지 살폈으며 청(淸)·고(古)·기(奇)·수(秀)로 구별을 하였다. 또한 골격을 통해서도 문인·무인의 상을 알 수 있다. 골격은 인체의 근본으로서 부모의 '선천지정'(先天之精)에서 형성되는 선천적인 것으로 수려하고 맑

---

426) "上貴之人方入相, 中下之人豈可評." 陳希夷, 『神相全編』「風鑑」(『古今圖書集成』).

아야 한다. 귀골은 뼈마디가 가늘고, 길고, 둥글고, 단단하게 짜여 중화를 이루고 신체에서도 배합이 잘되어야 한다. 머리 뒤의 침골 (枕骨)[427)]이 풍요롭게 일어나 있어야 하며 기골(奇骨)이 있으면 더욱 좋다. 두상은 인체에 있어 인군의 존귀함과도 같으므로 마땅히 반듯해야 하고 균형을 이루어야 한다.

> "머리는 몸의 으뜸으로 모든 뼈의 우두머리이고, 모든 양기의 모임이며 五行의 근본이다. 가장 높은 곳에 있으면서 둥근 것은 하늘의 덕을 상징한다. 그 골은 풍성하게 일어나고 준엄하게 볼록 솟아야 하며 두피는 두터워야 하고 이마는 넓어야 한다. (이마가) 짧으면 후중하여야 하고, 길면 방정하여야 한다. 정수리가 솟은 사람은 고귀하고……"[428)]

머리는 하늘을 상징하며 양의 기운을 받게 되니 둥글게 네모지듯 높이 솟아야 모든 일을 공명정대하게 처리할 수 있으며, 정수리가 함몰하여 편벽되면 좋지 않다. 머리의 뼈가 날카로우면 무관이 되며, 은은하여 둥글게 일어났으면 문관이 되는 경우가 많다.

면상에서는 오악과 사독이 서로 마주보며 응하고, 삼정의 여러 부위가 풍만하여야 한다. 삼정에서 상정은 하늘로 귀(貴)를 나타내고 하정은 땅으로 부(富)를 나타내기 때문에, 문인의 상은 그중에서도 상정이 풍만하고 넓어야 한다. 오악은 산의 형상이고 사독은 물의 형상이니, 산 좋고 물 맑은 것이야말로 구조적으로 완전함을 갖춘 상이라고 할 수 있다. 오관은 밝고 단정해야 하며 조화를 이

---

427) 두 개의 뒤쪽 하부를 이룬 뼈로 바로 누울 때에 베개에 닿는 부분이다. 침골이 솟은 사람은 국가와 사회·가정에 대해 강한 책임감과 의협심·독창성·지구력·인내심이 있으며 의지력이 강하다.

428) "頭者一身之尊, 百骸之長, 諸陽之會, 五行之宗. 居高而圓 象天之德也. 其骨欲豊而起, 欲峻而凸, 皮欲厚額欲廣, 短則欲厚, 長則欲方, 頂凸者 高貴……" 金赫濟 校閱, 『麻衣相法』.

루지 못하고 노출되거나 기울어서는 안 된다. 십이궁에서는 명궁(命宮)·천이궁(遷移宮)·관록궁(官祿宮)[429]이 재능·학문 등과 관계가 깊은데 이 부위는 모두 이마 부위인 상정[430]에 있다. 따라서 상정에 해당하는 이마의 뼈가 풍성하고 크며 우뚝 솟아 널찍하고 가지런하며, 액골(額骨)이 정수리까지 뻗으면 귀함이 천자의 위치에 이른다. 이마가 벽처럼 우뚝 솟고 간을 엎어 놓은 것 같으며, 밝고 윤택하고 네모나고 길면 귀와 수를 같이 누린다. 학당(學堂)[431]에는 사학당과 팔학당[432]이 있는데, 학당은 상정인 이마 부위와 눈·눈썹·귀·입 등에 해당하는 곳으로 총명함과 재주, 지혜를 주로 관찰한다.

---

429) 命宮은 인당 부위이며, 遷移宮은 천창 역마 부위이며, 官祿宮은 이마 중앙 부위로 모두 상정에 속한다.

430) 上停은 발제부터 인당까지를 말하며, 이마 전체를 포함한다.

431) "妙相之法在何方, 觀其神氣在學堂.(관상의 묘법은 어디에 있는가. 神과 氣의 관찰은 學堂에 있다.)" 陳希夷, 『神相全編』「唐擧相神氣」(『古今圖書集成』).

432) "一曰: 眼爲官學堂, 眼要長而淸, 主官職之位. 二曰: 額爲祿學堂, 額闊而長, 主官壽. 三曰: 當門兩齒爲內學堂, 要周正而密, 主忠信孝敬, 疏缺而小, 主多狂妄. 四曰: 耳門之前爲外學堂, 要耳前豊滿光潤, 主聰明, 若昏沉, 愚鹵之人也.(四學堂은 눈을 관학당이라고 한다. 눈은 길면서도 맑아야 하며, 관직의 직위를 주관한다. 이마를 녹학당이라고 한다. 이마는 넓고 길어야 하며 관직과 장수를 주관한다. 앞니를 내학당이라고 한다. 바르고 치밀해야 하며 충·신·효·경을 주관한다. 드물거나 모자라거나 작으면 이치에 맞지 않는 사람이다. 귀의 앞을 외학당이라고 한다. 이문의 앞은 풍만하고 빛나며 윤기가 돌아야 한다. 총명을 주관한다. 만약 흐리고 가라앉았다면 우둔하고 거친 사람이다.)" 위의 책, 「四學堂論」; "第一高明部學堂, 頭圓或有異骨昻. 第二高廣部學堂, 額勇明潤骨起方. 第三光大部學堂, 印堂平明無痕傷. 第四明秀部學堂, 眼光黑多入隱藏. 第五聰明部學堂, 耳有輪廓紅白黃. 第六忠信部學堂, 齒齊周密白如霜. 第七廣德部學堂, 舌長至準紅紋長. 第八班筍部學堂, 橫紋中節停合雙.(八學堂은 첫째, 고명학당으로 머리가 둥글거나 異骨이 헌앙해야 한다. 둘째, 고광학당으로 이마가 고강하고 밝고 윤택하며 骨이 반듯하게 일어나야 한다. 셋째, 광대학당으로 인당이 평평하게 밝고 상처나 흠집이 없어야 한다. 넷째, 명수학당으로 눈빛이 밝고 눈동자가 검으로 神이 감취져야 한다. 다섯째, 총명학당으로 귀의 윤곽이 뚜렷하고 색이 발그스레하며 깨끗해야 한다. 여섯째, 충신학당으로 치아가 가지런하여 주밀하며 서리같이 희어야 한다. 일곱째, 광덕학당으로 혀가 길어 코에 이르고 紅紋이 길어야 한다. 여덟째, 반순학당으로 눈썹이 天中에 가로서서 가늘고 수려하여 길어야 한다.)" 위의 책, 「八學堂論」.

(2) 귀인(貴人)의 相

상학에서 귀인은 인품과 덕성이 고상하고 수양이 잘되어 기질이
우아한 사람으로 총명함이 뛰어나 지혜롭고 밝은 예지력을 지닌
사람, 재능이 탁월한 사람 등 뛰어난 인재를 의미한다. 따라서 귀
인의 상은 무엇보다도 신(神)을 중요하게 생각하며 정신 상태·덕
과 성품·재능을 중점적으로 관찰한다.

귀인의 상은 맑고[淸], 기이하며[奇], 예스럽고[古], 괴상한[怪] 면
모로 구분하고, 수려한 기(氣)와 순수하고 두터운 용모(厚)를 분별
하였는데, 아무리 맑고 기이하며 수려한 상이라고 해도 신이 없으
면, 탁하고 속된 상이 되어 버린다.

> 부유한 사람은 몸이 두터울 따름이고, 귀한 선비만이 신을 논할 수 있으
> 므로…… 부귀를 같이 보면 오판할 수가 있다.[433]

『상리형진』에서는 귀상에도 상중하의 분별이 있기 때문에 이를
잘 관찰할 수 있어야 한다고 강조하였다.

> 귀한 벼슬을 하는 사람들도 가볍고 두터움이 있는 것이고, 맑고 청정한
> 것도 있으며, 빼어나고 수려함도 있으며, 추조함과 보드랍고 세세함도 있
> 고, 파리함과 비대한 사람도 있는 것이다. 그러나 주요한 것은 그 사람의
> 형체와 골격 부위가 온전한 것에 있는 것이 아니다. 그 사람의 형체와 골
> 격 부위가 완전한데도 수려하고 빼어난 아름다움과 청량한 기운이 없으
> 면, 비록 귀한 일을 시킬지라도 중요하게 등용해서는 안 된다.[434]

---

433) "富人不過厚其身, 貴士方當與論神…… 富貴同看誤於人." 陳希夷, 『神相全編』「風
　　鑑歌」(『古今圖書集成』).
434) "貴人有輕有厚, 有淸有秀, 有粗有細, 有搜有肥, 皆要 秀媚不在形骨部位全也. 形

귀상이라 하더라도 각각의 분별이 있고, 귀는 신을 중심으로 살펴야 하는데, 부와 귀를 같이 보려고 하기 때문에 오류가 있을 수 있으므로 관찰하는 자의 안목이 필요하다는 것을 강조하였다. 귀인의 상은 세 가지를 중요하게 관찰한다. 그것은 소리, 신, 기이다. 소리가 맑으면 신이 맑고, 신이 맑으면 기가 맑다. 소리는 우렁차고 넓어야 하고 길어야 하며, 신은 당연히 정미하고 순수하며 함장되어 있어야 한다. 기는 편안하고 느긋하며 깨끗해야만 그 사람의 심성의 기국과 도량이 너그럽고 크다고 할 수 있다. 이 세 가지가 이루어진 후에야 형체와 골격을 살피는데, 그 또한 사체(四體)를 갖추어 허리가 둥글고 어깨가 두터우며 골격이 솟고 신이 맑으면 위엄과 권리, 충절이 있다고 할 수 있다. 『신상전편』에 귀상에 대하여 논술된 내용이 보인다.

> 선과 악은 마음속에 있지만 외모에서 나타나서 마음의 표(表)가 되니, 표가 단정하면 마음이 바르고 표가 기울면 마음이 기울기 때문에 그 외형을 보면 그 이면을 알 수 있다. 머리가 솟고 단단하며, 이마는 바르고 넓으며, 눈썹이 성기고 아름다우며, 눈은 길면서 맑고, 귓바퀴가 평평하고 두터우며, 콧마루가 솟고 곧으며, 가슴이 넓고 트였으며, 등이 솟고 두터우며, 인중이 분명하고 입술이 단정하며, 기가 조화되어 유순하고, 음성이 원활하고 넓으며, 형체가 바르면서 준수하고 색이 밝으면서 윤기가 나며, 언어에 두서가 있고 음식에 절도가 있으며, 진퇴에 예가 바르고 행좌에 절도가 있으면 귀인의 상이며 마음이 선행이다.[435]

귀한 사람의 상이란 골격이 높이 솟아 있으며, 이마가 광활하고

骨部位全 而無秀媚之氣, 縱貴不近佐主也." 陳淡埜, 『相理衡眞』「貴相捷徑」.

435) "善惡在心而見於貌, 爲心之表也, 表端則心正, 表欹則心曲. 觀其表則知其裡矣. 頭聳而堅, 額方而廣, 眉疏而秀, 眼長而淸, 耳輪平厚, 鼻梁聳直, 心廣而寬, 背隆而厚, 人中分明, 口脣端正, 氣和而順, 聲圓而寬, 形正而峻, 色明而澤, 言語有序, 飮食有節, 進退有儀, 行坐有度, 貴人之相, 而心之善行矣." 위의 책, 「相善」.

높아 천정까지 솟아 있고, 두 눈의 정기가 맑고 시원하여 정신이 청정하게 살아 있어야 한다. 이목구비 오관이 선명하고 밝으며, 두 눈썹이 귀밑머리까지 길게 뻗고, 입술은 두터워야 하며, 말은 단정하고 엄해야 하며, 소리는 높고 맑아야 하고, 색은 밝고 선명하고 윤택해야 하며, 전체적인 상이 오행에 알맞게 배합되어 있어야 한다. 뼈는 가늘고, 피부에 윤기가 있으며, 형체가 무거운 듯하고 걸을 때는 나는 듯 빠르며, 음성이 넓은 종소리나 북소리와 같이 소리의 운이 창창하여 먼 곳까지 들려야 한다는 것이다.

일반적으로 귀상이란 눈동자의 흑백이 분명하고 맑으며, 눈썹이 수려하여 신이 밝게 빛나고, 인당이 풍만하고 밝아서 뛰어난 기상과 재기가 왕성하며, 두상과 이마가 풍만하게 솟아 있어 기개와 도량이 헌앙하다. 콧대가 반듯하게 내려와 기상이 당당하고, 관골이 풍릉하게 높이 솟아 기세가 비범하며, 입술이 방정하여 강직하고 굳건하며, 음성이 넓은 종소리나 북소리와 같이 스케일이 웅장하고, 기색이 발그레 윤기가 있어 정신이 윤택하고 밝은 상을 말한다. 신체적으로는 체격이 균형을 이루어 신체와 면부의 삼정이 균등하고, 자태가 뛰어나 품성이 훌륭하며, 태도와 행동거지가 단정하다.

이와 같이 문인과 귀인의 상을 볼 때 신을 중요하게 생각하며 형을 겸하여 본다. 따라서 신과 골을 먼저 살피고 강유·정태·성음 등을 세밀히 관찰해야만 그 안에 감추어 있는 재성과 성품, 지혜 등 내면의 정신 상태를 파악할 수 있다.

【 V 】

『인물지』의 상학적 접근

01

『인물지』와 상학의 연계성

　동서양을 막론하고 인간에 대한 탐구는 고대에서부터 지금까지 면면히 이어지고 있는 중요한 논제이다. 유소는 『인물지』에서 인간의 외재적 형상을 탐구하여 내재적 본질을 파악할 수 있는 방안을 제시함으로써 인간의 본질적인 모습을 추구하였다. 상학에서는 천도·천명·인성·인사 등 인간의 문제들을 원기·음양·삼재·오행 등의 상징들을 통하여 이해한다. 상학에서 형상을 관찰하는 것은 외부에 나타난 형상을 통해 그 안에 함의되어 있는 내면을 파악함으로써 내면의 세계와 그에 따른 변화를 인지하고자 하기 때문이다. 즉 외부의 형상이란 그냥 나타나는 것이 아니라, 그 안에 있는 내면의 기운이 외부로 표출되어 외형을 형성시켰다는 원리 아래 만물과 사람을 관찰하고 그에 따라 다양한 판단을 할 수 있다고 간주한 것이다.

　이처럼 『인물지』와 상학의 공통적 관점은 인간의 외형적 특징을 통해 내면적인 덕성 및 타고난 능력 등을 파악하는 것이다. 인간의 형체와 정신이 서로 유기적인 관계에 있으므로 '지인'(知人)하려면 인간의 내외양면에 대한 정확한 인식이 절대적으로 필요하다고 본다. 양자의 일차적인 목적은 서로 부합되며, 그 방법으로 인간의 외재적인 형상을 탐구하여 내재적인 본질을 파악할 수 있다는 주장도 일치한다. 따라서 『인물지』에서는 상학에 대하여 한마디도 언급하지 않았지만 실제 내용 면에 있어서는 전편에 걸쳐 상학적인 요인이 다양하게 드러나고 있다.

1) 『인물지』와 상학의 이론적 유사성

『인물지』에는 인간의 내면상태를 파악할 수 있는 방법으로 겉으로 드러난 구징(九徵)인 신(神)·정(精)·근(筋)·골(骨)·기(氣)·색(色)·의(儀)·용(容)·언(言)에 대하여 논술되어 있다. 필자는 구징 가운데 신(神)·정(精)은 양과 음으로, 근(筋)·골(骨)·기(氣)·색(色)·의(儀)는 금목수화토의 오행형상법436)으로, 용(容)은 마음의 바탕에서부터 나타나는 동태와 정태로, 언(言)은 심기의 징후를 알 수 있는 음성과 말로 분류하였다. 이를 바탕으로 본서에서는 『인물지』의 전체적인 내용과 더불어 이론적 입지를 표명한 「구징」을 중

---

436) 五行 形象法은 『內經』「靈樞」의 陰陽二十五人이 그 기원으로, 역대 相學書들이 모두 이 說을 원용하였다. 五行 形象法의 기원이 되는 『內經』「靈樞」에서는 五形人을 건강과 질병을 중심으로 설명하고 있다면, 相學에서는 五形人의 形象을 분별하여 구체적으로 한 인간의 외면에서 내면까지 주요한 性稟을 결정짓는 요소들을 구체적이고 세부적으로 설명하고 있다. 五行 形象이란 사람을 木·火·土·金·水 五行의 기운에 따라 다섯 가지 체형으로 분류하는 방법이다. 전신의 骨格이 이루어낸 머리·얼굴·몸·손·다리 등 다섯 부위의 형태와 색을 근거로 하여 음성·자세와 동작 등 사람의 體相·面相 및 手相 등 전반에 걸쳐 결부시켜 해석하고 있다.

심으로 상학적 요인에 대하여 분석하고자 한다.

(1) 원기와 음양(정·신)

『인물지』와 상학에서는 한대 사상의 기본 틀이라고 할 수 있는 원기와 음양오행설의 자연관계를 원용하여, 사람의 구조를 대우주가 응축된 하나의 소우주로 간주하고 인간의 본질에 대한 이론을 체계화한다.

『인물지』와 상학의 문헌을 서로 대조하면서 공통점과 차이점을 분석해 보자.

인물의 형성이 '원일의 기를 받아 음양으로 입성(立性)한다'는 부분을 살펴보면,

> 모든 혈기가 있는 것은 원일의 기를 받아서 질(바탕)로 삼고, 음양을 부여받아 성을 세우며…… 명백한 사람은 움직임의 기틀에는 통달하지만 깊은 사유에는 어둡고, 깊이 사려하는 사람은 고요함의 근원을 알지만 민첩한 데에는 부족하니…… 이 두 가지가 의미하는 것은 모두 음과 양의 차이이다.[437]

> 자연의 氣는 바로 태원(胎元)인데 한 번 내쉬고 들이쉬며 사람의 귀천을 결정하고…… 사람의 현우를 결정하며…… 인간의 선악을 결정한다.[438] ; 인간은 태어나서 만물의 귀가 되고 천지오상의 성을 품고 음양이기의 영을 가지고 있으니, 비록 타고난 본성은 같으나 용모는 같지 않다. …… 음양이기가 화생할 때…… 그 기의 청함을 받은 자는 성·현이 되고, 그

---

437) "凡有血氣者, 莫不含元一以爲質, 稟陰陽以立性…… 故明白之士, 達動之機, 而暗於玄機 ; 玄慮之人, 識靜之原, 而困於速捷…… 蓋陰陽之別也."『人物志』「九徵」.

438) "自然之氣乃胎元一呼一吸, 定生人之貴賤也…… 定之賢愚也…… 定人之善惡也." 陳希夷,『神相全編』「唐擧相神氣」(『古今圖書集成』). 唐擧는 전국시대 관상가이다.

기의 탁함을 받은 자는 우자(愚者)·불초자(不肖子)가 되는 것이니, 그
기를 받은 것은 같으나 청탁에 다름이 있어서 인품이 다른 것이다.[439]

자연의 기인 태원이란 원일의 기를 말하며, 음양이기의 화생이
란 원일의 기에서 변화하여 음양으로 나누어진 것을 말한다. 다시
말하면 사람은 원일의 기를 바탕으로 받은 음양이기의 청탁에 따
라 현명함과 어리석음, 선악 등 인품이 결정된다는 것이다. 이것은
총명함이 음양의 정기에서 비롯된다는 것과 의미를 같이한다.

「구징」에서 논술한 인간의 내면상태를 파악할 수 있는 아홉 가
지 징후인 신·정·근·골·기·색·의·용·언 중에서 먼저 신
과 정을 살펴보기로 하자. 신과 정을 음양으로 분류한 것은 『인물
지』와 『신상전편』의 논술이 상통한다.

사람들은 신을 논할 때 반드시 눈에 정신이 있다고 하는데…… 천일(天一)
이 수(水)를 낳아 정으로 되고, 지이(地二)가 화(火)를 낳아 신이 된다. 정
이 합해진 다음에 신이 따르게 된다. 안에 충족한 정이 있어야 밖에 맑은
신이 있게 된다.[440]

신과 정은 양과 음으로 화는 신이 되고 수는 정이 된다. 수인
정은 음으로 실질적인 지혜를 나타내고, 화인 신은 양으로 정사(正
邪)를 꿰뚫어 볼 수 있는 명석함을 나타낸다. 정이 합해진 다음에
신이 나타나 정신이 되는데, 내면에 충족한 정이 있어야 밖으로

---

439) "人之生爲萬物之貴, 懷天地五常之性, 抱陰陽二氣之靈, 雖秉彝之本同, 肯容貌之
非…… 陰陽二氣之化生也. ……其氣之淸者爲聖爲賢, 稟其氣之濁者爲愚爲不肖,
所以稟氣則同, 淸濁有異而人品殊矣." 위의 책, 「許負相德氣」.

440) "今人論精神, 必曰眼有精神, 殊不知神之元, 天一生水爲精, 地二生火爲神. 精合者,
然後神從之內有充足之精, 則外有澄徹之神." 위의 책, 「唐擧相神氣」.

맑은 신이 나타날 수 있음을 지적한다.

> 공정하거나 사특한 자질은 신에 달려 있고, 명석하거나 우둔한 재능은 정
> 기에 달려 있다. ……총명함은 음양의 정기에서 비롯되고…… 명석한 사
> 람은 움직임의 기틀은 꿰뚫어 알지만, 깊게 사려하는 사람은 고요함의 근
> 원은 알지만 신속하거나 민첩함이 부족하다. ……안색이 외모에 드러난
> 것이 신의 증거이니, 징신이 외모에 드러나면 마음의 작용이 눈에 발현된
> 다. 그러므로 인자한 눈을 가진 사람의 눈빛은 삼가는 듯이 단아하며, 용
> 감한 담력을 가진 사람의 눈빛은 타오르듯 강렬하다"[441]

> 일신의 정신은 양 눈에 갖추어져 있으며…… 신에는 청탁의 분별이 있
> 다. 청탁의 분별은 쉽지만 사정의 분별은 어렵다. 사정을 분별하려면 먼
> 저 (눈빛의) 동정을 살펴야한다."[442] ; 신기를 살피려면 먼저 눈동자를 보
> 아야 한다. 어질고 훌륭한 사람은 매우 맑고 뛰어나고, 재주와 지혜가 뛰
> 어난 사람은 밝고 빼어나다.[443]

신에서 그 사람의 바름과 사악함을 파악할 수 있고, 정에서 깊은
지혜를 알 수 있는데, 정과 신은 눈동자에서 나타나기 때문에 눈
을 관찰하면 정과 신의 상태를 알 수 있다.

음정과 양신의 조화가 이루어져야만 깊은 지혜로 사려할 수 있
고 명석함으로 사리에 대한 변별력이 나올 수 있다. 때문에 음양
의 순수한 정기를 받아도 음양의 치우침에 따라 명백지인(明白之
人)과 사려지인(思慮之人)으로 그 능력이 구분되며, 음양의 조화를
이루면 명석함과 사려함이 모두 뛰어난 성인이 되는 것이라고 할

---

441) "平陂之質在於神, 明暗之實在於精. ……聰明者, 陰陽之精 明白之士, ……達動之機,
　　　而暗於玄機 ; 玄慮之人, 識靜之原, 而困於速捷. ……夫色見於貌, 所謂徵神. 徵神見
　　　貌, 則情發於目. 故仁目之精, 愨然以端 ; 勇膽之精, 曄然以彊." 『人物志』「九徵」.
442) "一身精神…… 有淸濁之辨. 淸濁易辨. 邪正難辨. 欲辨邪正. 先觀動靜." 曾國藩,
　　　『氷鑑』「神骨」.
443) "欲察神氣, 先觀目睛, 賢良澄澈, 豪俊精英." 張行簡 撰, 『人倫大統賦』(『四庫全書
　　　術數類全編・子部』).

수 있다.

명석한 사람은 음기보다 양기를 많이 품부받아 신이 정보다 강하기 때문에 민첩하며 순간적으로 사물을 꿰뚫어 볼 수 있고, 사려하는 사람은 양기보다 음기를 많이 품부받아 정이 신보다 강하기 때문에 고요함의 근원을 알 수 있게 되는 것이다. 그러나 일반인들은 음양의 순수한 정기를 받지 못하고 청탁이 혼합되어 있으며, 음양의 기운 또한 치우친 점이 많이 있다. 때문에 상학에서는 기의 청탁에 따라 인품·덕성·지혜 등을 논하고, 기의 치우침에 따라 음인과 양인을 구분하여 성정·재능 등을 설명하고 있다.

우주의 본체인 태극을 에너지의 모체라고 한다면, 이 에너지가 동(動)하는 과정을 양이라 하고, 다시 정(靜)하는 과정을 음이라 한다. 양에서는 대개 발산·상승·소비를 하고, 음에서는 수렴·하강·저장을 한다. 그러므로 에너지가 동하는 기질을 타고난 사람은 양인이라고 한다면, 정하는 기질을 타고난 사람을 음인이라고 할 수 있다.[444) 즉 음양의 기에서 음은 수렴·하강하기 때문에 안으로 쌓이게 되는 것이고, 양은 발산·상승하기 때문에 밖으로 드러나는 것이다. 음인과 양인을 살펴보면 다음과 같다.

양인은 활동적이며 정신 면에서도 흥분을 잘하기 때문에 항상 그 에너지를 저장하기보다는 소모하는 면이 많아서 수척해진다. 형상은 상부가 발달하였으며, 수척하고 살보다 골이 강하고, 날카로우며 모난 각이 보인다. 성격은 대체적으로 밝고 명랑하며 개척적인 면이 강하다. 빠르고 능동적이며, 개방적이고 급진적이며, 양보다는 질적인 면을 좋아한다. 심리상태는 적극적이고 사교적이다.

444) 李正來, 『相學眞傳』, 서울: 友情出版社, 1984, p.58.

경쟁심과 명예욕이 강하며, 민감한 부분이 많은 편이다.

음인은 안정적이지만 정신 면에 있어서는 침체될 때가 많으므로 에너지를 소모하기보다는 저장할 때가 많아 자연히 신체가 풍만해지게 된다. 형상은 하부가 발달하고 풍만하며 골보다 살이 많고, 부드러우며 둥근 곡선이 보인다. 성격은 대체적으로 조용하고 생각이 많으며, 말이 없는 편으로 포용적인 면이 강하다. 느리고 수동적이며, 보수적이고 점진적으로 지구력이 있고, 질보다는 양적인 면을 좋아한다. 심리상태는 통솔력과 지배욕이 강하며 둔탁한 면이 많은 편이다.

양의 기질을 타고난 양인과 음의 기질을 타고난 음인도 그 청탁과 치우침의 정도에 따라 그 성정의 강도가 달라진다고 할 수 있다.

(2) 오행과 구징

유소는 만물이 생겨나면서 형체를 갖게 되고, 형체는 신기와 정기를 함유하고 있으므로, 정신을 알 수 있으면 이치를 궁구하여 본성을 다 발휘할 수 있다. 그 형체는 오행으로 드러내므로 형체를 파악하면 외형적인 것뿐 아니라 내재적 본질인 정과 성을 이해할 수 있다. 따라서 그는 사람의 재질을 알려면 몸의 각 부분에 드러난 오행의 상징을 관찰하면 된다고 주장하였다. 『월파동중기』에 논술된 내용을 보면 인간은 일기(一氣)의 변화에서 품부받은 음양오행의 기가 치우친 정도에 따라 성정·인품·재능 등에 차이가 나타나게 된다고 한다.

사람이 기를 받아 잉태한 것은 오행을 받은 것이니…… 오행이 치우친 사람은 형골이 반드시 속되고, 순수함을 받은 사람은 신기가 반드시 온전하다. 형에는 후박이 있으므로 복에 심천이 있고, 신에는 명암이 있으므로 지식에 지우가 있다. 비록 길흉・귀천이 어지러워 한결 똑같지 않더라도, 신이 동작에서 보이고 형이 골법에 갖추어져 있으니, 선악이 상에 있음을 알 수 있다.445)

음양 강유의 기가 밖으로 표출되어서 오행의 형상으로 드러나므로 오행의 조화 또는 치우침에 따라 밖으로 표현되는 형상이 다르게 나타난다. 외부로 표출되는 형상과 그 사람의 태도를 관찰하면 형의 후박, 복의 심천, 신의 명암, 지식의 지우 등을 파악할 수 있다. 『인물지』에서는 이러한 음양오행의 실질적인 본질은 사람의 본질적 바탕을 형성하는데, 그 바탕은 각각 오의태(五儀態)인 의(儀)・용(容)・성(聲)・색(色)・신(神)의 상태로 외부에 드러나게 된다. 이것은 다시 구징인 신(神)・정(精)・근(筋)・골(骨)・기(氣)・색(色)・의(儀)・용(容)・언(言) 등으로 외부에 표출된다. 때문에 외부로 표출된 형상과 태도를 관찰하여 인간의 내면세계를 파악하는 방법이 제시되어 있다.

구징 가운데 근・골・색・기・의는 金木水火土의 오행형상으로 분류한다. 상학의 오행형상과 근・골・기・색・의를 살펴보도록 하자. 『인물지』와 상학에 나타나는 근(筋)과 금형의 관계를 보면,

금은 근육에 해당하며…… 근육이 강인하면서 정미한 것을 '용감'(勇敢)이라고 하는데, 용감은 의(義)의 결단력이다. ……강건하고 과단성이 있

---

445) "凡人受氣懷胎, 皆禀五行…… 得其偏者, 形骨必俗 ; 稟其粹者, 神氣必全. 形有厚薄, 故福有淺深 ; 神有明暗, 故識有智愚. 雖吉凶貴賤紛綸不齊, 而神見於動作, 形備於骨法, 善惡有相, 可得而知." 佚名 撰, 『月波洞中記』 「靈嶽」(『四庫全書術數類全編・子部』).

으면서 원대하고 굳건한 것은 금의 덕이다. ……용감하거나 비겁한 기세
는 근육에 달려 있다. ; 근육은 기세의 작용으로 근육이 굳세면 기세도
용감하고 근육이 약하면 기세도 약하다.[446]

금은…… 굳고 강한 몸을 가지고 있으며, 사람에게 있어서는 의가 된다.
금형은 각 부위가 반드시 치우침이 없이 올바르게 있어야 하고…… 모난
것을 주관하며, 오방을 얻으면…… 행동거지에 규모가 있으며 오래 앉아
있어도 진중하다. ……그 형체를 얻고 또 그 성질을 얻으면 진금이라 하
는데 형벌과 주살, 액난을 주관하고 그것으로 장수・요절을 정한다. ……
금과 비슷한데 진금을 얻으면 강직하여 굴하지 않음이 깊다.[447]

『인물지』에서, 금은 근육・용감・의(義) 등을 상징하며 강인하고
과단성이 있으므로 용감하거나 비겁한 기세는 금에 달려 있다고
한다. 상학에서, 금기는 강직하고 방정하고 모난 것을 주장하며,
그 형상은 방정하며 깨끗하고 결백하다. 금형인은 금석의 모나고
치밀한 성질을 닮아 얼굴이 사각형으로 짜임새가 있고 얼굴빛이
희며 기운이 강하다. 오방(五方)을 얻으면 진금(眞金)이 되는데, 오
방은 얼굴형이 모진 듯 반듯하고, 귀가 바르며, 입술과 이가 서로
짝이 잘 맞고, 손은 끝이 몽땅하고 방정하며, 허리와 배가 둥글고
바른 것을 말하며, 진금은 그 형태와 성정을 모두 얻은 것을 의미
한다. 진금이 되면 신체가 단단하고, 강직하며 굴하지 않는 기세가
있어 전형적인 무인형으로 불의를 용납하지 아니하며, 움직이고 멈
추고 하는 모든 규모가 무거우면서 진중하게 되는 것이다. 양자는,

---

446) "金筋…… 筋勁而精者, 謂之勇敢 ; 勇敢也者, 義之決也…… 剛塞而弘毅, 金之德
也. ……勇怯之勢在於筋" ; 劉昞 注, "筋者勢之用 故筋勁則勢勇 筋弱則勢怯"『人
物志』「九徵」.

447) "金…… 秉堅剛之體, 在人爲義…… 部位要中正, 三停又帶方…… 金形主方, 得其
五方…… 動止規模, 坐久而重也. ……得其形幷, 得其性. 是爲眞金, 主刑誅厄
難…… 定壽夭也. 似金得金, 剛毅深." 陳希夷,『神相全編』「林宗相五德配五行」(「古
今圖書集成」), 林宗 郭泰는 전한 시대의 관상가로 林宗은 郭泰의 字이다.

금은 근육에 해당하고 강직하여 의가 있으며, 굴하지 않는 기세가 있다고 말한다. 상학에서 금이 근육이란 직접적인 표현을 없지만 굳고 강한 몸은 살과 골만이 아닌 골격을 튼튼하게 해 주는 근육을 의미한다. 용감하거나 비겁한 기세는 품부받은 금기의 다소에 따라 달라진다. 진금이 되어 강직하며 굴하지 않는 기세가 있어 불의를 용납하지 않는다는 것은 『인물지』에서 용감하거나 비겁한 기세는 근육에 달려 있고, 근육이 굳세면 기세도 용감하고 근육이 약하면 기세도 약하다는 것과 상통한다.

골(骨)과 목형의 관계를 보면

> 목은 뼈에 해당하고…… 뼈가 곧게 서 있으면서 부드러운 사람을 '홍의'
> (弘毅)라고 하는데, 홍의는 인(仁)의 바탕이다. ……온유하고 곧으면서 굳
> 센 것은 목의 덕이다. ……강건하거나 유약한 기개는 뼈대에 달려 있다.
> ; 골은 몸을 곧게 세우는 것의 기초이다. 골이 강하면 세우는 것도 강하
> 고, 骨이 약하면 세우는 것도 약하다.[448]

> 목의 덕은 인으로서 생생의 기를 갖고 있다. ……위엄이 있고 곧으며, 형
> 상이 야위어 보이고 골격이 꿋꿋하고 의젓하면서 길고, 수려한 기운이 눈
> 썹과 눈에서 생기며…… 목형은 자라는 것을 주관하는데, 오장을 얻으
> 면…… 행동거지가 따스하고 부드러워 오랜 시간이 지나도 맑다. ……사
> 람에게 있어서는 인이 되니 그 형체를 얻고 또 그 성질을 얻으면 진목이
> 라 하는데 정화와 수려함을 주관하고 그것으로 귀천을 정한다. ……목과
> 비슷한데 진목을 얻으면 재물이 족하다.[449]

---

448) "木骨…… 骨植而柔者, 謂之弘毅 ; 弘毅也者, 仁之質也…… 溫直而擾毅, 木之德
   也. ……彊弱之植在於骨." ; 劉昞 注, "骨者植之基, 故骨剛則植彊, 骨柔則植弱."
   『人物志』「九徵」.

449) "木之德爲仁, 含生生之機. ……稜稜形瘦, 骨凜凜更脩長, 秀氣生眉眼…… 木形主
   長, 得其五長…… 動止溫柔, 涉久而淸也. ……在人爲仁, 得其形并, 得其性, 是爲
   眞木, 主精華茂秀, 定貴賤也. ……似木得木 貲財足," 陳希夷, 『神相全編』「林宗
   相五德配五行」(『古今圖書集成』).

『인물지』에서, 목은 골·직유(直柔)·인(仁) 등을 상징하며 골이
곧으면서도 부드럽기 때문에 강건하거나 유약한 기개는 목에 달려
있다고 하며, 유병은 주에서 사람에게 있어서 골은 몸을 곧게 세
우며 유지하는 역할을 하고 있기 때문에 강약의 수립은 골에 달려
있다고 한다. 상학에서, 목기는 양기가 위로 발산하면서 곧게 뻗어
올라가는 나무의 특성을 닮았기 때문에 야위어 보여도 뼈가 곧고
부드러워서 위엄이 있다. 목형인은 나무의 수려하고 맑은 기운을
타고 나서 몸매가 곧고 훤칠하며 밝은 지혜를 두루 갖추고 있어
재능이 뛰어나다. 그 심성은 인자하여 불쌍한 이를 보면 측은해
하는 마음이 깊으며, 성격은 정직하고 곧다. 오장(五長)을 얻으면
진목(眞木)이 되는데, 오장은 전체적으로 골격이 길어서 키는 크고
꼿꼿하고 곧으며, 허리가 가늘고 둥글고 꽉 차 있으며, 면상과 이
목구비가 모두 길며, 어깨나 등이 모두 곧은 것을 말하며, 진목은
그 형태와 성정을 모두 얻은 것을 의미한다. 따라서 강건하거나
유약함은 골에 달려 있으며 품부받은 목기의 다소에 따라 달라진
다. 진목이 되면 행동거지가 부드러우면서도 강건한 기개가 있고
기상이 맑다. 양자는, 목은 뼈가 곧고 부드러우며 인이 있으며 부
드러우면서도 강건한 기개가 있다고 말한다. 진목이 되면 부드러우
면서도 강건한 기개가 있으며 기상이 맑다는 것은 『인물지』에서
강건하거나 유약한 기개가 뼈대에 달려 있다는 것과 상통하며, 곧
게 뻗어 올라가는 목의 특성으로 오장을 얻은 것은 강약의 수립이
골에 달려 있다는 것과 동일하다.

피부와 토형의 관계를 보면

토는 피부에 해당하고…… 몸이 단정하고 건실한 것을 '정고'(貞固)라고 하는데, 정고는 신(信)의 기초이다. ……너그러우면서도 위엄이 있고 부드러우면서도 꿋꿋한 것은 토의 덕이다. ……흐트러지거나 단정한 몸가짐은 거동에서 나타난다. ; 의(儀)는 형의 표이므로 거동이 쇠약한 것은 형상이 위태로워서이고, 거동이 바른 것은 형상이 엄숙해서이다.[450]

토가 안정되면 옮겨지지 않으니 신이 항상 넉넉하다. 토의 본성이 안정되어 신의 기강이 확립된다. 토는 단정하고 두터우며 심중하여 태산같이 안정되어 있다. 마음속의 계획은 헤아리기 어려우며, 신의는 사람을 움직일 수 있다. 토형은 후함을 주관하니 오후(五厚)를 얻으면…… 행동이 두터워서 오랫동안 있어도 안정적이다. ……그 덕은 만물을 생성할 수 있고 사람에게 있어서는 신이 되며, 그 형체를 얻고 그 성질을 얻으면 진토(眞土)라 하는데 만물을 싣고 길러 주며 용납함이 있는 것을 주장하여 빈부를 결정하고…… 많은 함궤가 창고에 쌓인다.[451]

『인물지』에서, 토는 피부·단정·신(信) 등을 상징하며 그 형상이 단정하고 위엄이 있기 때문에 흐트러지거나 단정한 거동은 토에 달려 있다고 한다. 상학에서, 토기는 양의 기운이 다시 음으로 하강하려고 할 때 이를 중화하는 기운이다. 토형인은 흙의 중후하고 윤택한 기운을 타고 나서 만물을 싣고 길러 주며 신의가 두텁고 속이 깊어 무엇을 생각하는지 잘 드러나지 않는다. 오후(五厚)를 얻으면 진토(眞土)가 되는데, 오후는 머리나 얼굴이 후중하고 크며, 코의 준두가 일어나 있고, 입은 윤택하고 입술이 두터우며, 허리나 등짝은 거북과 같이 통통하고, 손과 발이 두터운 것을 말

---

450) "土肌…… 體端而實者, 謂之貞固 ; 貞固也者, 信之基也. ……寬栗而柔立, 土之德也. ……正之形在於儀." ; 劉昞 注, "儀者形之表也, 故儀衰由形殆, 儀正由形肅." 『人物志』「九徵」.

451) "土定不移信常足, 土之性定信立綱維. 端厚仍深重, 安詳若泰山, 心謀難測度, 信義動人間. 土形主厚, 得其五厚, 動止敦龐, 處久而靜也. ……其德能生萬物, 是爲眞土, 主載育有容, 定貧富也, ……厚櫃庫." 陳希夷, 『神相全編』「林宗相五德配五行」(『古今圖書集成』).

하며, 진토는 그 형태와 성정을 모두 얻은 것을 의미한다. 흐트러지거나 단정한 몸가짐은 거동에서 나타나는데 품부받은 토기의 다소에 따라 달라진다. 진토가 되면 산이 앉아 있는 듯 풍요로우며 행동거지가 안정되어 흐트러짐이 없다. 양자는, 토는 피부에 해당하며 신의가 있고 거동이 안정되어 있다고 한다. 여기에서 피부는 후중하며 두터운 몸체, 즉 살을 의미한다. 진토가 되어 행동거지가 안정되어 흐트러짐이 없다는 것은 『인물지』에서 흐트러지거나 단정한 몸가짐은 거동에 달려 있다는 것과 같으며, 형상이 위태로운 것은 토(土)의 후중함이 부족해서임을 알 수 있다.

기(氣)와 화형의 관계를 보면

화는 기에 해당하고, 기가 맑고 명랑한 것을 '문리'(文理)라고 하는데, 문리는 예의 근본이다. ……간소하면서도 유창하고 명석하면서 변별력이 있는 것은 화의 덕이다. ……조급함과 안정됨의 결정은 기에 달려 있다. 기는 결정하는 바탕이다. 기가 성하면 조급하게 결정하고 기가 허하면 차분하게 결정한다.[452]

화에는 문무(文武)가 있는데 예의 부이다. 화의 작용에는 문과 무가 있으니 예의 본체가 화와 비슷하다. ……화를 신으로 하고 수를 정으로 한다. 정이 온전한 다음에 비로소 신이 생기게 되고, 신이 온전한 다음에 기가 갖추어지게 되며, 기가 갖추어진 다음에 색이 비로소 이루어지게 된다. 화형은 밝음을 주관하는데 오로(五露)를 얻으면…… 행동거지가 돈후하여 오래도록 누워 있어도 편안하다. ……그 형체를 얻고 또 그 성질을 얻으면 진화(眞火)라 하는데 권위와 세력, 용맹함을 주장하며 강유를 정하며…… 기미를 보는 것이 과감하다.[453]

---

452) "火氣…… 氣淸而朗者, 謂之文理 ; 文理也者, 禮之本也. ……簡暢而明砭, 火之德也. ……躁靜之決在於氣." ; 劉昞 注, "氣者決之地也, 氣盛決於躁, 氣冲決於靜矣."『人物志』「九徵」.

453) "火有文武禮之附, 火之用有文武禮之體似之. ……以火爲神水作精, 精全而後神方, 生 神全而後氣方備, 氣備而後色方成. 火形主明, 得其五露, 動止敦厚, 臥久而安

『인물지』에서, 화는 기·명랑·예(禮) 등을 상징하며 형상이 맑고 명석하며 유창하다. 조급함과 안정됨의 결정은 기에 달려 있다고 한다. 상학에서, 화기는 밝은 것을 주장하며 노출되는 기운으로 양기가 위로 상승하면서 타오르는 불꽃의 특성처럼 민첩하다. 화형인은 날카로우면서도 하부가 풍부하지만 전체적으로 날렵한 인상을 준다. 화형인은 불꽃이 위로 뾰족하게 타오르듯이 날렵하게 생기고 조급하지만 명랑하고 쾌활하다. 불의 성질을 그대로 닮아 열정적이면서도 가볍고 기분파이며 솔직하고 즉흥적인 면이 많다. 오로(五露)를 얻으면 진화(眞火)가 되는데, 오로는 머리는 비교적 기다랗고 뾰족하며, 눈·눈·입·치아가 모두 드러나 있고, 귀가 높게 붙어 뒤집어 있는 것을 말하며, 진화는 그 형태와 성정을 모두 얻은 것을 의미한다. 진화가 되면 행동거지가 돈후하고 편안하며 권위와 세력, 용맹함을 주장하고 강유를 정하며 순발력이 뛰어난다. 양자는, 화는 기에 해당하고 맑고 명랑하며 예가 있다고 말한다. 유병은 주에서 기가 성하면 조급하게 결정하고 기가 허하면 차분하게 결정한다고 했는데 여기에서 기는 타오르는 불꽃의 특성처럼 민첩한 기를 의미한다. 상학에서는 "신이 놀라면 수명이 감소하고, …… 신이 급하면 잘못을 저지른다"454)고 하는데, 신은 화를 말하며 신이 온전해진 후, 기가 갖추어지므로 신의 유여함과 부족함에 준하여 기의 유여·부족이 나타나게 된다. 진화가 되어 강유를 정하며 순발력이 뛰어나며, 기미를 보는 것이 과감하다는 것은 『인물지』에서 조급

也. ……得其形幷, 得其性, 是爲眞火, 主威勢勇烈, 定剛柔也, …… 見機果." 陳希夷, 『神相全編』「林宗相五德配五行」(『古今圖書集成』).
454) "驚則損壽, ……急則多懼." 위의 책, 「形神」.

함과 안정됨의 결정은 기에 달려 있다는 것과 유사하다.

혈(血)과 수형의 관계를 보면

> 수는 피에 해당하고…… 안색이 평온하고 원활한 것을 '통미'(通微)라고
> 부르는데, 통미는 지(智)의 근원이 된다. ……성실하면서 공손하고 이치에
> 밝으면서 공경함이 있는 것은 수의 덕이다. ……근심스럽거나 즐거운 감
> 정은 안색에서 드러난다. ; 색은 감정의 징후이므로 안색이 초췌한 것은
> 감정이 처참하기 때문이고, 안색이 기쁜 것은 감정이 즐겁기 때문이다.[455]
>
> 수는 둥글어 본래 지의 신이다. 수성은 두루 흘러 막힘이 없고 그러므로
> 지(智)의 본체가 수와 비슷하다. 수형은 둥근 것을 주관하고 그 오원(五
> 圓)을 얻으면…… 움직임과 멈춤이 너그러우며, 오래 지낼지라도 경쾌하
> 다. ……진수(眞水)를 얻으면 총명하고 민첩하여 모든 일에 통달하고 현
> 명함과 어리석음을 결정하며…… 문장과 학식이 있고 귀하게 된다.[456]

『인물지』에서, 수는 혈·안색·지(智) 등을 상징하며 이치에 밝
고 공경함이 있으며 감정은 안색에서 드러난다고 하였다. 상학에서
수기의 형상은 원만함을 주장한다. 오행의 원만한 기색을 얻어 그
형체가 둥글면서 진중하고 두툼해서 실하며 걸음걸이는 물이 밑으
로 흘러가는 것 같다. 수형인은 물의 윤택한 성질과 둥근 모양을
닮아 풍요롭고 여유가 있어 보이며, 살이 많아도 골격의 움직임은
가벼워 보인다. 수형인은 물의 지혜와 윤택함을 타고 나서 머리가
영민하며 깊게 사려하는 지혜가 있다. 오원(五圓)을 얻으면 진수
(眞水)가 되는데, 오원은 살이 무겁고 뼈는 가벼우며 뒤에서 보면

---

455) "水血…… 色平而暢者, 謂之通微. 通微也者, 智之原也. ……愿恭而理敬, 水之德
也. ……慘懍之情在於色." ; 劉昞 注, "色者情之候也. 故色悴由情慘. 色悅由情
懌." 『人物志』「九徵」.

456) "水圓本是智之神, 水性周流無滯, 智之體似之. 水形主圓, 得其五圓…… 動止寬容,
行久而輕也. 得其形, 并得其性, 是爲眞水, 主聰明敏達, 定賢愚也, ……文學貴."
陳希夷, 『神相全編』「林宗相五德配五行」(『古今圖書集成』).

엎드린 듯 기어가는 것 같고, 앞에서 보면 올라간 것 같으며, 배도 둥글고 엉덩이도 둥글며, 손바닥이 살찌고 둥글고, 이목구비가 다 살찌고 둥근 것을 말하며, 진수는 그 형태와 성정을 모두 얻은 것을 의미한다. 진수가 되면 지혜로움이 지극하여 움직이고 멈추는 것이 너그럽고 모든 것을 용납하여 포용하는 심성을 지니고 있다. 양자는, 수는 혈에 해당하고 원활하며 지혜가 있다고 한다. 여기에서 혈은 수기의 지혜는 정(精)이 풍부한 데서 나타나므로 정은 곧, 혈이며 호르몬이라고 할 수 있다.457) 『인물지』에서 근심스럽거나 즐거운 감정이 안색에서 나타난다는 것은, 피부 속에 충만해 있는 기가 밖으로 나타날 때는 색으로 나타나므로 감정의 상태에 따라 얼굴에 반응되어 안색으로 드러나는 것을 의미한다.458) 지혜로움이 지극한 사람은 마음이 원만하고 기가 안정되어 있으므로 시시때때로 안색이 변하지 않는다는 것을 의미하며, 근심스럽거나 즐거운 감정은 안색에서 드러나는데 품부받은 수기의 다소에 따라 달라진다고 할 수 있다. 진수가 되어 너그럽고 모든 것을 용납하여 포용하는 심성을 지니고 있다는 것은 『인물지』에서 근심스럽거나 즐거운 감정은 안색에서 드러난다는 것과 유사하다.

---

457) Ⅳ. 2. 상학의 知人之鑑法 참조.

458) "汎遊於面上者謂之氣, 顯於外者謂之色. 現於皮上者謂之色, 充乎皮裏者謂之氣, 皆發於五藏也. ……莫不皆先應之於色, 異見之於面也.(얼굴 위에 떠 노는 것을 氣라고 하며, 외부에 드러나는 것을 色이라고 한다. 피부 위에 나타나는 것을 色이라고 하고, 피부 속에서 충만해 있는 것을 氣라고 하는 것이니, 이것은 다 오장에서 발생한다. ……안색이 먼저 반응이 되어서 얼굴에 나타나지 않는 것이 없다.)" 陳淡埜 著, 『相理衡眞』, 臺北: 武陵出版社, 1987, p.430. ; "氣乃神之母, 色之父, 週流干五臟六腑之間, 七情七泛而發干表, 始則爲氣, 定則爲色.(氣는 神의 어머니이며, 色의 아버지이고, 五臟六腑는 氣를 돌아야 하고, 七情을 떠다니며 밖으로 내놓고, 비로소 氣가 되고, 가라앉아 정해지면 色이 된다.)" 韋千里 編著, 『中國相法精華』, 臺北 ; 武陵出版社, 2005, p.194.

오행이 '골·근·기·기·혈'의 오상(五象)으로 연결되고, 오상은 다섯 가지 성격과 조화를 이루어 변화한 후, 인의예지신의 오상(五常)과 관련하여 외형으로 나타나서 사람의 도덕적 품성을 결정한다. "골격이 곧고 기색이 맑으면 아름다운 명성이 생기며, 기품이 맑고 기력이 굳세면 장렬하다는 명성이 생기고, 지혜가 예리하고 이치에 정통하면 능통하다는 명성이 생기고, 지혜롭고 정직하여 강직하고 성실하면 일을 맡길 만 하다는 명성이 생기며, 단정한 재질이 모이면 거기에서 아름다운 덕성이 이루어지며 그러한 바탕에 배움을 더한다면 문리가 빛나게 된다."459) 외부 형상에 나타난 골격·기색·신 등의 관찰을 통해서 내면의 상태를 파악하여 그 명성을 짐작할 수 있다는 것은 '외형이 내면을 반영한다'는 것을 확인시켜 주는 것이다.

이와 같이 『인물지』와 상학에서는 인간은 원일의 기를 바탕으로 하여 음양으로 성을 세우고 오행으로 형체를 드러낸다고 하였는데, 품부받은 목화토금수 기의 다소에 따라 근·골·기·색·의가 위와 같은 오형인의 형상으로 드러남을 알 수 있다.

(3) 용(容)과 언(言)

구징에서의 용(容)은 동태(動態)와 정태(情態)로, 심기의 징후를 알 수 있는 언(言)은 음성과 언어로 풀이하였다.

---

459) "骨直氣淸, 則休名生焉 ; 氣淸力勁, 則烈名生焉 ; 勁智精理, 則能名生焉 ; 智直彊愨, 則任名生焉. 集于端質, 則令德濟焉 ; 加之學, 則文理灼焉." 『人物志』「八觀」.

태도의 움직임은 용모에서 드러난다. ……의형이 움직여서 용모를 이루면, 각각 태도가 있게 된다. ……마음의 바탕이 밝고 곧으면 그 의형이 굳세고 견고하다. ; 용은 행동의 징조이므로 정사(正邪)의 움직임은 용태에서 헤아릴 수 있다.[460]

용모는 골격의 나머지이니, 항상 골격의 부족함을 보좌할 수 있어야 하며, 정태는 정신의 나머지이니, 항상 정신의 부족함을 보좌할 수 있어야 하고…… 고귀한 인품을 가진 자의 행동거지는 궁핍해도 아름다우며, 어린아이 같은 유치한 거동은 뛰어다니기도 하고 울부짖기도 하여 더욱 정태를 잃는다.[461]

용은 마음의 바탕에서부터 나오는 것으로 사람의 외형이 이루어져 움직이기 시작하면 그에 대한 태도가 나오게 되는데 이를 동태와 정태로 구분할 수 있다. 동태와 정태는 모두 겉으로 드러난 움직임의 태도라고 할 수 있지만, 동태는 골격의 외재적인 움직임이며, 정태는 정신에 의하여 외부로 드러나는 내면에서부터 우러나는 감정의 형태로 구별된다.

『인물지』에서는 언어에서 심기의 징조를 알 수 있다고 하였다. 상학에서는 "마음이 동하는 것이 성(性)이 되어, 신과 기를 포괄하니 성이 발하는 것이 성(聲)이다"[462]고 한다. 성음은 내재적인 신과 기의 작용으로 외부로 발출되어 나타나기 때문에 본성이 드러나는 것이다.

느긋하거나 조급한 마음 상태는 언어에서 나타난다. ……심기의 증거는 음성의 변화가 그것이다. 기가 모여 소리를 이루고, 소리를 음률에 상응

---

460) "度之動在於容. ……儀動成容, 各有態度. ……心質亮直, 其儀勁固." ; 劉昞 注, "容者動之符也, 故邪動則容態, 正動則容度." 『人物志』「九徵」.

461) "容貌者, 骨之餘. 常佐骨之不足. 情態者, 神之餘. 常佐神之不足…… 大家擧止. 羞澀亦佳. 小兒行藏. 跳叫愈失." 曾國藩, 『氷鑑』「情態」.

462) "心動爲性, 包括 '神' 和 '氣' 性發爲聲."(曾國藩, 歐陽相如 解譯, 『氷鑑』, 台北 ; 捷勁出版社, 2003) p.239.

하게 된다. 이에 따라, 화락하고 평온한 소리, 맑고 화창한 소리, 여운이 길게 늘어지는 소리가 있게 된다. ; 언(言)은 마음의 상태이므로 마음이 어질면 느긋하고 마음이 좁으면 조급하다."[463]

신이 맑으면 기가 조화롭고, 기가 화하면 소리가 원활하고 깊게 난다. 깊으면서도 원활하다면 막힘없이 통하는 것이다. 신이 흐리면 기가 단촉하고, 氣가 단촉하면 소리가 초급하면서도 가볍고 목쉰 소리가 난다. 귀인의 소리는…… 가볍고 원활하고 굳으면서도 우렁차고…… 길면서도 힘이 있으며 용감하면서 절도가 있다. ……소인의 말은…… 촉박하여 통달하지 못하니 왜냐하면 급해서 목쉰 소리를 내고 느리게 더듬거리며, 깊어서 막히기도 하고 얕아서 초조해하기도 한다.[464]

소리는 기에 의지하는 것으로 형체가 없지만, 정신이 맑으면 기가 조화를 이루어 소리도 깊게 울려 나와 화창하며, 정신이 흐리면 기가 잘 이어지지 않아 소리도 초조하고 급하여 가볍고 쉰 듯한 소리가 발생하게 되므로 그 사람의 마음상태를 알 수 있게 되는 것이다. 오행에 따른 오음은 앞 절을 참조하기 바란다.

『인물지』에서는 '공정하거나 사특한 자질은 신(神)에 달려 있고, 명석하거나 우둔한 재능은 정기(精氣)에 달려 있다'라고 하여 음양이나 오행의 구분을 하지 않았다. 기와 혈에 있어서는 '화는 기에 해당하고, 수는 혈에 해당하는데 조급함과 안정됨의 결정은 기에 달려 있고 근심스럽거나 즐거운 감정은 안색에서 드러난다'고 하였는데 여기에서의 혈이란 정혈, 즉 정(精)을 말한다.

---

463) "緩急之狀在於言…… 心氣之徵, 則聲變是也. 夫氣合成聲, 聲應律呂: 有和平之聲, 有淸暢之聲, 有回衍之聲." ; 劉昞 注, "言者心之狀也, 故心恕則言緩, 心褊則言急."『人物志』「九徵」.

464) "神淸則氣和, 氣和則聲潤, 深而圓暢也. 神濁則氣促, 氣促則聲焦, 急而輕嘶也. 貴人之聲…… 夫淸而圓, 堅而亮…… 長而有力, 勇而有節…… 小人之言…… 促急而不達, 何則急而嘶, 緩而澀, 深而滯淺而燥." 陳希夷,『神相全編』「論聲」(『古今圖書集成』).

정・기・신은 사람의 형체를 이루고 있는 근본물질이다. 『신상전편』에서는 사람의 성정과 의태, 언어 등에 나타나는 구징은 형상의 근본이 되는 정・기・신의 완전함과 불완전함에 따라 변화된다고 한다.

> 사람이 받은 것은 기와 신인데, 화를 신으로 하고 수를 정으로 한다. ……형으로써 혈(정)을 기르고, 혈(정)로써 기를 기르며, 기로써 신을 기른다. 그러므로 형체가 온전하면 혈(정))이 온전하고, 혈(정))이 온전하면 기가 온전하며, 기가 온전하면 신이 온전하다. ……신은 기에 의하여 안정된다. 기가 불안하면 신이 거칠고 난폭해져 불안하다. …… 형은 신에서부터 나오고 형은 신의 표가 되고…… 그 신은 마치 일월이 안에 있는 것과 같다. ……형을 보면 혹 시원하면서 맑고, 혹은 맑으면서도 밝고, 혹은 엉긴 듯 무겁다. 이것은 신이 안에서 피어나 밖에서 보이는 것이다. ……형(形)이 실하면서 조용하다면 그 신이 안정되고, 허하면서 급하면 그 신은 조급하다.[465]

화는 양으로 신이 되고, 수는 음으로 정이 되는데, 혈이란 정혈, 즉 정을 말하며, 기는 선천적인 '원일의 기'로부터 사람이 살아가면서 축적하는 후천지기 모두를 의미한다. 위와 같이 정・기・신은 서로 불가분의 관계로서 사람의 형체를 이루고 있기 때문에 형체가 온전하면 정・기・신도 모두 온전해진다는 것이다. 즉 건전한 몸이 건전한 정신을 기르고 정신은 기에 의탁하여 편안할 수 있는 것이다. 기와 신이 평온하면 사람의 성정도 평온해지고, 기가 안정되지 못하면 난폭해져 불안해지기 때문에 자신의 신을 편안하게 할 수 있어야 한다.

「구징」에서 '화는 기에 해당하고, 수는 혈에 해당하는데 조급함

---

465) "人之所稟氣兼神, 以火爲神水作精. ……夫形以養血, 血以養氣, 氣以養神. 故形全則血, 全血全則氣全, 氣全則神全, 是知形能養神, 托氣而安也. 氣不安, 則神暴而不安…… 是形出處於神, 而爲形之表…… 其神固在日月之內也. ……夫望其形, 或洒然而淸, 或朗然而明, 或凝然而重, 然由神發於內, 而見於表也. ……實而靜者, 其神安, 虛而急者, 其神躁" 위의 책, 「論神」.

과 안정됨의 결정은 기에 달려 있고, 근심스럽거나 즐거운 감정은 안색에서 드러난다'고 하는 것은 기가 안정되지 못하면 편안할 수가 없고 더불어 신이 불안하여 난폭해지고 그에 따라 정혈에 변화를 일으켜 안색에 나타나게 됨을 묘사한 것이다.

이상에서 살펴본 바와 같이 『인물지』에 나타난 상학적 요인을 정리해 보면 다음과 같이 집약할 수 있다.

첫째, 『인물지』와 상학에서는 원기와 음양오행설의 자연관계를 원용하여 이론을 전개하였다. 원일의 기를 바탕으로 음양의 성질을 받아 본성을 세우며, 오행의 원소를 체득하여 외모인 형체를 드러낸다. 사람은 품부받은 기의 청탁에 따라 현명함과 어리석음·선악 등의 인품이 선천적으로 결정된다. 때문에 인물의 차이는 천부적인 본질에 의해서 결정되는 것이지 후천적인 사회적 실천에 의해서 결정되는 것이 아니라는 '재질불가변성'(材質不可變性)의 운명결정론을 주장하였다.

둘째, 『인물지』와 상학에서는 '사람을 알고 그 본질을 이해하려고 하는 일차적인 목적'이 서로 부합되며, 그를 위해 인간의 외재적인 형상을 탐구하여 내재적인 본질을 파악할 수 있다는 '지인법'이 서로 상통함을 확인할 수 있었다.

셋째, 『인물지』에서 내면세계를 파악하기 위하여 제시하고 있는 구징(신·정·근·골·기·색·의·용·언)은 상학의 음양과 오행에 따른 상(相)과 내면의 감정 상태를 말하는 정태의 상, 심기를 알 수 있는 음성의 상을 관찰하는 것과 유사하다. 상학에서는 '지인'하는 방법으로 신과 정을 음양으로 구분하여 파악하고, 오행에 따른 오형인을 구분하여 그 사람의 형모, 성정, 재능, 건강 등을 관찰한다. 음양오행의 기에 따라 나타나는 사람의 태도를 동태와 정태로 구분하고, 언어의 상을 보아 그 사람의 마음됨을 파악하여 종합적으로 사람을 읽어낸다.

『인물지』와 상학이 공통적인 이론에 근거한 것이기는 해도 양자 간에는 중요한 차이점이 발견된다.

『인물지』에서는 인물품평과 인재식별의 논의는 구체적이고 체계적으로 실천성이 강하지만, 실제 사람을 파악하는 데 있어서는 추상적이고 모호하여 미흡한 부분이 있다. 하지만 각 인재가 지닌 심리상태와 등용된 인재가 일을 처리할 때의 장단점을 제시하여 인재를 적재적소에 배치할 수 있는 방법을 제시한다. 반면, 상학에서는 '지인법'을 통하여 실제적인 인재를 좀 더 구체적으로 식별하고, 각 인재에 나타난 심리적인 장단점을 실생활에 활용할 수 있다. 하지만 인재의 등용과 등용된 후의 인재의 행동방식과 일 처리할 때의 장단점 등에 대한 이해가 부족하다.

따라서 『인물지』와 상학에 나타난 '지인'하는 방법과 등용된 인재의 일처리방식 등을 융합하여 장점을 살리고 부족한 점을 보완하여 숙고한다면 인재등용의 최대의 효과를 얻을 수 있을 것이라고 생각된다.

2) 인재론으로서의 상학

상학은 고대로부터 상술이라는 이름으로 인사의 기본 척도로 활용되어 인재선발의 중요 참작 원칙으로 삼았으며, 실제적 기원인 춘추전국시대를 거쳐 한대에 이르러 흥성해졌다. 특히, 한고조가 관상에 대한 관심이 많았고 문제·무제 모두 관상 보는 것을 즐겨 하였는데, 이것은 상학이 한대에 유행하는 술수 분야였음을 보여 주는 것이다.

『한서』「예문지」 제10에 『상인』 24권은 목록만 남아 있으며, 모두 유실되어 현재 전해진 것은 없다. 그러나 『고금도서집성』(古今圖書集成)에 수록된 북송 진희이의 『신상전편』의 각각 장에는 당거(唐擧), 허부(許負), 곽태(郭泰) 등의 상론이 기재되어 있다. 당거는 전국시대, 허부는 전한 시대, 곽태는 후한시대의 관상가로 유소가 활동한 후한 말~위진 시대보다 앞선 사람들이다. 『신상전편』이 비록 송대에 출간되었지만 그 내용을 보면, 임종 곽태의 「임종상오덕배오행 제삼」(林宗相五德配五行 第三; 郭泰 東漢人), 당거의 「당거상신기 제사」(唐擧相神氣 第四; 唐擧戰國時人), 허부의 「허부상덕기 제오」(許負相德器 第五; 許負 西漢時人)의 내용이 포함되어 있다. 그 외에도 순양 여동빈의 상법입문, 귀곡자의 상변미망(相辨微芒)도 실려 있다.

『신상전편』 제3장에는 곽태의 「상오덕배오행」(相五德配五行)이 인용되어 있는데, 그 내용을 보면 다음과 같다.

> 오행은 수화목금토이다. ……숨은 오덕은 오장에 통한다. 오덕은 인의예지신이고, 오장은 폐간심신비이다. 오덕을 오행에 배열하여 오덕은 인의예지신이다. 그것이 피어나면 사단이 되는데…… 세상의 사람들은 겉모양 단장에만 마음을 쓰고 문제 없는 가운데 진실한 이(理)가 포함되어 있음을 알지 못한다. ……신은 사단의 복판에 있어 용처는 크지만 방위도

몸체도 없다. ……수는 둥글어 본래 지의 신이다. 수의 본성은 두루 흘러 막힘이 없으므로 지의 본체가 수와 비슷하다. ……화에는 문무가 있는데 예의 부이다. 화의 작용에는 문과 무가 있으니 예의 본체가 화와 비슷하 다. ……목은 동쪽에 위치하고 인이 발생한다. 목덕은 인으로 생생의 기 틀을 가지고 있다. ……금은 모가 나서 끊어 만들므로 자연히 의롭다. 금 의 본성은 깎아서 알맞게 해야 한다. ……토가 안정되면 옮겨지지 않으 니 신이 항상 넉넉하다. 토의 본성은 안정되어 신의 기강이 확립된다.466)

오행의 구체적인 내용은 앞의 상학적 분석 중 오행과 구징에서 논술하였다. 임종 곽태(128~169)가 누구인지를 알기 위해서는 잠 깐 『인물지』가 성립된 시기로 돌아가 필요가 있다. 앞서 언급하였 듯이 『인물지』가 성립된 시기에는 문화적 현상으로 인물평론이 성 행하고 있었는데, 인물평론의 절정기라고 할 수 있는 제2시기에는 재야에서 곽태와 허소가, 재조에서는 진번과 이고 등이 활약하였는 데, 재야의 평론가의 수가 많았고 영향력도 컸으며, 내용 자체도 다양하였다. 곽태와 허소는 후한 시대 인물 평론가 중 가장 대표 적 인물로 허·곽은 병칭되고 있다.467) 그 한 예로 "칠공이었던 신도반(申屠蟠)이나 현연(縣延)의 문사에 불과하던 유승(庾乘)이 곽태에게 인정되어 일약 명사되었다."468) 『곽태별전』에서는 "곽태

---

466) "林宗相五德配五行第三(郭泰東漢人)五行水火木金土. ……中藏五德通臟腑(五德仁 義禮智信臟腑肺肝心腎脾)…… 五德配五行, 仁義禮智信, 發而爲四端…… 吾見世 間人, 致飾於外矣, 不知無文中, 含有眞實理. 信寄四端中, 有用無方體. ……水圓 本是智之神, 水性周流無滯智之體似之. ……火有文禮之附, 火之用有文武禮之 體似之.…… 木居東位仁發生, 木之德爲仁含生生之機. ……金方斷制義自然, 金之 性有撙節裁處之宜. ……土定不移信常足, 土之性定信立綱維." 陳希夷, 『神相全編』 (『古今圖書集成』).

467) "郭太字林宗, 太原 界休人也. 許劭字子將, 汝南 平輿人也. 並顯名於世. 故天下言 拔士者, 咸稱 許·郭."『後漢書』卷68,「郭符許列傳」第58.

468) "陳留申屠蟠, 家貧, 傭爲漆工陵庾乘, 少給事縣延爲門士, (郭)泰見奇之 其後皆爲 名士."『資治通鑑』.

의 자는 임종인데 인물감식안이 있었다. 천하의 인사들을 품평했는데 그중에는 아직 어린아이들이라든지 촌리에 있는 사람도 있었다. 이 사람들은 후에 모두 훌륭한 사람들이 되었으며, 그 수는 60명이나 되었다. 책 한 권을 저술하여 인물을 선발하고 요체를 논했는데 세상에 유포시키기 전에 난리를 만나 망실되고 말았다."469)고 하였다. 곽태는 학문이 깊고 견식이 높아서 조정에서는 그를 등용하려 하였지만 벼슬하기를 거부했다.

곽태 등을 중심으로 한 태학의 인물평론은 주로 풍담(요언)의 형식으로 행해졌다. 곽태는 사람의 본질적인 인격과 덕성에 관심을 가지고 인물을 평가하였다. 그가 칭송했던 인물은 맑고 깨끗한 절개가 있으며, 마음으로 분별하여 경솔하지 않고, 공손함과 겸양을 지녔으며, 결단력이 강하고 욕심이 없는 인물들이었다. 당고사건 이후 활약한 허소는 유교사상에 구애받지 않았을 뿐 아니라 선악미추를 감별하였다. 허소는 『월단평』(月旦評)에서 조조의 평가를 내린 것으로 유명하다. 곽태가 유교적이고 유도적이라면 허소는 다면적이고 객관적인 평론 태도를 가지고 있다.470)

『신상전편』 제4장에는 당거의 「상신기」(相神氣)가 인용되어 있다. 그 내용을 보면 다음과 같다.

> 천지에서 형체를 받고 만령을 초월한다. ……기는 기름과 비슷하고, 신은 등잔불과 비슷하다. 형체는 기에 의해 자란다. ……기름이 마르면 등잔불이 꺼지듯이 기가 사라지면 신도 사라진다. ……신이 수려하게 되려면

---

469) "泰別傳曰, 泰字林宗, 有人倫鑑識, 題品海內之士, 或在幼童, 或在里肆. 後皆成英彦六十餘人. 自著書一卷, 論取士之本, 未行, 遭亂亡失." 『郭泰別傳』.

470) 朴漢濟, 「後 韓末 魏晉時代 士大夫의 政治的 指向과 人物評論」(『歷史學報』, 第143輯, 1990) p76, p.94.

기에서 그것을 얻어야 한다. ……뜻을 잃으면 안주할 집이 없다. ……맑
게 세속을 떠남은 뿌리가 있다. ……형체는 살이 충만해야 한다. 비록 형
체에 충만하더라도 신기보다는 못하다. ……기가 흩어지고, 신이 마르면
빈 껍질뿐이다.[471]

『순자』「비상」(非相) 편에 "옛날에는 고포자경이 있었고, 지금에
는 양나라에 당거가 있다"[472]고 하였는데, 당거는 전국시대 양나라
의 관상가로 그의 행적이 『사기』「범휴채택열전」(范雎蔡澤列傳)에
보인다.

『신상전편』 제5장에는 허부의 「상덕기」(相德器)가 인용되어 있
는데, 그 내용을 보면 다음과 같다.

음양이 조성된 인재는 몇 사람이나 되는가. 음양 이기는 분수 있게 낳았
는데, 지혜롭고 우매하며 어질고 불초한 자가 있다. ……덕기와 식량은
어떤 인연으로 깊고 얕게 나누었는가. ……덕량이 넓은 자가 삼공에 자
리할 수 있다. 경솔한 자들이 조정에 자리 잡을 때도 있다. ……경솔하고
견식이 얕은 것은 큰 복이 아니다. ……넓은 도량은 수명을 연장시킬 수
있다. ……자여(맹가)는 엄준하여 만세의 스승이 되었다. ……이오(관중)
는 신분이 비천하고 편협한 성격이었지만 제나라 환공을 도왔다. ……공
과 사에는 머리털만큼의 간격이 있다. ……덕기가 이오에 미치지 못하는
사람에 대해서는 그 상을 논할 여지가 없다. 복은 물과 같고 덕은 그릇과
같다. ……그릇이 얕으면 물이 차고 넘친다. ……뜻을 얻어 교만해지면
덕색은 자취 없이 사라진다. ……때를 잃고 뜻을 못 펼 때 호미를 없앤
다. ……못생겨서 녹취되기 어렵다고 해도 개의지 말아야 한다. ……마
음에서 용모가 생긴다면 자기(심지)가 닦아진다.[473]

---

471) "唐擧相神氣第四(戰國時人) 賦形天地超萬靈. ……氣似油兮神似燈, 形資氣以養
之. ……油若竭兮燈焰熄, 氣喪則神亡. ……神若秀發由氣助之. ……落落失常無
宅守. ……澄澄絶俗有根株. ……形肉充盈實, 雖有形肉不如神氣. ……氣散神枯
虛殼子."(注에 의하면 '澄澄絶俗有根株.'는 '絶俗出衆異常, 根株苗裔有本也.'로
남달리 뛰어나다는 뜻이며, 根侏 묘목은, 즉 근본이 있다는 뜻이다.) 陳希夷, 『神相
全編』(「古今圖書集成」).

472) "古者有姑布子卿, 今之世梁有唐擧." 『荀子』「非相篇」.

허부는 서한시대의 관상가로 그의 행적이 『한서』 『사기』 등에 실려 있다.[474] 상학서 중에 보이는 이목구비의 상에 관하여 저술하였으며, 이 내용은 『인륜식감』(人倫識鑑)에 기록되어 있다. 당거와 허부는 숙복·고포자경과 더불어 4대 관상가이다.

위에서 살펴본 바와 같이 『신상전편』에는 후한 시대에 인물평론의 대가인 곽태의 「상오덕배오행」, 당거의 신기를 관찰하는 「상신기」, 허부의 기량과 덕기를 살피는 「상덕기」가 기재되어 있다. 이러한 내용들은 인물의 인품과 덕성·기량·정신 등을 논한 것이지, 사람의 길흉화복을 예언하는 내용이 아니다. 물론 당거·허부 등이 실제적으로 상을 볼 때에는 상대가 원하는 부분들, 즉 길흉화복 미래 등을 예견하였지만, 그들이 추구하는 것은 인물의 내면세계였다. 허부의 경우 이목구비에 대한 상을 저술한 만큼 실제적인 상과 용모에 대하여 언급하였고, 그는 "소리가 작고 우렁차면 어질고 귀하게 되며, 말소리가 어리고 가늘면 빈한하고 반드시 위태롭고 곤궁하다"[475]라고 하여 성음에 대한 구체적인 면도 제시한다.

특히 곽태의 경우 벼슬을 하지는 않았지만 그를 중심으로 태학의 청담이 이루어진 점, 그에게 인정을 받아 명사가 되었던 예, 청류사대부들과 밀접한 관계를 가지고 있었던 점들은 그 시대에 그

---

473) "許負相德器第五(西漢時人) 陰陽陶鑄幾般人, 陰陽二氣生成分. 智愚賢不肖幾般. ……器識緣何分淺深. ……也有汪洋居臺閣. ……也有輕盈處廟廷. ……輕盈薄識 非遐福. ……汪洋大度可延齡. ……子興巉巖師百世. ……夷吾卑狹佐姜齊. …… 公私毫髮間. ……德器不及夷吾者, 無足論相矣. ……福若水兮德若器. ……器若 淺兮水盈溢. ……得志峥嶸泯德色. ……失時落魄絶狐媚. ……任是不颺難錄取. ……心生相貌立鎡基."(注에 의하면 '心生相貌立鎡基.'는 '鎡基寓言心地也.'로 鎡 基는 心地를 비유한 말이다.) 陳希夷, 『神相全編』(「古今圖書集成」).

474) Ⅳ. 2. 상학의 知人之鑑法 참조.

475) "聲小亮高賢貴之極, 語聲細嫩, 必主貧寒." 陳希夷, 『神相全編』「許負聽聲篇」(『古 今圖書集成』).

의 인물품평이 어느 정도 수용되었을 것이라고 생각된다. 후한 시대에 인물평론의 대가인 곽태의 오덕을 오행에 배합하여 논술한 「상오덕배오행」이 『신상전편』에 기재되어 있다는 것은 『인물지』의 인물품평과 인재식별에 어느 정도 영향을 미쳤을 것이다.

앞 절에서 언급한 바와 같이 동양사상의 보편적 논리 중의 하나인 원기와 음양오행론을 근저에 두고, 외부에 나타난 형상으로 내면을 파악하여 좀 더 넓고 깊게 인간을 탐구하고자 하는 상학의 '지인하는 방법'과 『인물지』의 인물품평·인재등용은 서로 상통할 정도로 밀접한 연계성을 지니고 있음을 확인할 수 있다. 이는 인물을 관찰하는 시대적 상황과 인물을 보는 시각의 차이, 관찰자와 피관찰자가 지향하는 시각의 차이에서 나타나는 차이점이 있지만 그 뿌리는 하나였음을 암시한다.

이러한 사실은 『인물지』의 인재론과 상학의 인재론이 서로 연계되어 있다는 것을 보여 주는 단적인 예이다. 『인물지』의 인재론에는 상학적 요인이 인재선발에 중요한 역할을 하였다는 것을 가늠하였고, 상학 역시 『인물지』의 인재품평에 영향을 받을 것으로 보인다.

따라서 『인물지』에서는 상학에 대하여 한마디도 언급하지 않았지만 한대에 성행했던 상학이 『인물지』에 논술된 인물품평과 자연스럽게 연결되었으며, 『인물지』의 사상과 상학의 이론은 서로 흡수되고 흡수하면서 융합되어 발전해 나갔음을 추정할 수 있다.

02

인재론이 후대에 미친 영향

후한 말~위진 시대에는 현학의 흥기와 함께 다양한 사상을 내포한 청담이 성행하였는데, 인물에 대한 비평·인물 평가에 관련된 내용 등이 『세설신어』(世說新語)에 전해진다. 남송 유의경(劉義慶)의 『세설신어』에는 후한 말~위진 시대에 이르기까지 그 시대 명사들의 각종 일문질사(逸聞軼事) 1,100여 조가 덕행·언어·정사·문학 등 36개 편목으로 구분되어 실려 있다. 이 가운데 1/3은 인간에 대한 직접적인 품제이고, 2/3은 간접평론이다. 특히 「용지」(容止)에는 인물의 풍자(風姿)·풍의(風儀)·풍신(風神) 등의 용어가 자주 등장하는데, 이것들은 당시 문학작품들을 품평할 때 중요한 표준이 되는 풍골(風骨)과 함께 모두 인물의 외모를 나타내는 용어들이다. 『세설신어』「언어」·「용지」에 아래와 같은 인물평들이 있다.

> 혜중산(嵇中散)이 조경진(趙景眞)에게 '경의 눈동자는 백흑(白黑)이 분명하여 백기(白起)의 풍모가 있으나 협소한 것을 한스럽게 생각한다.'; 배

령공(裴令公)이 '왕안풍(王安豐)'을 평하여 안광이 번쩍번쩍 빛나서 바위 아래 번개 치는 것 같구나.' ……왕우군(王右軍)이 두홍치(杜弘治)를 보고 탄복하여 말하기를 '얼굴이 비계를 뭉친 것처럼 매끄러우며 눈은 칠흑같이 점찍은 듯하니 이것은 신선 속의 사람이다!'라고 말하였다.[476]

위의 내용은 『인물지』에서 외형에 나타난 구징을 보고 내면을 파악하던 것과 관련되는 것이라고 할 수 있다. 상학에서는 이것을 좀 더 구체적으로 보고 있는데, 눈동자의 흑백이 분명하다는 것은 신기가 맑고 깨끗하여 재주와 지혜가 특출하지만, 눈이 협소하여 원대한 이상이 부족됨을 안타깝게 생각하였다. 안형이 세장할수록 원대한 이상을 가지고 멀리 바라볼 수 있는 안목을 가지고 있기 때문이다. 또한, 눈이 칠흑같이 점찍은 듯하다는 것은 점칠(点漆)로 정(精)의 기운이 뛰어나다는 것을 의미한다. 「상예」(賞譽)에 "세인들이 이원례(李元禮)[477]를 평하였다. '우뚝 솟은 모습이 굳센 소나무 아래 부는 바람과 같다.'"[478] "왕공(王公)이 태위(太尉)를 평했다. '암석이 푸르고 높게 깎아지른 듯하다.' ……당시 '사람들이 윗자리에 있는 사람을 評하려고 해도 하지 못하였는데……'라고 환정위(桓廷尉)가 주후(周侯)에게 묻자 주후가 '고상하고 명랑하다'라고 했으며, 환공이 '정신이 깊이 들어 있다'"[479]고 하였다.

---

476) "嵇中散語趙景眞: '卿瞳子白黑分明, 有白起之風; 恨量小狹'" ; 「容止」 "裴令公目, '王安豐眼爛爛如巖下電.' ……王右軍見杜弘治, 歎曰: '面如凝脂, 眼如點漆, 此神仙中人!'" 劉義慶, 『世說新語』 「言語」.

477) 李膺(字 元禮)은 후한시대 청류파의 거두이다. 後漢末 桓帝 때 궁정은 환관의 발호로 강기 퇴폐가 심했지만 李膺은 名敎의 護持者로 자처하고 절조를 지켰으므로 태학의 학생들은 그를 가리켜 '천하의 모범은 이원례'라고 하였다. 명성이 높아져 官僚士人들도 그와 친분을 갖거나 추천을 받는 것을 대단한 명예로 삼아 登龍門이라고 하였다.(『後漢書』 「李膺傳」 참조).

478) "世目李元禮: '謖謖如勁松下風.'" 劉義慶, 『世說新語』 「賞譽」.

479) "王公目太尉: '巖巖淸峙, 壁立千仞.' ……時人欲題目高坐而未能, 桓廷尉以問周侯.

상학에서는 인재의 상을 관찰할 때 청(淸)·고(古)·기(奇)·괴(怪)와 신(神)의 상태를 보는데 '암석이 푸르고 높게 깎아지른 듯하다.'라고 하는 것은 청고지상(淸古之相)으로 인품이 맑고 고결한 의연한 풍모를 묘사한 부분이다. 상학적 설명에 대한 자세한 내용은 본서의 '상학의 지인지감법', '상학서에서의 인재론' 등을 참조하기 바란다. 이러한 인물품평이 계속적으로 이어지면서 위진 남조인들의 미학적 풍조를 흥기시켰고, 문학작품 등에도 큰 영향을 끼쳤다.

당대(唐代)의 인재를 등용하는 과거제도에서는 '신언서판'(身言書判)으로 인물평가의 기준으로 삼았는데, 역시 이러한 영향 중의 하나라고 추측할 수 있다. 『신당서』(新唐書) 「선거지」(選擧志)에 의하면 신언서판은 체모의 풍위(豊偉)·언사의 변정(辯正)·해법의 준미(遵美)·문리의 우장(優長)을 뜻한다.

> 무릇 사람을 고르는 방법에 네 가지가 있는데 첫 번째가 몸이니 체모가 풍성하고 커야 하며, 둘째는 말씨인데 말이 반듯하고 논리가 분명해야 한다. 셋째는 글씨이니 필법이 옛 법을 따르면서도 아름다워야 하고, 넷째는 판단력이니 이치를 따지는 것이 뛰어나야 한다. 이 네 가지가 다 갖추어졌다고 판단되면 우선 덕행을 보고, 재능이 있는가를 보고, 성실한 인물인지를 본다. 이런 것들이 모두 갖추어졌다면 등용하여 쓰고, 그렇지 못하면 내보내게 된다.[480]

이와 같이 신언서판은 사람을 선택하는 기본적이면서도 구체적인 선택법이었던 것이다. 신(身)은 사람의 풍채와 용모를 뜻하는

周侯曰: '可謂卓朗.' 桓公曰: '精神淵箸.'" 위의 책.

480) "凡擇人之法有四: 一曰身, 體貌豊偉 ; 二曰言, 言辭辯正 ; 三曰書, 楷法遵美 ; 四曰判, 文理優長. 事皆可取, 則先德行 ; 德均以才, 才均以勞. 得者爲留, 不得者爲放."『新唐書』「選擧志」.

말로 의태를 비롯하여 행동거지 및 용모의 단정함을 의미하고, 언(言)은 사람의 언변으로 옳고 그름을 판단할 수 있는 논리성과 일관성, 상대를 설득할 수 있는 능력이며, 서(書)는 필력으로 시문을 구사할 수 있는 수준과 운필력 등을 뜻하고, 판(判)은 사물의 이치를 깨달아 아는 판단력으로 상황판단의 능력이라고 할 수 있다. 신언서판의 네 가지 조건을 모두 갖춘 사람을 으뜸으로 덕행·재능·노효의 실적을 감안한 연후에 등용하였다. 본서에서 인재 분석에 활용한 청대의 『빙감』 역시 인재론의 영향하에 이루어진 것이라고 할 수 있다.

유소의 재성론(才性論)은 위나라 후기에 이르러 인성 문제를 탐구하는 데 중요한 논쟁이 된다. 위나라 가평(嘉平) 원년(249)부터는 재(才)와 성(性)의 동(同)과 이(異)에 대한 논쟁이 전개되어 8~9년 동안 지속되었는데, 종회(鍾會; 225~264)가 사본론(四本論)을 지어 재(才)와 성(性)은 네 가지 근본을 가진다는 것으로 귀결되었다. 하지만 종회의 글은 오늘날까지 전해지지 않았으며, 당시의 재와 성에 관한 여타 저작들 역시 모두 유실되었다. 단지, 『세설신어』의 주와 관련된 기록들을 통해서 그 개략적인 모습을 볼 수 있을 뿐이다. 『세설신어』 「문학」의 주에서는 『위지』를 인용해서 다음과 같이 언급하고 있다.

> 네 가지 근본이란 재(才)와 성(性)이 동일한 것, 재와 성이 상이한 것, 재와 성이 합일적인 것, 재와 성이 분리되어 있는 것을 말한다. 상서(尙書) 부하(傅嘏)는 동일함을 논하였고 중서령(中書令) 이풍(李豐)은 상이함을 논하였으며 시랑(侍郞) 종회(鍾會)는 합일적임을 논하였고 둔기교위(屯騎校尉) 왕광(王廣)은 분리되어 있음을 논하였다[481]

사본(四本)이란 재와 성의 동일성·상이성·합일성·분리성으로 재와 성에 관한 네 가지 견해이다. 사본의 뜻은 사본론이 소실되어 정확하지 않지만 대체로 다음과 같이 정의되고 있다. 재와 성의 동일성은 재와 성이 동일한 것이고, 합일성은 재와 성이 동일한 것은 아니지만 양자가 밀접한 관계를 가지고 있다는 것이며, 상이성은 재와 성이 동일한 것이 아니라는 것이고, 분리성은 재와 성 동일하지 않을 뿐 아니라 아무런 관계도 없다는 것이다.[482]

재와 성에 대한 개념 규정은 학자에 따라 차이가 있다. 가장 많이 논의되었던 설은 ① 재는 사람의 재능을 가리키고 성은 도덕적 품성이나 품행을 가리킨다는 것인데, 여기서의 재와 성의 문제는 곧 재와 덕의 관계에 관한 문제이다. ② 재는 사람의 재능을 가리키지만 성은 재능의 근거가 되는 천부적인 본질을 가리킨다. 여기서의 재와 성의 문제는 곧 외재적인 표현과 내재적 본질의 관계에 관한 문제이며, 사람의 재능이 선천적인 본질에 의해서 결정되는 것인지, 후천적 학습이나 실천에 의해서 결정되는 것인지 하는 문제이다. 조위(曹魏) 말 사인들 사이에 일어난 논쟁인 재성의 동이 문제는 동진 남조 시대 현학가들의 주요한 논쟁의 주제로 등장하여 사본론은 사대부의 필독서가 되었다.[483]

이상으로 볼 때 『인물지』와 상학의 인재론은 후대에 다음과 같은 영향을 미쳤음을 알 수 있다. 첫째, 재성은 개인의 차별성과 다

---

481) "四本者: 言才性同, 才性異, 才性合, 才性離也. 尙書傳鍜論同, 中書令李豐論異, 侍郎鍾會論合, 屯騎校尉王廣論離." 劉義慶, 『世說新語』「文學」 注.

482) 朴漢濟, 「後 韓末 魏晉時代 士大夫의 政治的 指向과 人物評論」(『歷史學報』, 第143輯, 1990) p.120.

483) "僧虔宋世嘗有書誡子曰: 又才性四本, 聲無哀樂, 皆言家口實, 如客至之有設也. 汝皆未經拂耳瞥目. 豈有庖廚不脩, 而欲延大賓者哉?" 『南齊書』 卷33, 「王僧虔」 第14.

양한 가치를 인정하게 되었고, 재성 중심으로 인재를 선발하는 지침과 방안을 제시함으로 인재식별에 도움을 주었다. 둘째, 재성론 계통의 선도자적인 역할을 함으로 위진 시대 후기에 인성론 탐구에 중요한 논쟁을 불러일으켰다. 셋째, 용모와 음성까지도 인물품평의 척도가 되어 청담에 영향을 주었으며 위진 미학과 예술의 경계를 발전시켰다.

한편, 조조의 중재주의로 시작된 재성 중심은 다양한 재능으로 인재가 등용되었지만 실제적인 덕이 부족한 부화지도(浮華之徒)들이 대거 등장하게 되었다. 이를 보면 인물품평 및 인재식별의 방법이 덕성보다는 재성에 치우침으로 사회적 병폐를 낳기도 했다.

《 03 》

인재론의 현대적 의의

인재를 발굴하고 등용하기 위하여 진정한 인재를 알아보는 일은 중요하면서도 무척 어려운 일이다. 오늘날 사회의 곳곳에서 새로운 인재 찾기에 나서고, 또한 기업 경영에서도 '핵심인재'가 화두로 되고 있다. 인재의 중요성이야 말할 필요도 없지만 실제로 인재를 찾는 것은 쉬운 일이 아니다. 사람들이 '인재 제일'이나 '인사가 만사'라고 말하고 있지만 정작 어떤 사람이 필요한지 또 인재를 어떻게 발굴하고 활용할 것인지에 대한 지혜를 체득하기는 쉽지 않다.

현대에 있어서 인재등용이란 한 국가 안에서만 이루어지는 것이 아니다. 현대 사회에 있어서는 경영분야, 사회조직의 관리차원, 기업조직의 문화관리, 인사정책 분야에서도 내적 핵심역량의 조건으로 인재상에 대한 중요성 부각되고 있다. 과거에는 성실성과 근면성이 최고의 덕목으로 인간 됨됨이를 인적 자원 선발기준으로 삼았던 것이 이제는 도전성과 창의성을 강조하는 방향으로 흐르고 있다. 현재 우리나라 기업들은 지적 수준이 높고 그만한 교육을 받은 인재위주로만의 채용을 행하고 있었다. 이러한 인재선발은 적재적소의 인재배치가 이루어지는 데 커다란 장애가 되어 기업의 성장 및 발전에 저해요인으로 작용하고 있다.[484]

유소의 『인물지』는 정치적 목적으로 인재를 등용하기 위한 인재론이기 때문에 그것으로 현대에 적용하기는 다소 무리가 있다. 그러나 타고난 재질의 이치와 그 재능에 따라 인간의 차별성을 인정하고 각 개인의 심리적 장·단점을 다양하게 고찰하여 그에 맞는 직업과 직위를 분류하고 인재를 배치한 점, 인재를 식별하는 자의 심리적 현상과 인재식별의 척도까지 함께 다루어 올바른 인재를 식별하려 했다는 점 등은 현대에 비해 큰 장점이 있다. 따라서 현대에 적용한다면 효율적으로 인재를 식별하여 등용하는 데 연구할 가치가 있다고 생각된다.

『인물지』에서는 '사람을 알아보는 것은 군주의 도리이고, 일을 알아보는 것은 신하의 도리이다'고 한다. 군주의 도리는 인재를 등용하고 신하의 말을 경청하며 공로에 따라 공정한 상벌을 행사하는 것이고, 신하의 도리는 자신의 임무에 충실하며 때로는 충언과 지침을 과감히 행할 수 있어야 하는 것이다. 다시 말하면, 중화의 덕목을 갖춘 군주가 인물을 식별하는 것이 지혜롭다면 각자의 재능에 따른 인재를 등용할 수 있기 때문에, 군주나 신하가 각기 자신의 능력과 위치에서 최선을 다하여 보다 나은 정치를 가져올 수 있음을 강조한다.

그렇다면 인재식별과 인재등용을 어떠한 방식으로 융합이 되었

---

484) 이임정, 윤관호, 「우리나라 대기업 중소기업 벤처기업의 인재상에 관한 연구」(『전자상거래학회지』, 8권 2호, 2007) p.53.

을 때 최상의 효과를 얻을 수 있을까? 『인물지』에서는 인재를 식별하는 방법과 필요한 인재를 적재적소에 등용할 수 있는 활용법이 있다고 한다.

인재를 등용하려고 하는 관찰자가 우수한 인재를 발견하여 그들의 재능을 펼치게 할 때까지에는 여러 가지 어려움이 있다. 그중 하나는 인재를 식별하는 어려움이고, 다른 하나는 인재를 얻어서 적재적소에 배치하는 어려움이다.

「접식」(接識)에서 "한 가지 재능에 치우친 사람은 자기와 동일한 유형의 재능을 지닌 사람의 좋은 점은 알 수 있지만, 기량이 다른 사람의 좋은 점은 놓칠 수 있다"[485]고 한 것을 보면 사람들은 인재를 알아보는 일이 대단히 어려운 것인데도 스스로 사람을 잘 알 수 있다고 여기는 경우가 많다.

> 청절지인은 정직함을 사람 관찰하는 척도로 삼기 때문에 그기 인재를 살필 때에는 성품과 행실이 일정한 사람은 알 수 있지만, 법가나 술가의 책략에 대해서는 의심하기도 하며, 법제지인은 법도를 따르는 것을 사람 관찰하는 척도로 삼기 때문에, 엄정하고 올곧은 사람의 기량은 알아차리지만, 상황에 맞게 변화하는 술수는 귀하게 여기지 않으며, 술모지인은 생각하여 도모하는 것을 사람 관찰하는 척도로 삼기 때문에 책략을 만들어내는 기발함에는 능하여 저울질할 수는 있으나 법을 준수하는 선량함을 알아주지 않으며……[486]

위의 인용문은 청절가 · 법가 · 술가가 각각의 인재를 관찰할 때 자신의 치우친 재능에 따라 인재를 알아보는 척도가 서로 다르기

---

485) "能識同體之善, 而或失異量之美." 『人物志』「接識」.
486) "夫淸節之人, 以正直爲度, 故其歷衆材也, 能識性行之常, 而或疑法術之詭.法制之
人, 以分數爲度, 故能識較方直之量, 而不貴變化之術. 術謀之人, 以思謨爲度, 故
能成策略之奇, 而不識遵法之良." 위의 책.

때문에 인재를 식별하는 데 한계점이 있다는 것이다.

중용의 덕을 지니고 변화에 따라 알맞음을 적절히 실행할 수 있는 중화를 이룬 겸재(兼材)는 일을 전체적으로 적절하게 이끌어갈 수 있고, 모든 인재를 다룰 수 있다. 하지만 중용의 덕에서 벗어난 편재는 치우친 자기의 방면에서만 적합하게 일을 해 나갈 수 있으므로 편재의 재질과 재능에 따라 인재를 식별하고 등용해야 한다.

앞에서 언급한 12재질의 능력[487]이 현대에서는 어떻게 활용할 수 있으며 이들이 인재를 평가하는 척도가 무엇인지 살펴보자.

국체(國體)[488]의 경우는 여러 인재 중 뛰어난 사람으로 언행이 일치되어 있으며 크게 치우침이 없어 나라의 동량이 될 만한 사람이다. 기능(器能)[489]의 경우는 국체를 도와 모든 정무를 실질적으로 이끌어 갈 수 있는 능력이 있다. 이들은 거시적인 안목으로 계획하고 조직하고 체계적으로 목적달성을 추진시키는 정치·군인·사업 계통의 리더가 될 수 있다. 기능이 인재를 평가하는 관점은 관리감독의 능력을 중요시하기 때문에 원칙에 부합하여 일을 처리할 줄 아는 사람만을 우수한 인재로 판단하는 경향이 있다.

청절가(淸節家)는 덕행이 뛰어나고 행동거지를 본받을 만한 사람으로 혼탁한 무리를 없애고 동료들에게 모범적인 사표가 될 수 있다.[490] 청절가의 경우 신념과 뚜렷한 원리원칙을 생활 속에 가지

---

487) Ⅲ. 3. 3) 材理와 才能에 따른 인재등용 참조.

488) "能言能行, 故爲衆材之雋也.(말에도 능하고 실행에도 능하므로 여러 인재 가운데 뛰어난 사람이다.)"『人物志』「才能」.

489) "兼有三材, 三材皆微, 其德足以率一國, 其法足以正鄕邑, 其術足以權事宜.(德·法·術을 겸하여 소유하되 세 가지 재능이 다 은미하여, 그 德으로는 한 나라를 거느릴 만하고, 그 法으로는 한 고을을 바르게 할 만하고, 그 術로는 일의 알맞음을 저울질할 만한 것을 器能이라고 한다.)" 위의 책.

고 있으며 인화를 중시하며 행동과 권유로 사람들의 마음을 움직여 따르게 만드는 지도력이 있으므로 정신적 지도자, 교육계의 장, 예법정돈의 정책 등 예와 법을 바로잡는 일에 적합하다. 청절가가 인재를 평가하는 관점은 정직함에 있기 때문에 성실하여 발전성이 있는 사람은 인정하지만 임기응변에 능하거나 계략을 잘 쓰는 사람은 인재라고 생각하지 않는 면이 있다.

장비(臧否)는 시비를 분별할 수 있는 특성과 잘못을 지적하여 바로잡을 수 있는 능력을 가지고 있다. 장비의 경우 분석적이고 객관적 비평을 잘하며 원칙에 벗어남을 문제로 삼기 때문에 교육계, 법조계, 치안계통, 관리 감독, 감찰 등 기강을 잡는 일에 적합하다. 장비가 인재를 평가하는 관점은 관리 감독의 능력으로,491) 옳고 그름을 확실하게 구분할 줄 아는 사람만을 인재라고 생각하는 경향이 있다.

법가(法家)는 법과 제도를 세우고 형벌과 치안을 관장하며 공정하게 정치를 하도록 하는 능력이 있다. 법가의 경우 독립적이고 단호하며 사실에 대하여 완전하고 실용적인 면이 있으며 법규나 원칙 질서에 대하여 단호하기 때문에 사법·특허계통·학자·연구직 전문분야 등에 적합하다. 법가가 인재를 평가하는 관점은 법도를 잘 따르는 것으로,492) 엄정하고 올곧은 사람을 인재라 여기고

---

490) "激濁揚淸 師範僚友 無弊而常顯, 故爲世之所貴.(혼탁한 무리를 없애고 깨끗한 이들을 북돋아 주며, 동료들에게 모범적인 사표가 될 수 있다. 그 원칙에는 폐단이 없으며 항상 사람들에게 칭찬을 받는다. 온 세상 사람들에게 존경을 받는다.)" 위의 책, 「利害」.

491) "臧否之人, 以伺察爲度, 故能識訶砭之明, 而不暢倜儻之異.(臧否之人은 사찰 능력을 사람 살피는 척도로 삼는다. 그러므로 꾸짖어 따끔하게 주의를 주는 명석함은 알아차리지만, 탁월하게 뜻이 크고 기개가 높은 일은 이해하지 못한다.)" 위의 책, 「接識」.

492) "法制之人, 以分數爲度, 故能識較方直之量, 而不貴變化之術.(法制之人은 법도를

상황에 따라 적절하게 대처하는 사람은 무시하는 경향이 있다.

기량(伎倆)은 법가의 지류로 때에 맞춰 계획을 세우고 출중한 지략의 재능이 있다. 기량의 경우 인내심이 강하고 창의력이 있으며 정확함을 요구하므로 건축·공예·토목·기술·기예 등 창작 분야에서 능력을 발휘할 수 있다. 기량이 인재를 평가하는 관점은 공리성과 효용성으로,[493] 진취적인 능동성을 가지고 일에 매진하는 사람을 인정한다.

술가(術家)는 책략과 지모가 교묘한 사람으로 위기상황을 대처할 수 있는 능력을 지니고 있다. 술가의 경우 지략이 풍부하여 통찰력이 있으므로 변화의 상황에 잘 대처할 수 있으며, 국제관련·정치·전략 등의 분야 등에 적합하다. 술가가 인재를 평가하는 관점은 사고와 계책으로,[494] 기이한 책략을 짜는 사람은 잘 알아보지만, 원리 원칙에 따라 법을 잘 준수하는 사람의 장점은 알지 못한다.

지의(智意)는 술가의 지류에 속하며 변하는 상황에 맞추어 임기응변에 능하고 여론을 조화롭게 조정하는 능력을 지니고 있다. 지의의 경우 사람의 마음을 미리 헤아려 주도면밀하게 계획하여 일을 성사시키므로 기획·인사·상담·유통관련·임기응변을 필요로 하는 분야 등에 적합하다. 지의가 인재를 평가하는 관점은 총명함으로,[495] 책략과 임기응변의 술수에 대하여는 잘 알아보지만,

---

따르는 것을 사람 살피는 척도로 삼는다. 그러므로 엄정하고 올곧은 사람의 기량은 알아차리지만, 상황에 적당하게 대처하려는 術數는 귀하게 여기지 않는다.)" 위의 책.

493) "伎倆之人, 以邀功爲度, 故能識進趣之功, 而不通道德之化.(伎倆之人은 공리적 효용을 사람 살피는 척도로 삼는다. 그러므로 진취적인 능동성은 알아차리지만 도덕으로 교화하는 일은 이해할 수 없다.)" 위의 책.

494) "術謀之人, 以思謨爲度, 故能成策略之奇, 而不識遵法之良.(術謀之人은 지략과 계책을 사람 살피는 척도로 삼는다. 그러므로 책략의 기발함을 저울질할 수는 있지만, 법을 준수하려는 선량함에 대해서는 알아주지 못한다.)" 위의 책.

법을 준수하는 사람을 경시하는 단점이 있다.

구변(口辨)은 박식하고 이치를 논하는 말솜씨가 능숙한 사람이지만 행이 따르지 못하는 경우도 있다. 구변의 경우 어떤 상황에도 잘 적응하며 타협적으로 남을 감싸 주는 포용력을 지니고 있어 외교·빈객 접대·심리·사회복지·영업 등에 적합하다. 구변이 인재를 평가하는 관점은 변별력과 분석력으로,[496] 민첩하고 응대에 능한 사람은 잘 인지할 수 있지만, 내면의 함축미를 지닌 사람에 대해서는 이해하지 못하는 단점이 있다.

웅걸(雄傑)은 담력이 보통사람보다 월등하고 재주와 계략 등이 뛰어난 사람으로, 엄격하게 군대를 통솔할 수 있는 능력이 있다.[497] 웅걸의 경우 담력이 뛰어나고 엄격함이 있으므로 군·경찰 계통이 적합하며, 또한 활동적이고 거침이 없으며 진취적이므로 스포츠·레저분야에도 적합하다. 난세에는 능력을 발휘하지만 안정된 시기에는 자신의 능력을 발휘하지 못하는 경우도 있다.

각 인재에 따라 그 적성에 맞는 직업이 그들의 능력을 배가시키는 관건이 되며 인재를 식별하는 사람은 자신의 치우친 재질에 따라 인재를 평가하는 척도가 다르기 때문에 오류를 범할 수 있다. 인재를 발견하고 등용하는 데 어려운 점은 관찰자가 진정으로 우수한 인재를 발견할 수 없는 경우가 있고, 다른 하나는 발견한 우

---

495) "智意之人, 以原意爲度, 故能識韜諝之權, 而不貴法教之常.(智意之人은 남의 뜻을 헤아리는 능력을 사람 살피는 척도로 삼는다. 그러므로 임기응변하는 계략은 알 수 있지만 예법과 교화의 항상성은 귀하게 여기지 않는다.)" 위의 책.

496) "言語之人, 以辨析爲度, 故能識捷給之惠, 而不知含章之美.(言語之人은 변별력과 분석력을 사람 살피는 척도로 삼는다. 그러므로 말로 민첩하게 응대하는 재치는 알아차리지만, 마음속에 품고 있는 자질의 아름다움에 대해서는 알지 못한다.)" 위의 책.

497) "膽力絶衆, 才略過人." 위의 책, 「體別」 ; "在朝也, 則將帥之任." 위의 책, 「材能」.

수 인재라고 해도 어떤 원인으로 인하여 등용을 받지 못하는 경우가 있다. 재능 있는 인재를 만나기가 어렵고, 추천은 받았어도 오히려 핍박을 받아 등용되지 못하는 경우, 등용되었다 하더라도 그 재능을 알아주는 사람이 적어서 재능을 발휘하지 못하는 경우, 신뢰를 받지 못하여 재능을 펼치지 못하는 경우 등이 있다. 이와 같이 각 종류의 원인들은 뛰어난 인재로 하여금 자신의 능력을 발휘할 수 없게 하는 경우가 나타난다.

뛰어난 능력이 있는 인재라 하더라도 한쪽으로 치우쳐 있는 경우가 많기 때문에 완전함이 부족하다. 치우친 성품의 개성에 따라 분류한 12재질과 재능에 따라 직업을 분류한 12지재는 모두 편재지인이지만 각각 장단점을 지니고 있다. 인재의 전문성만 생각하여 그들의 치우친 성품을 구별을 하지 않고 인재를 등용한다면 인재를 매몰시키거나 혹은 인재를 낭비하는 일이 있을 수 있다.

현대사회는 시대적 특성과 사회적 변화에 따라 생활양식과 사고방식이 달라지고 환경·음식문화 등이 사람의 체형, 체질까지도 변화시키고 있다. 사회가 발전해 나감에 따라 인간관계도 기능적으로 변해 가고 있는 실정이다.

『인물지』에서의 직업 분류는 현대의 직업분류와는 그 기준과 의미가 다르지만, 인재를 식별하고 등용함에 있어서는 연구하여 활용할 가치가 있다고 생각한다. 당시의 사람과 현대의 사람이 동일할 수는 없겠지만, 적어도 사람의 내면에서 풍겨 나오는 현상을 이해하는 데 도움이 된다고 생각한다. 더 나아가 타고난 재질과 재능을 다양하게 파악하고 왜곡된 심리현상을 이해할 수 있다면 현대에서 인재를 적재적소에 배치하는 것도 가능하리라고 생각한다. 각

개개인의 타고난 특성으로 서로 보완할 수 있는 인재를 적재적소
에 등용하여 전문성을 살릴 수 있게 한다면 훌륭한 인재가 될 것
이다. 인재식별과 인재등용이 서로 적절하게 융합하여 인재를 적재
적소에 등용시키게 된다면 인재를 필요로 하는 사람은 그에 따른
최대의 효과를 얻을 수 있고, 적재적소에 등용된 인재 또한 보람
을 획득할 수 있을 것이다. 하지만 사람이 사람을 알아본다는 것
은 지식만으로 되는 것도 아니기 때문에 앞으로도 계속적으로 연
구해야할 과제라고 생각한다.

결 론

중국에서 인재사상이 처음으로 드러난 시기는 선진 시대로 시대
적 상황에 따라 생성・변화・발전되어 왔으며, 인재등용은 통치
계급을 위한 것 중의 하나였다. 인재사상은 춘추전국시대에 있어
각종 유파의 사상을 발전시켰고, 인간의 문제에 있어서도 사상 체
계를 형성하였다. 인재등용은 봉건 사회에서는 제후 또는 문벌사족
을 위한 것들이었으며, 인재의 범위는 각급 관리에 한정되어 있었
고, 그에 대한 일관성이 부족하였다. 후한 말에서 위진 시대에 이
르면서 덕과 인간 수양을 위주로 하던 인재등용이 정치적 분열 및
사회적 혼란으로 인하여 재성(才性)을 중요하게 생각하는 중재(重
才)사상으로 확산되어 인간의 개성 및 재능을 중시한 인재선발이
확립된 것이다.

『인물지』가 찬술된 후한 말에서 위진 시대에는 사상들이 다양한
형태를 이루면서 복잡하게 발전하였다. 당시의 사상경향은 경학사
조의 속박을 뚫고 자유를 추구하려는 노력이 요구되었으며, 이러한
시대적 과제의 하나로 인물평론의 청담과 함께 형이상학적인 위진
현학이 발생되었음을 이해할 수 있었다. 정치・사상적인 배경으로
인하여 『인물지』는 당시의 시대적 영향을 크게 받았고, 그 사상의
원류는 유・도의 기본사상을 틀로 하여 여러 유파의 다양한 특성
을 고루 갖추고 있음을 검증할 수 있었다.

또한 유소의 『인물지』와 상학서의 인재론을 상호 비교해 볼 때

『인물지』의 인재론과 상학의 인재론이 서로 연계성이 있음을 확인할 수 있었으며, 나아가 양자의 '지인법'(知人法)을 서로 접목시킨다면 인재식별과 인재등용이 현대적으로 활용될 수 있는 가능성이 있다고 보였다. 이를 요약 정리하면 다음과 같다.

첫째, 『인물지』에 함의되어 있는 사상들의 사상적 줄기를 밝힘으로써 그 사상들이 『인물지』 속에서 어떤 역할을 하고 있는가를 파악하였다. 『인물지』의 근본 사상은 한대 사상의 기본 틀이라고 할 수 있는 원기와 음양오행설이다. 유소는 인물의 근본은 '정성'(情性)에서 비롯되는데, 그 '정성'은 '원일'(元一)을 바탕으로 삼는다고 하였다. 유소는 '정성'과 '원일'이란 기본 철학적 개념을 제시하고 그 기반 위에 인재의 재성을 논하였다.

유소가 『인물지』에서 말하는 '정성'은 인간이 타고난 본성으로 성(性)은 체가 되고 정(情)은 용이 되며, 정(情)의 근원은 성(性)이다. 그는 인간이 오행의 체득으로 형체를 가지게 되는데, 그 형체는 신(神)과 정(精)을 함유하고 있으므로 형체와 정신은 밀접한 연계성을 가지고 있음을 제시하였다. 인물의 근본이 정성에서 비롯된다고 하는 것은 타고난 본성에 의해서 인간의 성품이 결정되고, 성을 바탕으로 하는 정 역시 성에 따라 결정됨을 의미한다. 유소는 이를 중심으로 『인물지』의 이론적 기반이 되는 재성론(才性論)을 수립한 것이다. 인간의 재성은 천부적인 본질에 의해서 결정되는 것이라는 '재질불가변성'(材質不可變性)의 운명결정론을 주장하였다. 이는 겸재와 편재와의 타고난 선천적인 인정함으로써 왕충이래로 숙명론적인 인재사상을 계승하고 있음을 검증할 수 있었으며, 이러한 현상이 인간의 자유의지에 대한 한계성을 가지게 했음을 배제할 수 없었다.

둘째, 유소가 지향하는 바람직한 인간상은 중화의 바탕을 지녀 평담무미(平淡無味)함으로 치우침이 없는 성인이었으며, 더 나아가 인간의 최고단계는 '도에 통달한 성인'이라고 주장하였다. 유소는 재성론을 통하여 사람에게는 각각 타고난 재질이 있으므로 그 재질에 따라 재능이 나타나기 때문에 '인재를 적재적소에 등용하라.'는 메시지를 전달하고 있다. 사람의 덕성을 무시한 채 재성만을 중요하게 생각한 것이 아니었음을 알 수 있다.

셋째, 상학문헌들을 통하여 관상은 상고시대부터 인재선발의 중요한 참작원칙으로 삼았다는 것을 입증할 수 있었다. 상학에서는 신골(神骨)·강유(剛柔)·정태(情態)·성음(聲音)을 통하여 내재적 본질, 즉 정신상태·덕과 성품·재능 등을 파악하였다. 신골의 신은 내면의 정신 상태이고 골은 외부의 형상으로 규정된다. 강유는 외부로 표출된 현상과 내부에 쌓이는 현상으로 이해할 수 있는데, 외강유는 밖으로 드러난 五行의 형상이며, 내강유는 신으로 안에 간직한 정신적인 오행이다. 내면의 강유는 희노(喜怒)의 감정, 복도(伏跳)의 정서, 심천(深淺)의 심기로 인간의 주체화가 되고 있음을 알 수 있었다. 정태는 내재적인 정신의 영향을 받아 외부로 드러나는 감정의 형태이다. 성음은 마음이 동하여 외부로 드러나는 정신의 외적인 표현이다. 따라서 상학의 유·무형의 상에서 나타나는 이론들을 통하여 상학은 인재선발에 중요한 역할을 하였다는 것을 가늠할 수 있었다.

넷째, 『인물지』에 관한 상학적 분석을 통해 『인물지』와 상학의 이론적 유사성을 입증할 수 있었다. 상학 문헌에 나타난 인재론에 근거하여 신(神)과 정(精)을 중심으로 음인과 양인을 구분하고, 용모·정태·성음 등으로 분류하여 분석한 결과 『인물지』와 상학에서는 '지인'(知人)하는 목적과 그 쓰임이 서로 부합되어 긴밀한 연계성을 가지고 있음을 확인할 수 있었다.

『인물지』와 상학의 공통적 관점은 인간의 외면적 특징을 통해 내면적인 덕성 및 타고난 능력 등을 파악한다. 인물의 형성은 '원일의 기를 바탕으로 음양의 성질을 받아 본성을 세우며, 오행을 체득하여 외모의 형체를 드러낸다'는 동일한 사상을 보유하였다. 양자는 인간의 형체와 정신이 서로 유기적인 관계에 있으므로 '지인'하려면 인간의 내외양면에 대한 정확한 인식이 절대적으로 필요하다고 보았다. 따라서 『인물지』와 상학에서는 '인간의 외재적인 형상을 탐구하여 내재적 본질을 파악할 수 있다.'는 '지인법'도 서로 상통함이 확인되었다.

『인물지』에서 내면세계를 파악하기 위하여 제시하고 있는 구징(九徵)인 신(神)·정(精)·근(筋)·골(骨)·기(氣)·색(色)·의(儀)·용(容)·언(言)은 상학에서 음·양인의 상, 오행형상법, 내면의 감정상태를 말하는 정태의 상, 심기를 알 수 있는 성음의 상과 동일한 양태를 보였다. 이러한 측면은 인물을 관찰하는 시대적 상황과 인물을 보는 시각의 차이, 관찰자와 피관찰자가 지향하는 시각의 차이에서 나타나는 차이점이 있었지만 그 뿌리가 하나임을 알 수 있었다.

다섯째, 고대부터 내려오던 상학과 한대에 성행했던 상학이 『인물지』와 자연스럽게 연결되었음을 확인하였다. 후대 『세설신어』 등에 나온 인물품평은 인물의 인품과 덕성·기량·정신 등을 논한 상학의 이론과 거의 흡사한 인물품평임을 입증할 수 있었다. 또한 북송 진희이의『신상전편』에는 유소보다 앞선 시대에 활동한 후한 시대에 인물평론의 대가인 곽태의 「상오덕배오행」(相五德配五行), 당거의 신기를 관찰하는 「상신기」(相神氣), 허부의 기량과 덕기를 살피는 「상덕기」(相德器)가 기재되어 있는데, 인물의 인품과 덕성·기량·정신 등을 논한 것이다. 후한 시대 인물품평의 대가인 곽태를 중심으로 태학의 청담이 이루어진 점, 그에게 인정을 받아 명사가 되었던 예, 청류사대부들과 밀접한 관계를 가지고 있었던 점들을 유추해 보면 곽태의 인물품평을 수용하였을 가능성이 보였다.

이러한 사실은『인물지』의 인재론과 상학의 인재론이 서로 연계되어 있다는 것을 보여 준다. 상학의 유·무형의 상에서 나타나는 이론들을 통하여 상학이 상고시대부터 인재선발의 중요한 참작원칙으로 삼았다는 것을 확인하였다. 따라서 한 말~위진 시대에 찬술된『인물지』의 인물품평, 인재식별의 실제적인 내용은 중국 고대로부터 전승되어 오던 상학 이론과 결코 무관하지 않음을 확인할 수 있었다.

물론『인물지』에서 관상에 대한 직접적인 언급을 한마디도 하지 않았지만 실질적인 내용 면에 있어서는 한대에서부터 극성했던 상학과 음양오행설을 원용한『인물지』의 사상과 상학이론은 서로 흡수되고 절충되면서 발전해 나가면서, 인물품평 및 인재의 식별을 이론적으로 체계화시킨 것이 아닌가 하는 가능성을 배제할 수 없었다.

여섯째,『인물지』와 상학의 인재론은 후대의 인물품평과 인재식별에 영향을 미쳤다는 것을 확인할 수 있었다. 재성(才性)은 개인의 차별성과 다양한 가치를 인정하게 되었고, 재성 중심으로 인재를 선발하는 지침과 방안을 제시함으로 인재식별에 도움을 주었으며, 재성론 계통의 선도자적인 역할을 함으로 위진 시대 후기에 인성론 탐구에 중요한 논쟁을 불러일으켰다. 용모와 음성까지도 인물품평의 척도가 되어 청담에 영향을 주었으며 위진 미학과 예술의 경계를 다양하게 발전시켰다.

『인물지』와 상학의 인재론은 공통적인 이론에 근거하였지만 양자 간에는 중요한 차이점이 발견되었다. 첫째, 상학에서는 실제적인 인재를 좀 더 구체적으로 식별하고, 각 인재에 나타난 심리적인 장단점을 실생활에 활용할 수 있지만 『인물지』에서의 인물품평과 인재식별은 실천성은 있으나 이론적인 면이 대부분으로 실제적인 인물의 성격을 읽어 인재를 식별하는 '지인법'에 있어서 추상적이고 모호한 부분이 많아 실생활에서 활용하기가 미흡한 점이다. 둘째, 상학에서는 인재의 등용과 등용된 후의 인재의 행동방식과 일 처리할 때의 장단점 등에 대한 이해가 부족하였지만, 『인물지』에서는 각 인재가 가지는 심리상태의 장단점과 등용된 인재가 일을 처리할 때의 장·단점을 제시하여 인재가 적재적소에 배치할 수 있는 방법을 제시하며, 인재를 식별할 때 범하기 쉬운 오류 및 인간관계에서 빈번하게 발생하는 분쟁 등을 해소할 수 있는 방안들을 구체적으로 논의한 점이다.

양자의 장점을 절충하여 인물품평 및 인재식별을 할 때 인재의 적성과 능력을 실제적이고 구체적으로 '지인'한다면 인재식별의 오류를 줄일 수 있다고 생각된다. 또한 각 인재들에게 나타나는 치우친 심리와 일을 처리할 때의 장·단점을 취하여 인재를 적재적소에 등용할 수 있다면 빈번하게 발생하는 분쟁을 해소시킬 수 있으며, 인재가 효율적으로 능력을 발휘할 수 있을 것이다. 따라서 양자의 인재식별과 인재등용을 융합한다면 오늘날에도 유용하게 응용할 수 있다고 생각된다.

우수한 인재가 있다 하더라도 인재를 알아보기가 어렵고, 그 인재 또한 한쪽으로 치우쳐 완전함이 부족함이 있을 수 있다. 따라서 인재의 전문성만을 생각하여 그들의 치우친 성품을 구별을 하지 않고 인재를 등용한다면 인재를 매몰시키거나 혹은 인재를 낭비하는 일이 있을 수 있다.

『인물지』와 상학의 인재론을 현대적 관점에서 본다면, 인재는 각각 자신의 타고난 적성을 살려 자신을 개발하고, 인재를 등용하는 입장에서는 인재의 적성 및 소질, 그리고 심리상태를 파악하여 인재를 적재적소에 등용하여 효율적으로 능력을 발휘할 수 있게 한다는 측면에서 오늘날 기업체 경영 등의 인재선발 등에서 응용 가능하다고 생각된다.

양자의 적재적소에 부합하는 인재등용은 인물의 재능과 그 시대의 요구에 부응한 것으로 현대의 직업분류와는 그 기준과 의미에 차이가 있지만 개개인의 개별적 특수성과 재능의 장단점, 편재가 일을 처리할 때 나타나는 이해득실, 편재의 심리적 왜곡 현상 등은 현대적 인사관리의 관점에서도 긍정적 의미로 받아들일 수 있는 점들이 있다. 따라서 『인물지』와 상학의 인재론을 융합시켜 인재를 적재적소에 등용시킬 수 있다면 인재등용에서 최상의 효과를 얻을 수 있을 것이다. 인재를 필요로 하는 사람은 그에 따른 최대의 효과를 얻을 수 있고, 적재적소에 등용된 인재 또한 보람을 가질 수 있으리라고 생각한다.

물론 인간을 알고 인물을 품평한다는 것은 극히 어려운 일이다. 더구나 그 품평이 바로 인재등용으로 이어진다면, 인물을 품평하고 인재를 식별하는 데 더욱 주의해야 한다. 인간은 시대적 특성과 사회문화적 요인, 환경적인 요인 등에 의해서 변해 가고 있기 때문이다. 각 시대마다 나름대로의 인물품평이 있지만 어디에 주안점을 두는가에 따라 인재의 요소는 바꾸어 가기도 한다. 인물을 품평하는 데 나타나는 오류를 줄이기 위해서는 정확한 인물을 품평하고 인재를 평가하는 데 끊임없는 노력을 해야 한다. 이러한 한계를 극복하기 위하여 인물품평을 위한 기준을 세우는 점 등은 앞으로의 연구과제로 남겨 두기로 한다. 이러한 시도들을 통하여 상학이 실용적인 학문으로 발돋움을 할 수 있는 계기가 되고, 적재적소에 맞는 인재를 등용함으로써 인재경영의 궁극적 지향점으로 한발 다가갈 수 있기를 기대한다.

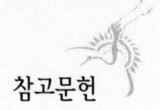

참고문헌

1. 原典·註譯

桂　成 編著,『唐宋陰陽五行論集』, 臺北: 文源書局有限公司, 1988.

高　誘 註,『呂氏春秋』, 藝文印書館, 臺北: 藝文印書館, 1974.

郭　泰,『識人學』, 台北: 遠流出版社, 1992.

歐陽修, 宋祁 撰,『新唐書』, 北京: 中華書局, 1975.

南懷瑾,『論語別裁』, 臺北: 老古出版社, 1978.

雷禎孝 編,『中國人才思想史』「先秦部分」, 中國展望出版社, 1986.

唐翼明,『魏晉淸談』, 北京, 人民文化出版社, 2002.

董仲舒,『春秋繁露』, 上海: 上海古籍出版社, 1986.

樓紹棠 編著,『相學通鑑』, 臺北: 正一善書出版社, 1989.

馬駿騏, 朱建華 譯註,『人物志 全譯』, 貴州人民出版社, 1998.

车宗三,『才性與玄理』, 臺北: 臺灣學生書國, 2002.

班固撰,『白虎通義』『四庫筆記小說叢書』, 上海: 上海古籍出版社, 1992.

班　固,『漢書』, 北京: 中華書局, 1997.

方立天,『中國古代哲學問題發展史』, 北京: 中華書局, 1990.

房玄齡,『晉書』, 北京: 中華書局, 1974.

范曄撰, 李賢 等注,『後漢書』, 北京: 中華書局, 1993.

本辭典由教育部國語推行委員會所編錄,『國語辭典』, 1998.

司馬遷,『史記』, 北京: 中華書局, 1982.

徐復觀,『中國人性論史』「先秦篇」臺灣: 臺灣商務印書館, 1961.

蕭子顯,『南齊書』, 北京: 中華書局, 1972.

邵祖平, 鳥 明 主編, 白 岭 注譯,『觀人學』, 北京: 華齡出版社, 2006.

小通天(史廣海),『面相秘笈』, 臺北: 小通天相舘, 1982.

孫希旦,『禮記集解』, 北京: 中華書局, 1995.

宋・陳摶 秘傳, 明・柳莊・袁忠散 訂正,『神相全編』, 臺北: 新文豊
    出版公司, 출판 연도 미상.

宋齋邱 輯,『玉管照神局』『文淵閣四庫全書』 本, 迪志文化出版有限
    公司, 1999.

樹人,『中國古代相人術: 人物志的現代全譯』, 臺北, 捷幼出版社, 1998.

荀悅,『申鑒』『諸子集成』 本, 上海: 上海書店, 1986.

安積光角,『相學三書增補』, 刊寫者未詳, 국립 중앙도서관 소장, 1818.

梁伯峻譯注,『論語譯注』, 北京: 中華書局, 2004.

_____譯注,『孟子譯注』, 北京: 中華書局, 2003.

汪繼培,『潛夫論箋』, 台北: 漢京文化事業公司, 1984.

王朴 撰,『太淸神鑑』,『文淵閣四庫全書』 本, 迪志文化出版有限公司, 1999.

王符,『潛夫論』「相列」『古今圖書集成』 本, 2003.

____,『潛夫論』, 北京: 中華書局, 1985.

王聘珍 撰,『大戴禮記』, 北京: 中華書局, 1998.

王先謙,『荀子集解』, 北京: 中華書局, 1988.

王充, 黃暉 撰,『論衡校釋』, 北京: 中華書局. 1990.

____,『論衡』「骨相」『古今圖書集成』 本, 2003.

王弼注,『老子』『四部備要』 本, 출판년도 미상.

王煥鑣,『墨子集詁』, 上海: 上海古籍出版社, 2005.

姚思廉,『梁書』, 北京: 中華書局, 1973.

姚維,『才性之辨』, 北京: 人民出版社, 2007.

魏徵,『隋書』, 北京: 中和書局點校本, 출판년도 미상.

韋千里 編著,『中國相法精華』, 臺北: 武陵出版社, 2005.

劉邵, 王玫評注,『人物志 評注』, 北京: 紅旗出版社, 1996.

____, 劉昞 注, 楊家駱主編,『人物志 注・名家佚書』, 臺灣: 世界書
    局, 1958.

____, ____ 注,『人物志』『文淵閣四庫全書』 本, 迪志文化出版有限公
    司, 1999.

劉安,『淮南子』, 上海: 上海古籍出版社, 1989.

劉義慶, 劉孝標 注,『世說新語』, 上海: 上海古籍出版社, 1982.

劉之謙 編著,『黃帝內經素問吳註評譯』, 北京, 中醫古籍出版社, 1988.

佚名 撰, 『月波洞中記』 『文淵閣四庫全書』 本, 迪志文化出版有限公司, 1999.

張桂光 主編, 『中國相人術大辭典』, 臺北, 捷幼出版社, 2002.

張果老, 『果老星宗』, 臺北: 武陵出版社, 출판 연도 미상.

張榮明, 『方述考 中國 傳統文化』, 上海: 學林出版社, 2000.

張行簡等 撰, 『人倫大統賦』 『文淵閣四庫全書』 本, 迪志文化出版有限公司, 1999.

張行簡等, 『太淸相法』, 臺北: 武陵出版社, 1997.

井田齒學, 『相學辯蒙』, 刊寫者未詳, 국립 중앙도서관 소장, 1799.

趙爾選 等撰, 『淸史稿』 「曾國藩傳」 北京: 中華書局, 1977.

朱熹, 『四書章句集注』, 北京: 中和書局, 1983.

曾國藩, 歐陽相如 解譯, 『氷鑑』, 台北: 捷幼出版社, 2003.

陣鼓應, 『莊子令註今譯』, 台北: 壹灣商務印書館, 1975.

陳喬楚 註譯, 『人物志 今註今譯』, 臺灣: 臺灣商務印書館 發行, 1996.

陳淡埜, 『相理衡眞』, 臺北: 武陵出版社, 1987.

陣立, 『白虎通疏證』, 北京: 中和書局, 1994.

陣壽 撰, (宋)裴松之 注, 『三國志・魏書』, 北京: 中華書局, 1992.

陳寅恪, 『四本論始華條后』(金明館叢稿初編, 『書世說新語文學類鍾會選』) 北京: 生活讀書新知三聯書店, 2001.

陳希夷, 『神相全編』 『古今圖書集成』 本, 2003.

脫脫, 『宋史』, 北京: 中和書局點校本, 출판 연도 미상.

許愼 撰, 段玉裁 注, 『說文解字主』, 臺北, 藝文印書館, 1999.

許抗生, 『魏晉玄學史』, 西安: 陝西師範大學出版社, 1989.

侯外廬, 『中國思想通史』, 臺北: 臺灣五南圖書出版, 1983.

『尙書』, 淸 阮元 校刻, 北京: 中華書局, 1987.

『資治通鑑』, 臺灣: 世界書局, 1977.

『照膽經』 『古今圖書集成』 本, 2003.

2. 單行本

金赫濟 校閱,『麻衣相法』, 서울: 명문당, 1988.

김성현,『한국인의 얼굴 한국인의 운명』, 서울: 동학사, 2002..

김순혜,『인간이해를 위한 심리학』, 서울: 상조사, 1996.

김충열,『김충열 교수의 중용대학강의』, 강의총서 4, 서울: 예문서원, 2007.

金炯孝,『孟子와 荀子의 哲學思想』, 서울: 三知院, 1990.

勞思光, 鄭仁在 譯,『中國哲學史』, 서울: 探究堂, 1987.

도널드 J.먼로 著, 김덕중 옮김,『현대중국의 인간이해』, 서울: 청아출판
    사, 1982.

東原 李正來,『相學眞傳』, 서울: 友情出版社, 1984.

牟宗三, 양승무, 천병돈 옮김,『심체와 성체』, 서울: 예문서원, 1998.

_____, 鄭仁在 譯,『中國哲學特講』, 서울: 형설출판사, 1985.

蒙培元, 李尙鮮 譯,『中國心性論』, 서울: 法仁出版社, 1996.

박성규,『공자 논어』, 철학사상(5권 1호) 서울: 서울대학교철학사상연구
    소, 2005.

박은희 역해,『老子』, 서울, 고려원, 1994.

朴一峰 譯著,『近思錄』, 서울: 育文社, 1993.

_____ 編著,『中國思想史』, 서울: 育文社, 1988.

方立天, 김학재 옮김,『중국철학과 지행의 문제』, 서울: 예문서원, 1998.

_____, 박경환 옮김,『중국철학과 인성의 문제』, 서울: 예문서원, 1998.

_____, 이기훈 옮김,『중국철학과 인식의 문제』, 서울: 예문서원, 1998.

_____, 이홍용 옮김,『중국철학과 이상적 삶의 문제』, 서울: 예문서원,
    1998.

벤자민슈워츠 지음, 나성 옮김,『중국고대사상의 세계』, 서울: 살림출판
    사, 1996.

북경대학교 철학과 연구실, 유영희 옮김,『중국철학사 II (漢・唐편)』, 서
    울: 간디 서원, 2005.

北溪 陳享 著, 김영민 譯,『北溪字義』, 서울: 예문 서원, 1993.

徐復觀, 유일환 옮김,『中國人性論史』「先秦篇」서울: 을유문화사, 1995.

설혜심,『서양의 관상학 그 긴 그림자』, 서울: 한길사, 2002.

成百曉 譯註,『論語集註』, 서울: 傳統文化硏究會, 1990.

_____ 譯註,『周易傳義』, 서울: 傳統文化硏究會, 2002.

宋·希夷, 明·柳莊·袁忠散 訂正, 鄭民鉉 譯,『神相全編』, 서울: 삼
    원문화사, 1998.

守屋洋, 李燦道 譯,『中國古典의 人間學』, 서울: 乙支書籍, 1991.

순자, 김학주 옮김,『荀子』, 서울: 을유문화사, 2002.

양계초, 풍우란 외 저, 김홍경 편역,『陰陽五行說의 연구』, 서울: 신지
    서원, 1993.

오현리, 정통관상백과, 서울: 동학사. 2001.

王充, 이주행 옮김,『論衡』, 서울: 소나무, 1996.

王弼, 임채우 옮김,『왕필의 노자』, 서울: 예문서원, 2001.

____, _____ 옮김,『주역 왕 필주』, 서울: 길, 2006.

劉義慶 撰, 安吉煥 譯,『世說新語』, 서울: 明文堂, 2006.

劉劭, 이승환 옮김,『人物志』, 서울: 홍익출판사. 1999.

윤무학,『순자: 통일제국을 위한 비판철학자』, 유학사상가총서(중국) 서
    울: 성균관대학교출판부, 2004.

윤상철 역,『皇極經世』, 서울: 대유학당, 2002.

윤찬원,『도교철학의 이해』, 서울: 돌베개, 1998.

殷南根, 이동철 역,『오행의 새로운 이해』, 서울: 법인문화사, 2000.

이강수,『노자와 장자: 무위와 소요의 철학』, 길의 사상총서 1, 서울:
    길, 2000.

이경우 역,『黃帝內經·素問』, 서울, 여강출판사, 2002.

_____ 역,『黃帝內經·靈樞』, 서울, 여강출판사, 2002.

李符永,『分析心理學: C. G. Jung의 人間心理論』, 서울: 일조각, 2003.

이세열 역,『漢書藝文志』, 서울: 자유문고, 1975.

李宗桂, 李帝碩 譯,『중국문화개론』, 서울: 東文選, 1997.

藏原惟人, 김교빈외 옮김,『중국고대철학의 세계』, 서울: 한울아카데미,
    1991.

장자, 이강수, 이권 옮김,『장자 I』, 서울: 길, 2005.

장현근 편저,『중국정치사상입문』, 서울: 知永社, 1997.

정세근 엮음,『魏晉 玄學』, 서울: 예문서원, 2001.

周桂鈿, 문재곤 외 옮김,『강좌 중국철학』, 서울: 예문서원, 1992.

陳鼓應, 최진석 옮김,『老莊新論』, 서울: 소나무, 1997.

陳淡埜, 무진미래연구원 譯,『相理衡眞』, 서울: 황금시대, 1998.

陳立夫, 鄭仁在 譯,『中國哲學의 人間學的 理解』, 서울: 民知社, 1986.

최진석,『도덕경』, 서울: 소나무, 2001.

馮友蘭, 박성규 옮김,『중국철학사』, 서울: 까치글방, 1999.

韓國東洋哲學會 編,『東洋哲學의 本體論과 人性論』, 서울: 연세대학
        교 출판부, 1982.

韓非, 이운구 옮김,『韓非子』, 서울: 한길사, 2002.

許浚, 東醫寶鑑國譯委員會 譯,『東醫寶鑑』, 서울: 법인문화사, 1999.

홍원식 역,『黃帝內經·素問譯解』, 서울: 고문사, 1993.

_____ 역,『黃帝內經·靈樞』, 서울, 전통문화연구회, 1995년.

洪寅杓 편저,『孟子』, 서울, 서울대학교 출판부, 2002.

『中國思想論文選集』,「漢·唐哲學」서울: 불함문화사, 1996.

Desmond Morris 著, 김동광 옮김,『PEOPLEWATCHING 보디랭귀지
        연구』, 서울: 까치, 1994.

L. A. 젤리, D. J. 지글러 著, 李勳求 譯,『性格心理學』, 서울: 法文社,
        1983.

Thome H. Fang 著, 鄭仁在 譯,『中國人의 生哲學』, 서울: 探求堂,
        1983.

鈴木由次郎,「董仲舒」,『東洋思想』Ⅱ(中國思想篇) 東京大出版會, 1992.

Melissa Percival,『The Appearance of Character』Physiognomy and Facial
        Expression in 18th Century France』, London, 1999.

3. 研究論文

郭信煥,「周易과 自然과 人間에 關한 研究」, 성균관대 박사논문, 1987.

金京一,「'易經'과 '中庸'의 人間學的 探究」, 성균관대 박사논문, 1993.

金洛必,「權克中의 內丹思想」, 서울대 박사논문, 1990.

김연희,「相學에 나타난 長壽理論의 연구」, 원광대 석사논문, 2004.

朴英一,「劉劭의『人物志』번역 연구」, 원광대 석사논문, 2002.

朴正潤,「陰陽五行說의 성립과 그 이론적 배경」, 고려대 석사논문, 2001.

宋在國,「先秦易學의 人間理解에 關한 硏究」, 충남대 박사논문, 1992.

梁基禎,「<人物志> 연구」, 청주대 석사논문, 1998.

梁一模,「王充의 自然認識과 人間의 문제」, 서울대 석사논문, 1989.

梁在悅,「儒家에있어서의 人間主體에 關한 硏究」, 성균관대 박사논문, 1993.

尹燦遠,「"太平經"에 나타난 道敎思想 硏究」, 서울대 박사논문, 1992.

李京武,「先秦儒家哲學의 正名思想에 關한 硏究」, 전북대 박사논문, 1992.

李錫明,「<淮南子>의 無爲論 硏究」, 고려대 박사논문, 1997.

朱宣姬,「東·西洋 人相學 硏究의 比較와 人相管理에 대한 社會的 考察」, 경희대 박사논문, 2004.

홍수현,「陰陽五行사상의 관상학에 기반한 애니메이션 캐릭터 얼굴 설계 시스템 연구」, 부산대 박사논문, 2005.

김철운,「劉劭 <人物志>에 나타난 人物品評」(『한국양명학회논문집』, 제11호, 2004.)

朴漢濟,「後 韓末 魏晉時代 士大夫의 政治的 指向과 人物評論」(「歷史學報』, 제143집, 1990.)

宋河璟,「劉劭 <人物志>의 美學的 고찰」(『중국학보』, 한국중국학회, 1990.)

沈成鎬,「<人物志>와 魏晉 文學批評」(『東方漢文學』, 東方漢文學會, 제13집, 1997.)

李 賢,「<人物志>에 나타난 인재관」(『중국학』, 대한중국학회, 제23집, 2004.)

이승환,「동양사상과 리더십」(『오늘의 동양사상』, 예문동양사상연구원, 17호, 2007.)

이임정, 윤관호,「우리나라 대기업 중소기업 벤처기업의 인재상에 관한 연구」(『전자상거래학회지』, 8권 2호, 2007.)

홍원식, 김철운 외,「동양에서의 '인재 등용' 그 철학과 역사」(『오늘의 동양사상』, 예문동양사상연구원, 18호, 2008.)

王仁祥,「人倫鑑識起源的學術史考察(魏晉以前)」, 國立臺灣大學歷史

學研究所 博士論文, 2005.

張 欣, 「<人物志>與漢魏思想轉型」, 靑島大學 碩士學位論文, 2007.

蕭公權, 『法家思想與專制政體』, (『淸華學報』, 4卷, 1964.)

孫立成, 「中國歷史上的人才思想史略」(『北京林業大學社會科學論文集』, 1989.)

楊 民, 「從≪人物志≫与≪顔氏家訓≫看魏晋南北朝的人才觀」(『云南 民族學院學報』, 第19卷, 哲學社會科學版, 2002－01)

吳家駒, 「試論劉邵<人物志>的人才思想」(『南京師大學報』, 社會科學 版, No. 3, 2001. 5)

王曉毅, 「從<人物志>看魏晋玄學的形成」(『學術月刊』, 第 10卷, 1986.)

張建華, 左金濤, 「劉邵及其≪人物志≫對趙文化的貢獻」(『邯鄲師專學 報』, 第11卷, 2001. 12)

鄭玉光, 「劉劭≪人物志≫所包含的心理學思想淺析」(『山西師大學報』, 第11卷, 1994.)

程有爲, 「試析劉邵≪人物志≫的人才學說」(『鄭州大學學報』, 第32卷, 哲學社會科學版, 1999.)

趙 云, 「≪人物志≫的人才思想解讀」(『中共鄭州市委黨校學報學』, 第 2期, 2007.)

周鳴歧, 「劉邵和 <人物志>」(『中國公務員』 43, 2001. 8)

周書燦 王淸純, 「從≪人物志≫看劉劭的人才思想」(『齊魯學刊』, 第02 期, 2000.)

湯用彤, 任繼愈, 「魏晋玄學中的社會政治思想和它的政治背景」(『歷史 硏』, 1954－3)

▌약력

전북 전주 출생
1977년 중앙대학교 졸업
2004년 원광대학교 동양철학 석사
2009년 원광대학교 동양문화학 박사

원광대 동양학 대학원 체상 및 동양인간학 강사
원광대 평생교육원 강사
고려수지침 요법학회 강사
대전 동방문화진흥회 강사

▌주요논저

박사논문 「劉劭 <人物志>의 人材論에 관한 相學的 연구」
석사논문 「相學에 나타난 長壽 理論의 연구」- 현존 장수인의 相을 중심으로-
연구논문 「劉劭 <人物志>에 나타난 도가적 성향 탐구」
        「동양의학 개론과 오운육기」
        「오운육기와 질병 및 사주와의 상관관계」
        「운기체질과 고혈압의 관계」
        「운기체질과 당뇨병과의 상관관계에 관한 연구」

관상학_의 인재경영

초판인쇄 | 2009년 8월 31일
초판발행 | 2009년 8월 31일

지은이 | 김연희
펴낸이 | 채종준
펴낸곳 | 한국학술정보㈜
주 소 | 경기도 파주시 교하읍 문발리 파주출판문화정보산업단지 513-5
전 화 | 031) 908-3181(대표)
팩 스 | 031) 908-3189
홈페이지 | http://www.kstudy.com
E-mail | 출판사업부 publish@kstudy.com

등 록 | 제일사-115호(2000. 6. 19)
가 격 | 28,000원

ISBN   978-89-268-0189-5 93150 (Paper Book)
       978-89-268-0190-1 98150 (e-Book)

내일을여는지식 은 시대와 시대의 지식을 이어 갑니다.